Donata Elschenbroich

Weltwissen der Siebenjährigen

Wie Kinder die Welt entdecken können

FSC
Mix
Produktgruppe aus vorbildlich
bewirtschafteten Wäldern und
anderen kontrollierten Herkünften

Zert.-Nr. SGS-COC-1940
www.fsc.org
© 1996 Forest Stewardship Council

Verlagsgruppe Random House FSC-DEU-0100
Das FSC-zertifizierte Papier *München Super* für Taschenbücher aus dem
Goldmann-Verlag liefert Mochenwangen Papier.

8. Auflage
Vollständige Taschenbuchausgabe November 2002
Wilhelm Goldmann Verlag, München,
in der Verlagsgruppe Random House GmbH
© 2001 der Originalausgabe
Verlag Antje Kunstmann GmbH, München
Umschlaggestaltung: Design Team München
Umschlagabbildung: Matthew Septimus, photonica
Satz: DTP im Verlag
Druck und Bindung: GGP Media GmbH, Pößneck
KF · Herstellung: Str.
Printed in Germany
ISBN-10: 3-442-15175-9
ISBN-13: 978-3-442-15175-2

www.goldmann-verlag.de

Inhalt

I *Welt-Bildung* 7
   Die Eltern 11
   Schleusen der Kultur 14
   Bildungsauftrag 16
   Weltwissen: Die Recherche 20
     Eine erste Liste 23
     Ein Panorama nach 150 Gesprächen 30
   Kanon-Bildung 36
   Ein Kanon des Weltwissens: der *Orbis Sensualium Pictus*
   von Comenius 37
   Ein Orbis im 21. Jahrhundert 47
   Das Wissen des Weltwissens 49

II *Je mehr man von der Welt weiß, umso interessanter wird sie*
   Gespräche mit Fachleuten aller Art 55

   Ein Bildungskanon für die frühen Jahre? 62
   Kinder als Lebens-Unternehmer 73
     Aus mehreren Quellen leben können 74
     Lebens-Erwartung und ihre Wurzeln in der Kindheit 77
     Gewinnen wollen und verlieren können 81
     Das Kinderparlament 83

   Kinder als Forscher, Sammler, Erfinder 86
     Wenn ich ans Erfinden geh, bin ich wieder ein Kind 90
     Sach-kundig 98
     Nichts« gibt es nicht! Chemie im Vorschulalter 107
     Sehen und tun: Die Kinder-Akademie Fulda 115
     Computerschulen für Kinder 125

   Wie entsteht Gott im Kind? Religions-Bildung 129
     »Das Kreuzzeichen machen können« 130
     Die Entstehung Gottes im Kind 131
     Kinder haben unsere Gemeinde verändert 133

Den Kindern in Deutschland fehlt... 141
Selma sollte sich ein Spiel ausdenken müssen 144
In Deutschland haben die Kinder kein general knowledge ... 149

»Strahlende Intelligenz« im Vorschulalter.
Und wie geht es weiter? 153
Ich bin der einzige Siebenjährige in unserer Familie 155
Sie will allen Dingen auf den Grund gehen 159
Wie ging es weiter? 164

III *Bildungsminiaturen* 171

Das Ich-als-Kind-Buch 173
Die Dinge 177
Weltverbesserer 182
Heimweh in Teneriffa 185
Fensterplatz 190
Aufgeräumt 194
Weniger war mehr 198
Geburt 202
Nochmal! 209
Die Apfelsine 212
Waldtag 215
Schrift und Zeichen 218
Die Stille als Teil der Musik 229
Meine Hand 235

IV *Kindheit und Pädagogik der frühen Kindheit in anderen Ländern* 241

USA 243
England 249
Japan 257
Ungarn 264

Nachwort: Das Kind erfinden 269
Dank 273
Anmerkungen 275
Literatur 279

I
Welt-Bildung

Menschen sind Wesen, die nicht nur geboren werden, sondern noch zur Welt kommen müssen. Frühgeboren zu sein ist eines unserer wesentlichen Gattungsmerkmale. Um uns in der Welt schrittweise einquartieren zu können, sind wir darauf angewiesen, dass man sie uns *zeigt*. Die menschlichen Nachkommen wiederum sind die einzigen jungen Lebewesen, die auf die Dinge *zeigen*. Eine Aufforderung, eine Bitte, ein schon vor dem Spracherwerb begonnener Dialog: Der Säugling, das noch nicht ich-sagende Subjekt, bittet, fordert: Erklär mir. Antworte! Der Finger, die Hand des Kindes – es kann den Kopf schon heben, drehen –, sie wählt aus. In der Umwelt, in die das Kind hinausgetreten ist, in diesem aktuellen Ausschnitt von Welt überhaupt, wählt es zielgerichtet: den erstaunlichen Gegenstand, da! das Fahrrad, der Föhn: da! Das Kind staunt. Und verwandelt sein Staunen in eine Geste, in ein Fragezeichen: ein geborener Lerner. Das Kind inszeniert den Dialog: Der Blick wandert vom Phänomen zum Erwachsenen, dem weltsicheren älteren Gattungsgenossen. Mit instinktivem Vertrauen in dessen Macht, sein Weltwissen und seine Gutartigkeit, fordert es: Gib ab davon! Teile mit mir. Du bist jetzt dran! Und der Erwachsene, er kann nicht anders. Die Mutter, biologische Mäzenin über neun Monate, setzt ihr Mäzenat als ein elementar pädagogisches fort. Nicht nur die Mutter, wir alle sind geborene Lehrer. Wir können uns nicht verweigern. Intuitiv verfallen wir im Dialog mit Säuglingen in den Singsang einer bis zu einer Oktave angehobenen Kopfstimme, wir dehnen und wiederholen die Silben und bieten dem Säugling damit die bestmögliche Propädeutik für den Spracherwerb. Wir bringen automatisch unser Gesicht im richtigen Winkel und im richtigen Abstand für die Augen der Neugeborenen so in Stellung, dass sie die Botschaften des menschlichen Gesichts entziffern lernen. Und wir springen an auf ihre gestischen Fragen, den deutenden Finger, den zwischen dem fixierten Gegenstand und unseren Augen wandernden Blick. Wir sind dran! Wie die Hirten auf dem Felde machen wir uns auf den Weg, wir Erwachsenen im Umgang mit den Neugeborenen, und tun, wie uns gesagt wurde. Den Einjährigen benennen wir die Dinge, wir kommentieren ihre Hantierungen wie Sportreporter, obwohl es von ihrem Wortschatz her noch keinen Sinn macht. Für das Gespräch mit den Nachkommen sind wir programmiert.[1] Nur in Verwöhnungssystemen können wir als Gattung gedeihen.

Den Kopf heben, Aufhorchen – das sind weltbildende Gesten. Das Kind hebt den Kopf und sieht die Welt aufgehen. Das Kind bildet dabei einen Horizont, die Grenze zwischen dem Bekannten und dem Unbekannten, dem Wirklichen und dem Möglichen. Terrain gewinnen, den Horizont voranschieben, unterwegs zu einem Zuwachs an Welt, unablässig: Das heißt lernen. Der Mensch, sagt Sloterdijk, ist ein »Mehrwelttier« und die Welt-Aneignung eine »Fortsetzung der Geburt mit anderen Mitteln«.[2]

Die Welt ist der Inbegriff von allem, womit man Erfahrungen macht, wenn man in ihr ist. Dieses progressive Welteinwohnen beschäftigt uns lebenslang, aber in den frühen Stadien des Lebens ist es besonders abenteuerlich, verheißungsvoll, pionierhaft. In den frühen Jahren ist genetisch alles darauf gerichtet, dass das biologisch nicht angepasste menschliche Junge, ausgestattet mit verschwenderisch reichhaltigem Potenzial, die Signale aufnehmen kann, die in Borneo, Boston oder Bremen Sinn machen für seine jeweilige Existenz. In diesen frühen Jahren ist es stärker noch, deutlicher noch als später angewiesen auf den Anderen, den Informations-Bereiter. Für das Entschlüsseln des Gesichtsausdrucks und das Decodieren der Sprache ist viel Gehirnkapazität vorgesehen. Das menschliche Gehirn lernt gern von anderen Menschen. Nicht die biologische Mutter muss es sein, da hat die Natur gut vorgesorgt. Jeder andere Mensch mit einem Vorsprung an Weltwissen kann mitspielen.

Sigmund Freud nannte es die »strahlende Intelligenz« der Kinder im Vorschulalter: ihre großzügige Ausstattung mit Talenten, ihre unerschrockene Erfinderlust, ihre Begeisterung fürs Lernen. Kennen Sie ein Krabbelkind, das null Bock aufs Krabbelnlernen hatte? Ehrliche Lerner. Sie mogeln nicht, sie lassen sich nicht einsagen…

»Wüchsen die Kinder fort wie sie sich andeuten, wir hätten lauter Genies«, bemerkt Goethe in *Dichtung und Wahrheit* im Hinblick auf das verschwenderische Entwicklungspotenzial von Kindern in frühen Jahren. Der »Horizont« ist durchlässig. Die Fülle des Vorhandenen spricht zum Kind von der Macht des Möglichen. Weltbewusstsein ist immer auch Überschussbewusstsein. Wer angefangen hat, in der Welt zu sein, ist unterwegs zu einem Zuwachs an Welt.

Die Eltern

Was sollte ein Kind in den ersten sieben Lebensjahren erfahren haben, können, wissen?

Wer fragt so? Eltern. Auch für Eltern sind Kinder eine Botschaft des Möglichen.

Das ist nicht nur Verheißung, das ist beunruhigend. Hat dieses Kind, was es braucht? Wenn ein kleiner Abstandsschritt zum Alltag mit einem Kind möglich ist, fragen sich das alle Eltern, irgendwann nach den ersten Jahren. Anfangs war man noch damit beschäftigt, das Kind kennen zu lernen, seinen Rhythmus, sein Temperament. Und das Kind war vollauf beschäftigt mit seinem mitgebrachten Programm, seinen frühen ontogenetischen Entwicklungsaufgaben. Jede, kaum bewältigt, löste schon die nächste Aufgabe aus: Fixieren, Greifen, Sitzen, Beißen, Laufen...

Aber dann, je weiter das Kind in der Sprache vordringt, weitet sich der Horizont atemberaubend schnell, und die Möglichkeiten und Alternativen der Anregung vervielfältigen sich. Was wir nicht tun, ist das eine Unterlassung, ist das Vernachlässigung? Was wir nicht anregen, wird das brachliegen? Dabei sein, im Weg sein, umgehen mit allem, was zur Hand war, so war das Kind unterwegs zur Welt, es hatte Stoff, ganz offensichtlich. Aber reicht das für die Zukunft?

Keine Mutter, kein Vater, die nicht insgeheim mehr von sich erwarten. Mehr wovon? Das Gleiche wie in der eigenen Kindheit kann es nicht sein. Wie machen es andere Eltern? Was sagen die Fachleute? Was braucht *dieses* Kind? Auf einmal beginnt die Zeit knapp zu werden. In den ersten Monaten und Jahren konnte es den Eltern oft nicht schnell genug gehen – bis der Nachtschlaf wieder ungestörter wurde, bis das Kind von sich aus gern einmal in einem anderen Haus übernachtete. Nun läuft die Zeit davon. In Gedanken überschlägt man die restliche Kindheit: wieviel Jahre noch, bevor die Schule beginnt? Sollen das zwei, drei Jahre Spielparadies sein, soll man das Kind schützen vor Ansprüchen, es »in Ruhe« lassen? Aber die Zweitsprache, die jemand in dieser Familie spricht – wenn sie dem Kind je zu einer zweiten Muttersprache werden soll, dann müsste man sie jetzt einführen. Von »Entwicklungsfenstern« hat man gelesen, von optimalen Zeitpunkten für den Erwerb kognitiver Grundfähigkeiten, den mathematischen, sprachlichen, musikalischen. Wird sich mit jeder Kerze auf der Geburtstagstorte ein Entwicklungsfenster schließen? Macht man es sich zu leicht, was hat man übersehen? Die vierjährige Cousine in England unterschreibt schon auf der Postkarte mit ihrem Namen und einem Gruß...

Eltern, nicht anders als Tiere bei der Aufzucht, sondieren das Terrain, in das sie die Jungen schicken. Sie umkreisen es in Gedanken, konzentrisch, wie der Vogel das Nest umflattert. Wo sind heutzutage die nahrhaften Weideplätze, wann ist der ungefährlichste Zeitpunkt für den nächsten Entwicklungsschritt nach draußen? Auf Probegängen erkunden Eltern diesen nächsten Weltausschnitt, den der russische Entwicklungspsychologe Lev Vygotsky die *zone of proximal development* nannte.

Zugleich wissen wir, dass, anders als Spatzen oder Kängurubabys, der Nesthocker Mensch bei seinem Aufwachsen keinem verlässlichen genetischen Programm folgen kann. Zur Überlebensfähigkeit und zum Glück des Menschen gehört seine Entscheidungsfähigkeit, die Freiheit zu wählen und Nein zu sagen. Nur die *eigenen* Fragen, nur die *eigenen* Lösungen des Kindes machen es zu einem Zeitgenossen, zu einem menschlichen Weltwissenden. Ausgesetzt auf der Datenautobahn geht das Kind ein. Wissen ist immer persönliches und soziales, subjektgebundenes Wissen.

Diese gattungsspezifische, diese zeitgenössische Entwicklungsaufgabe begriffen zu haben, heißt alles für das Kind Geplante mit einem Vorbehalt versehen. Ein pädagogisches Zögern, die Skepsis gegenüber Belehrung und Verschulung, ein leise ironisches Verhältnis zur Pädagogik überhaupt, das ist ein Erbe des 20. Jahrhunderts, des »Jahrhunderts des Kindes«. Die Traumstraßen und Irrwege des 20. Jahrhunderts auf der Suche nach idealen Kindheiten haben uns auch die Erkenntnis hinterlassen, dass Kinder nicht belehrbar sind. Sie können nur selber lernen. Die Frühlese-Trainingsprogramme der 70er Jahre haben die Kinder nicht intelligenter gemacht. Zum Ende des Jahrhunderts haben viele Erwachsene die Entwertung ihres Wissens erfahren, und sie müssen zweifeln an ihrem generationalen Wissensvorsprung. »Er sah, dass sein Kind ihm in vielem voraus war. Und er war der Zeit, der Gegenwart, dafür dankbar«, heißt es 1980 bei Peter Handke in der »Kindergeschichte«.³

Zwanzig Jahre später bemühen sich in einem Vortragssaal fünf Erwachsene vergeblich, einen Video-Beamer in Gang zu setzen. Hilfesuchend: »Ist hier vielleicht irgendwo ein Kind?«

Wie wird man solche Erkenntnisse integrieren bei der Unterstützung im Aufbau von Welt-Wissen? Im Kind die Kraft zu bestärken, sein eigener Lehrer zu sein, darum geht es. Wieviel Überlegung, Zeit, Energie fordert das jungen Erwachsenen ab, die selbst mit ihren Neuanfängen, ihrem eigenen Verlernen und Lernen zu tun haben!

Schleusen der Kultur

Was sollte ein Kind in seinen ersten sieben Lebensjahren erfahren haben, können, wissen? Womit sollte es zumindest in Berührung gekommen sein?

So fragen auch ganze Kulturen. Zumindest beantworten Gesellschaften die Frage faktisch durch das, was sie Kindern in ihrem ersten Lebensabschnitt ermöglichen oder verweigern. Die Organisation von Kindheit, die Gestaltung dieser Lebensphase eines Teils der Bevölkerung, ist eine gesellschaftliche Daueraufgabe. Durch welche Schleusen schicken Gesellschaften ihre Kinder weltwärts?

Kinder sind ein Schlüssel zum Verständnis eines Landes, nicht nur der Sitten einer Gesellschaft, sondern auch ihrer kollektiven Intelligenz, ihrer Zukunftsfähigkeit. Was wird investiert in die frühen Jahre jeder Generation – wieviel Fürsorge, in Form von Zeit, Phantasie, Geld sind sie den Erwachsenen wert? Welche Freiheiten gestatten sie den Heranwachsenden, bei welchen Gelegenheiten dürfen sie Nein sagen?

Die psychologischen Wissenschaften vom Kind und die sozialwissenschaftliche Kindheitsforschung haben bisher noch nicht viel zur Selbsterkenntnis im internationalen Vergleich beigetragen. Die Indikatoren sind noch zu grob. Man erhebt zwar weltweit die Quoten der Säuglingssterblichkeit, und man weiß etwas über die Familienformen, in denen Kinder zwischen Kalkutta, Kalifornien und Kenia aufwachsen. Aber wie zum Beispiel teilen sich in verschiedenen Gesellschaften die Generationen den *Raum*? Den Raum innerhalb der Wohnungen, den Raum in den Städten? Wieviel Raum wird Kindern in öffentlichen Diskursen, in den Medien, zugestanden – sind Kinder vor allem ein Frauenthema, etwas für die Wochenendbeilage, oder ein Thema für die erste Seite, für die gute Sendezeit? Mit welchen kulturellen *Phantasien* werden die ersten Lebensjahre der Kinder besetzt: Dominieren Leistungserwartungen oder eher regressive Phantasien über eine spannungsfreie Oase, ein »Kinderparadies«? Wieviel *Zeit*, Mütter-Zeit, Beziehungs-Zeit, wird für Kinder aufgewendet, und was ist sie einer Gesellschaft wert, wird diese Zeit geachtet, wird sie vergütet? In welchem *Ansehen* stehen diejenigen, die sich beruflich mit Kindern beschäftigen – gilt ihr Beruf als attraktiv oder eher als »zweite Wahl«?

Für solche Filter in den Kulturen des Aufwachsens fehlen uns vergleichende Untersuchungen. Eine Zukunftsaufgabe.

Bildungsauftrag

Was sollte ein Kind in seinen ersten sieben Jahren erfahren haben, können, wissen? Womit sollte es zumindest in Berührung gekommen sein?

So fragt auch die Berufsgruppe der Erzieher in Kindergärten. So umfassend fragt sie noch nicht lange, erst seitdem eine neue Bildungsdiskussion allmählich mehr Aufmerksamkeit auch auf die frühen Jahre lenkt.

Seit 1996 hat jedes in Deutschland lebende Kind ein Recht auf einen Kindergartenplatz. Ab dem Alter von spätestens vier Jahren gilt nun jedes in Deutschland lebende Kind als »Kindergartenkind«.

Rund 4.000 wache Stunden verbringen Kinder heute vor dem Schuleintritt in einem Kindergarten. In diesen Stunden sollen sie ausdrücklich mehr als nur »betreut« werden: Das Kindergartengesetz von 1996 formuliert einen Bildungsauftrag an alle Kindergärten. Damit ist die historische Trennung in verschiedene Typen von Kindergärten – Betreuung von Kindern, während die Mütter in der Fabrik oder auf dem Feld arbeiten einerseits, Anregung und Bildung der Kinder in ausgesuchten Kindergärten gegen höhere Gebühr oder über unbezahlte Mitarbeit von Müttern andererseits –, diese Trennung, die immer eine Klassentrennung war, überwunden, zumindest vom Anspruch her. Seit das Kindergartengesetz in Kraft getreten ist, gibt es keinen Trägerverband, keine Fortbildungsakademie, die diesem neuen »Bildungsanspruch an die frühen Jahre« nicht jährlich mehrere besorgte Tagungen widmet.

Erzieher sind in Deutschland keine verwöhnte Berufsgruppe. In den vergangenen 30 Jahren haben sich die Beschäftigten in diesem Berufsfeld vervierfacht. Aber am Status der Erzieherinnen – zu 95% sind es Frauen – hat sich nichts geändert, sie verdienen bestenfalls zwei Drittel des Gehalts von Grundschullehrerinnen, und ihre Ausbildung an Fachschulen, fern von Kunst und Wissenschaft, macht es ihnen unmöglich, in einem anderen europäischen Land zu arbeiten. Deutschland bildet, was den Status der Erzieherausbildung angeht, mit Österreich das Schlusslicht der europäischen Länder. In den Beruf der Kindergärtnerin lenkt man junge Frauen, die keine guten Erfahrungen mit dem Lernen gemacht haben. Die Bildungsexpansion, die gestiegenen Quoten von Abiturientinnen haben dem Berufsfeld viele selbstbewusste, unternehmungslustige junge Frauen entzogen.

Kindheit war im 20. Jahrhundert einige Male ein Hoffnungsthema, es mobilisierte Visionen und Energien weit über die unmittelbar mit Kindern Beschäftigten, wie Eltern und Erzieher, hinaus. Der letzte große historische »Kindheitsaufbruch« in diesem Sinne waren die Jahre nach 1968.

Viele der heute in Politik und Medien Erfolgreichen haben in den 70er Jahren in Kinderläden gearbeitet. Es gab damals diesen fast intuitiven Konsens: Um den autoritären Charakter, wie ihn Nationalsozialismus und 50er Jahre hervorgebracht haben, zu überwinden, muss man im Kindergarten anfangen. Ein demokratischer Charakter kann nur in frühen Jahren sozial und psychologisch grundgelegt werden.

Der Umgang mit Kindern wurde liberaler, andere Themen gelangten in den Horizont ihres Aufwachsens. In den 80er Jahren jedoch erlahmte die reformerische Energie. Um Kinder und Kindheit wurde es stumm. Als Rentenverdiener war noch von ihnen die Rede, von den immer weniger werdenden Kindern und Rentenverdienern. Darüber hinaus zogen Kindheit und Kinder wenig Phantasie auf sich. Eine soziale Minderheit, um die sich die Angestellten in den sozialen Berufen schon kümmern würden. In der westdeutschen Fachszene der Kindergärten ging es in den 80er Jahren vor allem um »Betreuung« auf »Betreuungsplätzen« mit »bedarfsgerechten Öffnungszeiten« – während die Mütter arbeiteten oder studierten.

Das Interesse verlagerte sich von den Kindern auf die Frauen. »Vereinbarkeit von Familie und Beruf« war die Devise. Der Kindergarten – ein Dienstleistungsbetrieb.

In der Fachdiskussion der Berufserzieher in diesen Jahren ging es vorwiegend um »Rahmenbedingungen der Kinderarbeit«. Unsinnlich bis in die Sprache hinein, hießen Kindergärten fortan »Einrichtungen«, in denen »bedarfsgerecht betreut« werden sollte, mit der »Elternschaft« wurden »Betreuungsansätze« und »Öffnungszeiten« gemäß deren »Erwartungshaltung« »ausgehandelt«, und den Kindern im Kindergarten begegnete man nicht mehr in Räumen, sondern in »Räumlichkeiten«. Erträglich für die Kinder sollte ihre betreute Unterbringung allerdings sein, soviel wollte man in einem reichen Land verlangen können. Der Kindergarten sollte vor allem ein spannungsfreies und ein unterhaltsames Milieu sein. Lernen, wenn überhaupt, sollte spontan, unbemerkt zustande kommen. Erwartungen an Begegnungen mit Kunst und Wissenschaft wurden auf spätere Jahre verschoben. Die Erzieherinnen hatten da nichts beizutragen, sie waren fürs Soziale zuständig. Lernen, Bildung wurden gleichgesetzt mit »Leistungsanspruch«, und diesen nicht »vorzuziehen« galt als die besondere Aufgabe von Erziehern. »Kreativ«, »gewaltfrei«, waren die Stichworte. Wenig Zukunftssorgen scheint man sich um Kinder in den 80er Jahren gemacht zu haben, in diesen Jahren der Wachstumsgewissheit der alten Bundesrepublik, den Jahren mit der niedrigsten Arbeitslosenrate der deutschen Geschichte.

Die Kindheit nicht verschulen! Noch heute entwerfen Erzieherinnen in ihren Zukunftsszenarios bevorzugt Rückzugsecken, geschützte Raumebenen in Kindergärten mit gedimmertem Licht, *snoezle rooms*, Klangmulden, Duftkojen, gepolsterte Nester, Hängematten ... Beruhigungspädagogik, Freizeitpädagogik. Dagegen: das Kind als Forscher, Erfinder, stimuliert durch Schreibecken, Werkbänke, Exploratorien – in diese Richtung gehen die Entwürfe noch selten. Und doch ist die Berufsgruppe in Bewegung und sucht: wie den neuen Bildungsauftrag verstehen? Die jungen Eltern – selbst noch aufgewachsen im leistungskritischen Klima der 8oer Jahre – haben in ihrer Ausbildung und am Arbeitsplatz den Übergang von der Industriegesellschaft zur Wissensgesellschaft längst erfahren. Die rapiden Umwälzungen der Alltagsgewohnheiten beschäftigen die Erzieher genauso wie die Eltern ihrer Kindergartenkinder. Man hat auch gehört, dass in internationalen Vergleichsstudien das deutsche Bildungswesen schwach abschneidet. Ein neues Kindheitsbild, ein neues Selbstbild der Erzieher ist im Entstehen: »Lernen zu lernen« – wie kann das aussehen in den viertausend Stunden?

Die deutsche akademische Elementarpädagogik kommt den 400.000 Erzieherinnen bei ihrer Suche nicht zu Hilfe. Mit einer Hand voll Lehrstühle führt die Pädagogik der frühen Kindheit in Deutschland ein Schattendasein. Selbst wenn man nicht alles Heil von akademischer Pädagogik erwartet: Es gibt in diesem Feld kaum Dissertationen, Kongresse, keine Habilitationen, in den Bibliotheken fehlen internationale Zeitschriften. Man kann deshalb in Deutschland auf breiter Ebene bisher nur wenig lernen von guter Praxis in anderen Ländern. Von den *Early Excellence Centers* in England etwa, von der Reggio-Pädagogik in Italien, von den Projekten zum *emergent curriculum* (Curriculumforschung für den Elementarbereich) in den USA, von der sorgfältigen Kleinkindpädagogik in Japan wissen nur wenige. Die deutsche elementarpädagogische Szene ist abgeschnitten von solchen Anregungen, sie kennt mehr oder weniger nur sich selbst.

Weltwissen: Die Recherche

Was sollte heute ein Kind in den ersten sieben Lebensjahren wissen, können, erfahren haben? Womit sollte es zumindest in Berührung gekommen sein?

Drei Jahre lang, zwischen 1996 und 1999, haben wir das Menschen allen Alters, aller Schichten und Bildungshintergründe gefragt. Eltern, Großeltern, Erzieher, Jugendliche. Hirnforscher, Entwicklungspsychologen, Medizinsoziologen und Grundschuldidaktiker. Den Direktor eines Altenheims, einen Erzbischof, Mütter in der Müttergenesungskur, arbeitslose Väter, Unternehmer, den General der Schweizer Armee, den Verkäufer im Bahnhofskiosk, die Verkäuferin im Media-Markt, eine türkische Analphabetin, die Studentin der Betriebswirtschaft – welche Wünsche haben sie, Fachleute aller Art, an das Weltwissen der heute Siebenjährigen?

(Warum Siebenjährige? Eine magische Zahl. Ein erster Lebensabschnitt in vielen Kulturen. In Deutschland markiert er eine Schwelle vom beiläufigen zum formalisierten Lernen; dieser Lebensabschnitt mündet ins erste Schuljahr.)

Eine solche Recherche muss vielstimmig sein. Alle hatten dazu etwas zu sagen, und alle waren sie Autorität. (Nur ein einziger Experte hat das Gespräch verweigert, ein Zukunftsforscher. Ob er als Vater von drei Kindern oder als Zukunftsforscher befragt werden sollte? Beides zugleich, wie vorgeschlagen, war für ihn undenkbar. Er blieb bei seiner Ablehnung.)

In über hundertfünfzig Gesprächen wurde der Horizont der

Siebenjährigen umwandert. Gespräche über Weltwissen, das man den Nachkommen wünscht, sind, wie alle Erziehungsgespräche, immer auch Selbstgespräche. Die Frage war prismatisch, sie hat ein Spektrum von Lebenserfahrungen und Berufserfahrungen aufgebrochen.

In Kindern begegnen Erwachsene sich selbst. Sie interessieren sich für sie mit den Fragen, die ihnen ihr Erwachsenenleben gerade aufgibt. Schillers Thema (*Über naive und sentimentalische Dichtung*) ist die »Freiwilligkeit« von Existenz, und fasziniert sieht er sie verkörpert in Kindern. Dass wir Kindern, sagt er, ähnlich wie Mineralien, Tieren und Landschaften, »eine Art von Liebe und rührender Achtung« entgegenbringen, sei die glückliche Empfindung bei der Anschauung eines »freiwilligen Daseins«. Für Schiller sind die Kinder Boten einer Existenz nicht »von Gnaden«. Sie verheißen Existenz nach eigenen Gesetzen, »das Bestehen der Dinge durch sich selbst«: Einheit mit sich selbst, bürgerliche Selbstgewissheit, »Menschenwürde«. Er sagt auch: Es ist nicht die Kindheit, sondern »es ist die durch sie dargestellte Idee«, die wir lieben.[4]

Das Kind als Erlöser – das ist kein neues Motiv. Kindermund tut im Sprichwort Wahrheit kund, und dass Kinder dem Himmelreich nahe stehen, war ein Topos durch die Jahrhunderte. Aber Kindheit als *Modell* für die Emanzipation des Menschen, das war bei Schiller ein historisch neues Konzept, das das 20. Jahrhundert, als das »Jahrhundert des Kindes«, noch in vielen Variationen beschäftigen sollte. Vorläufig zum letzten Mal in den 70er Jahren, als eine neue Variante leidenschaftlicher Subjektivierung anstand, die Emanzipation aus beengenden Familienstrukturen. Nun nahm man Kinder wahr wie Liebhaber in der italienischen Oper, ihre leidenschaftliche Eifersucht, ihren Trennungsschmerz. Sexualität, Beziehungen, ambivalente Affekte – für die Dramatik der Beziehungen zwischen den Generationen ist der alltägliche Blick der Erwachsenen auf die Kinder seitdem sensibel geworden. Wie wird aus einem egozentrischen Triebbündel ein soziales Wesen?

Heute scheint Thema der Erwachsenen vor allem das unablässige Neuanfangen, Umlernen-müssen zu sein, ihre ständige kognitive Anspannung in einer innovationsbeschleunigten Umwelt, und so interessiert man sich neuerdings für Kinder vor allem als *Erkenntniswesen*, für ihre Lernstrategien, für ihre kognitiven Leistungen. Autodidakt sein, »Selbstbildungsprozesse in Gang setzen«, sein eigener Lehrer werden, »Problemlösen« – wie geht das, wie machen es uns die Anfänger auf dieser Welt vor?

Kinder zeigen uns die Dinge, als seien sie gerade erst entstanden und die Empfindungen frisch vom Erzeuger. In Japan, einer Gesellschaft, die die spontanen Lebensäußerungen der Erwachsenen in das Korsett einer rigiden sozialen Grammatik spannt, genießt man die Kinder im vorschulischen Alter ganz besonders. Man ist nicht nur enzückt von ihrer Anmut, man verehrt nachgerade die elementaren Wutausbrüche von Kindern: Taifune, Erdbeben... toben so nicht manchmal die Götter?

Die Natur belohnt uns für die Mühen des Kinderaufziehens. Noch einmal dürfen wir es mit den Neuankömmlingen erleben: Herzklopfen angesichts ihrer ersten durch Zeichen vermittelten Botschaft. Die Beklommenheit beim Anblick des zitternden Spinnenbeins, der erhabenen Bewegungen des Tiefseefisches, der rätselhaften Kräfte eines Magnetfelds...

Wie geheimnislos ist uns erwachsenen Altlesern das Lesenkönnen geworden, manchmal zu einem geradezu lästigen Reflex. Dagegen der Triumph des ersten Lesens: aus Zeichen, zu einem Text zusammengesetzt, steigt die Welt auf! Nicht nur wir zeigen. Auch die Kinder zeigen uns die Dinge frisch. Die Dinge und unseren menschlichen Blick auf Dinge und Phänomene. »Wenn ich ans Erfinden gehe, bin ich wieder ein Kind«, soll der Erfinder Otto Wankel gesagt haben.

Unsere Gesprächspartner sind gern auf die einfache Frage nach dem »Weltwissen« angesprungen. Auch ihnen hat das Umwandern der elementaren Bildungserlebnisse wieder eine Welt eröffnet. Die Überlegungen zum wissenswerten Weltwissen sind raumbildend und raumerweiternd zugleich. Die Komplexität der auf das Kind andrängenden Reize und Informationen zu vereinfachen, probehalber, das ist immer zugleich auch Selbstfürsorge, Selbstvergewisserung. Ein Projekt »in bester Absicht« verband die Gesprächspartner. Vortasten in eine gute Zukunft als stillschweigendes Versprechen: Das Allerbeste wollen wir euch ins Gepäck stecken!

Die Gespräche wurden meist in Gang gesetzt mit einem ersten Blick in ein Panorama des Weltwissens von Siebenjährigen. Ich hatte versuchshalber einige Beispiele für »Weltwissen« – lebenspraktisches, soziales, motorisches, kognitives, ästhetisches – zusammengestellt, meine eigene erste Wunschliste.

Weltwissen: eine erste Liste (1996)
... Ein siebenjähriges Kind sollte vier Ämter im Haushalt ausführen können (etwa: Treppe kehren, Bett beziehen, Wäsche aufhängen, Handtuch bügeln). Es sollte ein Geschenk verpacken können. Zwei Kochrezepte umsetzen können, für sich und für einen Freund, für sich selbst und für drei Freunde. Es sollte einmal ein Baby gewickelt oder dabei geholfen haben. Es sollte gefragt haben können, wie Leben entsteht. Es sollte eine Vorstellung davon haben, was bei einer Erkältung in seinem Körper vorgeht, und eine Wunde versorgen können. Das Kind sollte wissen, wie man drei verschiedene Tiere füttert, und Blumen gießen können. Ein siebenjähriges

Kind sollte schon einmal auf einem Friedhof gewesen sein. Es sollte wissen, was Blindenschrift ist, und vielleicht drei Wörter in Blindenschrift (oder Gehörlosensprache) verstehen. Es sollte zwei Zaubertricks beherrschen. Drei Lieder singen können, davon eines in einer anderen Sprache. Es sollte einmal ein Musikinstrument gebaut haben. Es sollte den langsamen Satz einer Sinfonie vom Recorder dirigiert haben und erlebt haben, dass die Pause ein Teil von Musik ist. Es sollte drei Fremdsprachen oder Dialekte am Klang erkennen. Drei Rätsel, drei Witze erzählen können. Einen Zungenbrecher aufsagen können. Es sollte drei Gestalten oder Phänomene in Pantomime darstellen können und Formen der Begrüßung in zwei Kulturen. Ein Gebet kennen. Reimen können, in zwei Sprachen. Ein chinesisches Zeichen geschrieben haben. Eine Sonnenuhr gesehen haben. Eine Nachtwanderung gemacht haben. Durch ein Teleskop geschaut haben, zwei Sternbilder erkennen. Wissen, was Grundwasser ist. Was ein Wörterbuch ist, eine Wasserwaage, eine Lupe, ein Katalysator, ein Stadtplan, ein Architekturmodell. In einer Bücherei gewesen sein, in einer Kirche (Moschee, Synagoge...), in einem Museum. Einmal auf einer Bühne gestanden haben und einem Publikum mit anderen etwas Vorbereitetes vorgetragen haben.

Ein siebenjähriges Kind sollte einige Ereignisse aus der Familiengeschichte kennen, aus dem Leben oder der Kindheit der Eltern oder Urgroßeltern. Und etwas aus der eigenen Lebensgeschichte: zwei Anekdoten über sich selbst als Kleinkind erzählen können. Wissen, zu welcher Zeit – der Eltern, der Großeltern – das Haus gebaut ist, in dem man wohnt.

Einen Streit aus zwei Positionen erzählen können. Ein Beispiel für Ungerechtigkeit beschreiben.

Konzepte kennen: Was ist ein Geheimnis, was ist Gastfreundschaft, was ist eine innere Stimme, was ist Eifersucht, Heimweh, was ist ein Missverständnis. Ein Beispiel kennen für den Unterschied zwischen dem Sachwert und dem Gefühlswert von Dingen...

Empörung löste diese Liste zunächst oft aus. Übersteigerte Ansprüche! Wörter in Blindenschrift lesen, ein chinesisches Zeichen schreiben – das kann ich ja selbst nicht. »Das hat jemand geschrieben, der keine Kinder hat.« Eine Sinfonie vom Recorder dirigieren – bildungsbürgerlich! Zwei Zungenbrecher aufsagen, drei Lieder kennen – warum nicht sechs, oder gleich fünfzehn? »Grundwasser – den Kindern die Schlechtigkeit der Welt aufladen. Welche Ökonudel hat sich das ausgedacht.« Allein die Form, eine *Liste* – wie pedantisch! »Ein Theoriefurz.« Sollen damit künftig alle Kinder durchgecheckt werden?

Den Gesprächen gab der Ärger Energie. Und muss man sich nicht wehren gegen die Zumutung, gegen diese prometheische Anmaßung? Wird man bei der Konstruktion einer optimalen Kindheit nicht immer zugleich das Negative, das Defizit definieren? Erzeugt man beim Ausphantasieren des Guten nicht zugleich das Schlechte, die depravierte, die ungebildete Kindheit? Wendet sich das Ideal nicht immer gegen den konkreten Menschen, das konkrete Kind? Kann eine ideale Kindheit besser sein als die reale, die erlebte? Ist nicht der wirkliche Mensch der höhere Wert als der wünschbare Mensch? Ist der optimale Siebenjährige ein totalitäres Konstrukt?

Ein Missverständnis! haben wir entgegnet. Das ist keine Checkliste der bei den Kindern abzuprüfenden Fertigkeiten und Erfahrungen. Eher schon ist es eine Checkliste der Pflichten der Erwachsenen. Es soll ihrer Selbstverpflichtung dienen: Welche

Bildungsgelegenheiten schulden wir den Siebenjährigen? Ein Versprechen: dafür zu sorgen nehmen wir uns vor, wir Eltern, Erzieher, Nachbarn. Angeboten soll es den Kindern werden. In den Horizont der Erwachsenen sollten diese Möglichkeiten in den ersten sieben Lebensjahren ihrer Kinder irgendwann einmal getreten sein...

Fülle spricht von der Macht des Möglichen. Nicht alle Beispiele für Bildungs-Anlässe können in ein einziges Kinderleben gepresst werden, »bulimisch«, wie ein Vater befürchtete. Das überstimulierte Kind, bis zum Anschlag gefördert, belagert, pädagogisch umkreist, überfordert ... Nein, als *Generation* sind die Siebenjährigen gemeint! Und doch: Keine dieser Gelegenheiten sollte in einem Kinderleben grundsätzlich von vornherein ausgeschlossen sein.

Nur so kann ein Bildungskanon für die frühen Jahre heute aussehen. Die Überlegenheit des Möglichen über das Wirkliche muss immer spürbar bleiben. Das Wirkliche darf das Mögliche nicht so reduzieren, dass sich der Horizont schließt.

Diese Beschränkung ist im »Situationsansatz« angelegt, der bei westdeutschen Kindergartenerziehern seit den 70er Jahren beliebt ist. Bequem vereinfacht hört sich das pädagogische Konzept so an: »Die Kinder interessiert nur, was sie selbst fragen. Wir greifen nur das auf, was ihrer Lebenssituation entspricht...« Das legt Kinder fest auf den Zufall ihrer Geburt, ihrer Schicht. Wir kommen nicht umhin, selbst gegenüber den Kindern Schicksal zu spielen. Beeren vom Busch pflücken, Orgelspiel in einem Dom hören, ein Stück Mauer bauen, eine Nachtwanderung – das sind elementare Bildungserlebnisse, die die aktuelle »Lebenssituation« vieler Kinder nicht spontan hergibt.

Die erste Liste – aber auch die zweite, nach hundertfünfzig Gesprächen erweiterte Liste, die nun gleich vorgestellt wird –

endet, wie Robert Musil den *Mann ohne Eigenschaften* enden lassen wollte: »mit einem Komma«. *Open end.* Ein Kanon der den Kindern geschuldeten Bildungserfahrungen kann heute kein geschlossener Kreis sein, kein »orbis« wie zu Zeiten von Comenius. Das konzentrische Kreisen um das Nest der Vierjährigen, der Sechsjährigen ist eine fortlaufende Bewegung. Die Erwachsenen üben dabei diese Bewegung des Umkreisens, des Abtastens, der ausschweifenden Vorsorge. Diese Horizontumkreisung ist auch ein nie zu Ende gespieltes Spiel. Mit der Welt-Einwohnung ist es ähnlich wie mit dem Wohnen. Das ist noch nicht fertig, sagen Erwachsene entschuldigend, wenn sie durch ihr neues Heim führen. Fertige Wohnungen, heißt es in einer »Bildungsminiatur« in diesem Buch, sind eine Kampfansage an Kinder. Das Umrunden des Horizonts wird nie beim Anfang landen, der Kreis wird sich nie ganz schließen, weil man auf der Reise immer ein wenig die Richtung gewechselt hat. Es kann einen vollständigen Kanon ebensowenig geben wie ein vollständiges Weltbild. *Emergent curriculum* nennt die amerikanische Pädagogik diese spiralförmige pädagogische Bewegung.

Aber das beliebig Mögliche darf die Wirklichkeit auch nicht überwältigen. Das »Allmögliche« löst die Qualität ebenso auf wie das Unmögliche.

Die Recherche hat übertrieben. (Auch Kinder übertreiben gern. Dieses Recht haben wir von ihnen ausgeborgt.) Wird nun die Liste durch jede zusätzliche Anregung immer länger? Wie jemals vom Konditional zum Indikativ umschalten, mit welchem Maß?

Die meisten unserer Gesprächspartner haben das pragmatisch für sich selbst gelöst. In vielem konnten sie sich bestätigt fühlen. »Etwas spenden, das machen wir sowieso. Handtücher werden bei uns nicht gebügelt. Wo kämen wir da hin. Aber

Schuhe putzen, das hat meine Tochter schon mit fünf Jahren gern gemacht. Vieles davon gab es bei uns auch.« – »Einen Friedhof besuchen. Warum nicht.« – »Ein Baumhaus bauen, das fehlt noch auf Ihrer Liste.« – »Chinesisches Zeichen schreiben – Unsinn. Aber Blindenschrift ... darüber kann man nachdenken«.

Menschen haben das vor sich, was sie vorhaben. Prophezeiungen, einmal ausgesprochen, haben die Tendenz, sich zu bewahrheiten. Die Enttäuschung über ihre Nichterfüllung wäre anstrengender als die Mühe, sie zu verwirklichen. Von der Weltwissen-Liste ging eine tonisierende Wirkung aus, der Ansporn der »operativen Illusionen«, wie Sloterdijk es nennt. Man kann Qualität in gewissem Sinn auch herbeireden. Auf dem Weg des Redens leben wir uns in ferne Horizonte ein. Wer sich nichts mehr vormacht, hat nichts mehr vor sich.«[5]

Expectations matter, sagte die berühmte amerikanische Bildungsforscherin Diane Ravitch.[6] Auf die Erwartungen kommt es an. Zwar setzen politische Erwartungen an Bildung in Deutschland nach wie vor zuallererst an der Universität an, um dann abwärts auf immer kleinerer Flamme heruntergedefiniert zu werden übers Gymnasium bis allenfalls zur Grundschule. Für die frühen Jahre bleibt nichts mehr übrig. Als das Bildungsministerium in der *Delphi*-Studie (1996–1998), einer mehrstufigen Befragung von über tausend Experten aus Wissenschaft, Wirtschaft und Politik, die Einschätzungen zur Zukunft des Wissens und den vermuteten Rückwirkungen auf das Bildungssystem abfragte, war im Entwurf des Fragebogens unter achtzig Fragen nicht eine einzige auf die vorschulische Zeit gerichtet. Keine einzige Frage sprach die Grundlegung von Neugier und Interesse in der frühesten Bildungsphase an. Im letzten Moment wurden noch zwei Fragen zu Bildungserfahrungen in vorschulischer Zeit aufgenommen. Dann allerdings war in diesem Punkt das Plädoyer der Experten einhellig: für gesteigerte Erwartungen an Bildung in frühen Jahren.[7]

Mittlerweile haben sich – gemessen an der Betreuungspädagogik und der *fun morality* der 80er Jahre – die Erwartungen an die Vorschulzeit als eine elementare Bildungszeit deutlich erhöht. Problemlösungsbereitschaft, Kooperationsfähigkeit, Lernen zu lernen – dass die Voraussetzungen dafür bis in die frühe Kindheit zurückreichen, daran zweifelt eigentlich niemand mehr. *Basic skills* zu vermitteln, Schlüsselqualifikationen – jeder ahnt, was mit diesen Begriffen gemeint sein könnte, und niemand hat etwas dagegen. Nur: bei welchen Gelegenheiten, und wie baut man solche Fähigkeiten auf? Da braucht es konkrete Anregungen für spontane und geplante Bildungsgelegenheiten, Bilder, Beispiele, die das Mögliche als das Realisierbare vorstellen.

Für solche Beispiele und Anregungen danken wir den Gesprächspartnern. Und noch etwas haben sie beigesteuert: überraschende Wendungen. Da wünscht sich eine Vierzehnjährige, dass jedes Kind Verantwortung für ein Tier übernehmen kann: »Weil *man lernt vom Tier zum Menschen*«. Eine Großmutter: »Die Kinder, wenn sie heute so lange vor dem Fernseher sitzen, *dann verpassen sie so viel Zeit für sich selbst*«. Ein Betriebswirtschaftsstudent sagt es ähnlich wie Goethe: »*Je mehr man von der Welt weiß, umso interessanter wird sie*«. Und eine Urgroßmutter: »Über meine Urenkelin Rebecca wollen Sie mit mir sprechen? *Die ist nun schon fünf Jahre sehr klug.*«

Nach hundertfünfzig Gesprächen (1996-1999) haben wir die erste Liste erweitert:

Weltwissen: ein Panorama nach 150 Gesprächen
Was Siebenjährige können/erfahren haben sollten.
Bildungsgelegenheiten – Anregungen – Erfahrungen –
Ahnungen – Fragen

- die eigene Anwesenheit als positiven Beitrag erlebt haben. »Wenn du nicht wärst…«. »Da hast du uns gefehlt…«
- gewinnen wollen und verlieren können
- wissen, was »schlecht drauf sein« bedeutet. (*Theory of mind*) Hunger nicht mit Ärger verwechseln, Müdigkeit nicht mit Traurigkeit. Elementare psychosomatische Zusammenhänge ahnen: Bettnässen z.B. hat mit Gemütsbewegung zu tun
- einem Erwachsenen eine ungerechte Strafe verziehen haben
- Bilder für seelische Bewegung kennen. »Wie wenn ein Luftballon platzt…«, »ein Fass überläuft«
- eine Erinnerung daran haben, dass ein eigener Lernfortschritt in anderen Behagen auslöste
- dem Vater beim Rasieren zugeschaut haben
- mit dem Vater gekocht, geputzt, Betten bezogen, gewerkelt, ganze Tage verbracht haben. Von ihm während einer Krankheit gepflegt worden sein
- die Erfahrung machen können, dass Wasser den Körper trägt
- schaukeln können: Was tut mein Körper mit der Schaukel, was tut die Schaukel mit meinem Körper
- eine Kissenschlacht gemacht haben
- einen Schneemann gebaut haben. Eine Sandburg. Einen Damm im Bach. Ein Feuer im Freien anzünden und löschen können. Windlicht, Windrad erproben
- Butter machen. Sahne schlagen. (Elementare Küchenchemie, Küchenphysik kennen: Schimmel, schädlicher und pikanter. Rühren, schnipseln, schälen, kneten, durchs Sieb

passieren. Knusprig/angebrannt! Roh/gekocht! Versalzen: »eine Prise«)
- Reise: die Familie, die Eltern in einer anderen Umgebung wahrnehmen. Den Gegensatz Komfort/Robinson erleben. Zu Hause/unterwegs, *on the road*. Erste Konzepte von Heimweh, Migration, »Herberge«, Obdachlosigkeit
- in einer anderen Familie übernachten. Mit anderen Familienkulturen, Codes in Berührung kommen. Einen Familienbrauch kennen, der nur in der eigenen Familie gilt
- wer gehört zur »weiteren Familie«: unterschiedliche Verwandtschaftsbeziehungen kennen ... Onkel, Vetter, Patin ...
- spenden. Dem Bettler in den Hut, in den Geigenkasten. In eine Sammelbüchse
- die Erfahrung, dass ein eigener Verbesserungsvorschlag in die Tat umgesetzt wurde. Eine Erinnerung: Ich als die Weltverbesserin, der Weltverbesserer
- elementare Krankenpflege: hochlagern, Eis oder Wärme? Atmen, »Schmerz annehmen«. Ruhe oder Bewegung? Handberührung tut gut, wo? (in der Ellenbeuge, am Haaransatz?) Erste Massage-Handgriffe. Sich ausruhen können. Was gut tut: meinen Augen. Den Ohren. Der Haut. Den Füßen. Was ist Gänsehaut? Stolz auf überwundene Krankheiten und: »Krankheit gehört zum Leben«
- das Märchen vom Holzlöffel kennen und andere elementare Stoffe/Gleichnisse von Aussetzung und Geborgenheit
- Wunderkammer Museum: die Botschaft der Dinge. Ihre Aura, ihr Altern, ihr Fortbestehen nach unserem Tod. Eine Burg kennen. Ein Gefühl haben dafür, dass sich die Welt verändert. Dass die Großmutter anders aufgewachsen ist. Ein Ding aussondern zum Behalten und Weitergeben, an die eigenen Kinder

- eine Sammlung angelegt haben (wollen)
- eine Ahnung von Welträumigkeit, von anderen Kontinenten haben
- den Unterschied zwischen Essen und Mahl wahrnehmen. Bewegung und Gebärde. Geruch und Duft. Geräusch und Klang. Sehen, blicken, schauen. Gehen, schreiten...
- Notfalltelefonnummer kennen. Hilfssysteme, Wächtersysteme. Es gibt ein Kindernotruftelefon
- ein Geheimnis für sich behalten können. »Nur du und ich«, »es bleibt unter uns«, diesen Wunsch kennen
- die Erinnerung an ein gehaltenes Versprechen
- die Erfahrung, dass eigene Interessen delegiert, durch andere geregelt, vertreten werden können
- eine Methode des Konservierens gegen Verfall kennen. Etwas repariert haben, und die Frage beim Kaufen wichtig finden: Kann man das reparieren?
- den Unterschied zwischen Markt und Supermarkt kennen
- seinem Alter voraus gewesen sein (z.B. auf der Bastelanleitung). Einem Erwachsenen etwas erklärt haben
- mit einem Erwachsenen eine ungelöste Frage geteilt haben (»das weiß niemand«)
- auf einen Baum geklettert sein
- in einen Bach gefallen sein
- gesät und geerntet haben
- einen Reißverschluss, einen Klettverschluss untersucht haben. Mit Riegeln, Schlüsseln umgehen können. Sich nicht aus Versehen einschließen.
- Geräte anschließen und umstecken können (Recorder...)
- typisches Jungen- und Mädchenspielzeug kennen. Nach der eigenen Meinung dazu gefragt worden sein

- sich selbst schön machen wollen, Stilgefühl, »dieser Pullover steht mir nicht«
- eine Botschaft geschrieben haben, von einer schriftlichen Botschaft getröstet, erwartungsvoll geworden sein. Eine e-mail empfangen oder gesendet haben
- wie sieht der eigene Name in Sand geschrieben aus? Im Schnee, auf dem Waldboden, an der beschlagenen Fensterscheibe?
- die Spannung und Vorfreude empfunden haben, die von einem unbeschriebenen, unbemalten Blatt ausgehen kann
- ein Buch von Deckel zu Deckel »kennen«, wie auch immer
- der blaue Schatten – auf einem Gemälde, in der Winterlandschaft...
- heute habe ich geträumt...
- in einem Streit vermittelt haben. Einem Streit aus dem Weg gegangen sein
- Ich, ein Ankunftswesen: die Monate und Wochen vor der Geburt – phantasiert, »erinnert«
- eine Frucht bewusst geschält, »freigelegt«, einen Kern gespalten haben
- die Adern des Blattes und die Adern der eigenen Hand studieren
- Obstsorten, und wie sie sich im Duft unterscheiden. Drei Lieblingsdüfte
- die eigene Singstimme finden. Den eigenen Namen gesungen haben. Vogelstimmen, Tierstimmen imitieren können. Kanon singen – Verwirrspiel und Ordnungserlebnis. Einen Dialog auf Instrumenten (Duett) inszenieren, ein Echo hören, auslösen. Diesen Rhythmus spüre ich in den Füßen, und bei dieser Lautstärke ist meine Schmerzgrenze erreicht!

- die eigene Kraft dosieren können (beim Trommeln, beim Massieren)
- Flüche, Schimpfwörter kennen (in zwei Sprachen). Eine Ahnung von Stilebenen, Sprachkonventionen haben, wo sagt man was
- einen Nagel einschlagen, eine Schraube eindrehen, eine Batterie auswechseln können
- eine Nachricht am Telefon aufnehmen, behalten und ausrichten können
- sich bücken, wenn einem anderen etwas runtergefallen ist
- ausreden lassen. Wissen, was das ist. Warten können: die Warteschlange
- wissen, dass nicht alle Wünsche gleich in Erfüllung gehen
- gewandert sein: den Unterschied zwischen laufen, gehen und wandern kennen. Die Erfahrung der Strecke, der Durststrecke. Ein »Ziel vor Augen«
- einige Blattformen kennen, wissen, was man in der Natur essen kann und was nicht
- die Natur als Freund und als Feind erlebt haben. Als empfindlich, beschützenswürdig. Und als stärker, gefährlich
- über Regeln verhandelt haben. Eine Regel verändert haben. Mit dem Begriff »Ausnahme« etwas verbinden
- Mengen in Maßeinheiten erlebt haben. Z.B. drei Liter = drei Milchflaschen voll... Einen Raum mit dem eigenen Körper ausgemessen haben
- Reflexion: was kann ich, was kann der Computer? Erste Konzepte von Intelligenz, menschliche, künstliche »Intelligenzen«
- Schein-und-Sein-Experimente. Hinter dem »Nichts« im Glas verbirgt sich etwas

- Erfahrungen mit einem Experiment (geregelte Versuchsanordnung) und mit Üben (systematisches Wiederholen von Abläufen)
- die Farbe der eigenen Augen kennen, ein Selbstportrait gemalt haben
- den eigenen Pulsschlag gefühlt haben, und den von Freund und Tier
- einem Meister, einer Expertin, einem Könner begegnet sein. Neben ihm oder ihr gearbeitet haben (»Mentor«)
- Stolz empfunden haben, »ein Kind« zu sein. Nur Kind.

Zu viel? Was möchten Sie von der Liste streichen?

Auch wenn viele Gesprächspartner von dieser Fülle überwältigt waren, fiel es ihnen zu ihrer Verblüffung schwer zu entscheiden, welche dieser Erfahrungen, Kenntnisse im Einzelnen überflüssig, verzichtbar wären. Gelegentlich kam dann der Vorschlag, zusammenzutragen, was den Siebenjährigen erspart bleiben sollte, was in einem Bildungskanon für die ersten Jahre fehlen kann, was auf später verschoben werden sollte. Zeitökonomie, das Konzept »Zeitverschwendung« wurden genannt. Die Kindheit soll die Zeit der nach vorn offenen Zeit sein! Als weiteres Wissen, mit dem man Kinder in ihren frühen Jahren nicht belasten sollte, wurde von einigen Gesprächspartnern die Abtreibung genannt. Phantasien über »unerwünschte« Kinder will man ihnen ersparen. Und in der Vorschulzeit, meinten die meisten Gesprächspartner, sollte es das Privileg der Kinder sein, nicht zwischen »Du« und »Sie« unterscheiden zu müssen.

Kanon-Bildung

Mit der zweiten Liste, nach dreijähriger Recherche, sind wir mitten im Problem: Was wäre heute ein Kanon für Bildungserfahrungen in den frühen Jahren? Brauchen wir einen solchen Kanon?

Die erste Liste war eine Geste mit leichter Hand, unfertig, ein Anstoß. Exemplarisch, eine Skizze, sagten wir den Gesprächspartnern. Stehen wir mit der zweiten Liste nun mit einem Fuß auf dem Terrain empirischer Sozialforschung? Das Netz wurde weit ausgeworfen. Hier spricht nun nicht mehr eine kleine Gruppe von Eltern, ein kleine Gruppe von Erziehern auf einem Workshop. Jetzt ist die Zahl der Beteiligten angewachsen auf die Besetzung eines mittleren Vortragssaals. Hat die zweite, die erweiterte Liste deshalb mehr Gewicht für einen Kanon unverzichtbarer Bildungsgelegenheiten? Hätte sie es umso mehr, wenn immer weitere Gesprächspartner in die Recherche einbezogen würden? Gegen Ende unserer Recherche kam gelegentlich von unseren Gesprächspartnern der Vorschlag, die Liste ins Internet zu stellen. Noch weiter zu sammeln ... weltweit...

Ich neige stattdessen dazu, die Frage immer wieder zurückzuholen, im Gespräch immer wieder neu anzusetzen, mit nur wenigen Beispielen für Weltwissen, und dann dem Lauf zu folgen, den die Gesprächspartner einschlagen. Das eigenaktive, das seine Erkenntnis selbst konstruierende Kind ist das neue Leitbild für Lernprozesse in frühen Jahren – aber Erwachsene sind darin nicht anders als Kinder: Wir wollen selbst denken, selbst die Leerstellen füllen, selbst den Kanon der frühen Bildungsjahre neu erfinden können. Lernen ist im weitesten Sinn ästhetisches Lernen – von Filmen erinnert man vor allem die Bilder, die man selbst gemacht hat. Interessant sind für uns vor allem die Gedanken und die Absichten, die wir selbst entwickeln.

Die zweite, die erweiterte Liste, ist in diesem Sinn nicht »vollständiger« als die erste, und eine durch Tausende von Internet-Rückmeldungen weiter verlängerte Zusammenstellung von Bildungsbeispielen wäre keine »zuverlässigere« Grundlage für einen Kanon.

Wie kann ein Kanon für die frühen Jahre aussehen?

Wir verlassen kurz die Bildungsdiskussion im Übergang zur Wissensgesellschaft des 21. Jahrhunderts. Wir schauen uns einen klassischen Kanon an, entstanden im 17. Jahrhundert nach dem Dreißigjährigen Krieg, ein bis weit ins folgende Jahrhundert, bis in die Goethezeit beliebtes Bilderbuch und Schulbuch für den systematischen Aufbau von Weltbildern und Lebenskenntnis in den Kindern der lesenden Stände: der *Orbis Sensualium Pictus* von Johann Amos Comenius.

Ein Kanon des Weltwissens:
Der *Orbis Sensualium Pictus* von Comenius

Dem Bedürfnis nach Ordnung in der Welt, nach einem beruhigten Horizont für die Anschauung und die Fragen von Kindern hat Johann Amos Comenius eine klassische Form gegeben.[8] Als der berühmte, weitgereiste Gelehrte 1658 gegen Ende seines Lebens sein »Buch der Bücher« für Kinder verfasste, führte er vermutlich einen Auftrag aus seiner eigenen Kindheit aus, einer Kindheit, die gleichermaßen geprägt war vom wüsten Chaos des Dreißigjährigen Krieges und der weltvertrauenden Bildung einer protestantischen böhmischen Sekte.

1592 in Ostmähren geboren, verlor Comenius mit zehn Jahren den Vater, mit elf die Mutter und zwei seiner Schwestern. Eine Tante in Südmähren nahm das Waisenkind auf. Über seine ersten Erfahrungen mit dem Lernen in der Schule einer protestantischen Sekte, der »Brüderunität«, gibt es keine Zeugnisse. Aber man weiß, dass diese Sekten Kindern mit ungewöhnlichem Respekt vor ihrem »eigenen Weg zu Gott« begegneten. Vielleicht waren das in seinem Aufwachsen die einzigen Jahre seines Lebens ohne Angst und Unordnung. Sie enden gewaltsam, als der Ort während des Dreißigjährigen Krieges überfallen und niedergebrannt wird. Zurück im Geburtsort, arbeitet er in der Mühle seines Vormunds. Drei Jahre bäuerliche, handwerkliche Tätigkeiten, eine andere Schule, deren Einfluss lebenslang auf Comenius wirkt. Das Tun mit den Händen, die praktische Intelligenz der Menschen niederen Standes, ihre Entfaltungsmöglichkeiten, die nicht zu ihrem Recht kommen, hat Comenius später, als anerkannter Gelehrter, als Berater von Fürsten, als Bischof der böhmischen Brüdergemeinde nie vergessen.

Im Alter von 16 Jahren darf Comenius endlich wieder eine Schule besuchen: drei Jahre Lateinunterricht und religiöse Unterweisung. Diese gelehrte Schule, keine Hilfe bei seiner Suche nach Welterkenntnis, ist für ihn eine schmerzliche Enttäuschung. Die Erinnerung verfolgt ihn lebenslang. »Von vielen Tausenden bin ich auch einer, ein armes Menschenkind, dem der liebliche Lebensfrühling, die blühenden Jugendjahre mit scholastischen Flausen verdorben wurden...« Das will er anderen ersparen: »Nur eines bleibt und eins ist möglich, dass wir die Hilfe, die wir unseren Nachkommen leisten können, wirklich leisten. Haben wir nämlich gezeigt, in welche Irrtümer uns unsere Lehrer hineingestürzt haben, so müssen wir nun zeigen, auf welchem Weg man diese Irrtümer vermeiden kann.«[9]

Die Energie für seinen lebenslangen Versuch des Ordnens, des enzyklopädischen Umkreisens der Welt auf der Suche nach einer Weltharmonie, die sich in einem harmonischen Kanon von Weltwissen abbilden würde, speist sich bei Comenius aus der Erfahrung von Chaos und Mangel. Da ist nicht die Erfahrung des Privilegs, des mühelosen Beschenktwerdens wie etwa in der Kindheit von Goethe. »Wer empfing, der möchte geben« – diese Selbstverpflichtung eines Erwachsenen im dankbaren Rückblick an eine auf Händen getragene Kindheit konnte kein Motiv von Comenius sein. Belagerung und Verzweiflung blieben wiederkehrende Erfahrungen in seinem frühen Mannesalter. 1622 muss er vor katholischen Truppen aus seinem böhmischen Heimatort Fulnek fliehen. Wieder ist aller Halt verloren: Die Stadt wird niedergebrannt, seine Frau und seine beiden Söhne sterben an den Folgen der Pest. Und, trostlos auch, seine gesamte Bibliothek wird vernichtet.

»Nur eines bleibt und eines ist möglich, dass wir die Hilfe, die wir unseren Nachkommen leisten können, wirklich leisten.« Der Wunsch nach Wiedergutmachung, nach Selbst-Heilung, stellvertretend an Kindern, bestimmt das Lebenswerk von Comenius. »Wartung der Geister«, nannte er es. Aus welchen Bildern und Erfahrungen nahm er die Kraft für die Vision eines selbstbestimmten, freudigen Lernens? Vielleicht aus den wenigen glücklichen Jahren in der Schule der böhmischen Brüderunität. Die Brüder stützten sich in ihrer Achtung des Kindes auf das Evangelium. Die Taufe von Kindern in frühen Jahren verstanden sie als eine nur vorläufige Einführung in die Gemeinde; im Laufe des Erwachsenwerdens sollte sie durch eine bewusste, selbstständige Entscheidung abgelöst werden.

Comenius verstand die Selbsterziehung und die Bildung von Kindern als eine dem Menschen gestellte Lebensaufgabe. Das hat er unerschütterlich gegen alle Demoralisierung während des Dreißigjährigen Krieges behauptet. Auf allen Stationen seines Lebens, an Universitäten, Höfen, in Holland, Deutschland, Italien, suchte er nach Ordnungsprinzipien, nach einem Halt in der Wissens-Explosion seiner Zeit. Comenius war ein gelehrter Mann, nicht nur mit der theologischen und philosophischen Tradition vertraut, sondern auch mit den neuen naturwissenschaftlichen Erkenntnissen seiner Zeit. Wie mit der Fülle des neuen Wissens umgehen? Wie dieses Wissen nutzen, ohne sich, enzyklopädisch, an die »Dinge zu verlieren«?

Das Labyrinth, eine barocke Metapher für den Zustand der Welt, erscheint auch als Labyrinth der Informationen. Durch scholastisches Pauken kann aber die verstörende Komplexität des Lebens während der Glaubenskriege nicht bezwungen werden, so kann keine Ordnung entstehen. Die »Geistesfolter« (Große Didaktik, 1985, 100), »Kopfmarterung« (Orbis Pictus, Vorrede), als die Comenius die Lateinschule erlebt hatte – und Folter war für einen Menschen seiner Zeit etwas sehr Konkretes –, schien ihm ein Beispiel für gottferne Gewalt am Menschen. Die »vernünftige Kreatur« Mensch könne so nicht behandelt werden, durch Zwang zum Gehorsam werde der Mensch zum Nicht-Mensch. »Gewalt sei ferne den Dingen« ist das Motto der *Pansophie*, seines Spätwerks.

Wissen war für Comenius zuallererst persönliches, in primären Beziehungen verankertes Wissen. Die Mütter hat er geschätzt, ihren Bildungsauftrag anerkannt. Nicht »Präzeptores und Prediger« sollen die ersten Lehrer der Kinder sein, sondern, so schreibt er ausdrücklich, »worin die Kinder geübet« werden, das könnten die Mütter am besten. In seiner *Mutterschul* (1626) beschreibt Comenius die Erziehungsaufgaben für die ersten Jahre.

Die *Mutterschul* ist gedacht für alle Kinder und Mütter aller Schichten, und es ist nicht wenig, was da aufgebaut werden soll. Das beginnt mit einer Grundhaltung des Kindes,

Temperantia, womit nicht nur die Befolgung der Zehn Gebote gemeint ist, sondern auch, was man heute Sozialverhalten nennen würde. Darüber hinaus soll die Mutter dem Kind Grundkenntnisse der »Künste«, der *Artes*, vermitteln. Als da sind:

Physicis: Unterschied zwischen Regen, Schnee, Unterschiede der Gewächse, der Tiere

Optica: Farben unterscheiden können

Astronomie: Sonne und Mond und einige Sterne kennen

Geographie: seinen Heimatort kennen und elementare geographische Bezeichnungen wie Feld, Berg, Fluss

Chronologie: Das Kind sollte Stunden, Tage, Wochen und Jahreszeiten unterscheiden können

Historia: sich an etwas drei oder vier Jahre Zurückliegendes erinnern können

Ökonomie: Zugehörigkeit zum »Haus« beschreiben können (Verwandtschaftsbeziehungen, soziale Abhängigkeiten, wer gehört zum Gesinde und wer nicht)

Politica: Das Kind sollte eine Vorstellung von der Rolle eines Bürgermeisters oder Vogts haben, sich unter einer Bürgerversammlung etwas vorstellen können

Dialectice: den Unterschied zwischen Frage und Antwort kennen, auf eine Frage zielgerichtet anworten können (»nicht dass einer vom Knoblauch, der andere von Zwiebeln rede«)

Arithmetica: bis zwanzig zählen können, elementare Mengenlehre, elementare mathematische Operationen ausführen können

Geometrie: Erste Kenntnis der Maße sollten vorhanden sein

Musica: Jedes Kind sollte einige Lieder auswendig singen können

Poesia: einige Verse auswendig können.

Und zuletzt noch eine Ergänzung von Comenius, für die er offensichtlich keine lateinische Kategorie vorfand:

Handwerkliche Geschicklichkeit: etwas schneiden, zubinden, schaben, zusammenfalten können.

Comenius hatte eine hohe Meinung von Kindern – das alles traute er ihnen zu, das forderte er für sie, für die Kinder aller Schichten. In Gesprächen zwischen Mutter und Kind würde diese Bildung einfließen. Respektvoll sollte es dabei zugehen, das Gespräch begleitet sein von der »Höflichkeit der Gebärden«.

Fünfundzwanzig Jahre nach dem Erscheinen der *Mutterschul*, nachdem Comenius durch Deutschland, England, Schweden, Ungarn, Holland gereist war, berühmt durch über hundert Veröffentlichungen, nach weiteren Schicksalsschlägen, nach Exil und Vertreibung und vielfältiger Anschauung von Unrecht auf der Welt, stellt der 66jährige 1658 dieser Erfahrung eine Welt-Ordnung, ein gemeinschaftsstiftendes Welt-Wissen entgegen: den *Orbis Sensualium Pictus*.

Es ist ein Kanon des Wissenswerten, der Realien, aber auch der Formen des menschlichen Zusammenlebens. Ein »kurzer Begriff der ganzen Welt und der ganzen Sprache« (Vorrede), nichts weniger. Ein enzyklopädischer Versuch, ähnlich wie Leibniz versucht hat, den möglichen Umfang des Wissens – in seinem Versuch sind es die Bücher – systematisch auf einen Kern zu reduzieren. (Leibniz schwebte ein Raum vor, eine Bibliothek, die in drei oder vier Räumen ein zweites Gedächtnis für den Gelehrten werden könnte. Dort wäre alles versammelt, dort würde er alles wiederfinden, was ihm entfallen war.)

Um den Raum des Wissens zu ordnen, holt Comenius Kinder zu Hilfe, er verdichtet das Weltwissen stellvertretend für sie. Die Aufmerksamkeit will er wecken, ihre Beobachtungsgabe schärfen. Nicht nur mit dem Kopf soll gelernt werden, Gemüt und Hände sind beteiligt. Wissen, Tun und Sprechen, dies zusammen sei das »Salz des Lebens«.

Anschaulich vor allem soll das sein, es soll berühren. »Die Menschen müssen so viel wie möglich ihre Weisheit nicht aus Büchern

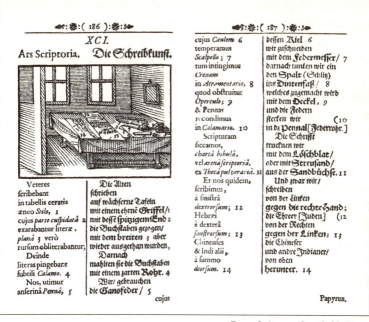

Doppelseite aus dem Orbis Pictus

schöpfen, sondern aus Himmel und Erde, aus Eichen und Buchen, sie müssen die Dinge selbst kennen und erforschen und nicht nur fremde Beobachtungen und Zeugnisse darüber... alles soll wo immer möglich den Sinnen vorgeführt werden, was sichtbar dem Gesicht, was hörbar dem Gehör, was riechbar dem Geruch... wenn ich nur einmal Zucker gekostet, einmal ein Kamel gesehen, einmal den Gesang einer Nachtigall gehört habe... so haftet das alles fest in meinem Gedächtnis und kann mir nicht wieder entfallen.«[10]

Schule solle aus Bildern bestehen, hatte Comenius geschrieben. Die 150 Bilder im *Orbis Pictus* sind keine dem Inhalt untergeordneten Hilfsmittel, sie sind mehr als bloße Illustration. Die Bilder stellen die Dinge und Zusammenhänge vor, gleichwertig zum Text in deutscher und lateinischer Sprache. Bilder und Text steigern sich gegenseitig.

Alles für alle, auf alle erdenkliche Weise! Der *Orbis Pictus* soll das Buch schlechthin sein, ein Vademecum für die Kleinen und die Größeren, für die Jungen und Mädchen, für Kinder aller Schichten. *Omnia omnes omnina*! Alle können das Wesentliche von allem verstehen, auch Kinder auf ihre Weise, davon ist Comenius überzeugt.

Das Buch umkreisen sie, ihrem Alter gemäß. Die nicht lesekundigen Kinder nähern sich ihm mit den »Sinnen, den vornehmsten Führern des zarten Alters«. Auf der nächsten Entwicklungsstufe, »wenn sich das Gemüte ... in die unkörperliche Betrachtung der Dinge erschwinget« (Vorrede), kommt die Sprache dazu, beim Vorlesen, dann die Schrift, und schließlich das Lateinische. Man gebe Kindern das wertvolle Buch »nach eigenem Belieben« zur Hand! empfiehlt Comenius, der Großherzige, der weitergeben, teilen möchte. Für sich allein sollen die Kinder sich »belustigen« können, der *Orbis* soll ihr erstes Bilderbuch sein (Vorrede, III, I). Aber auch ausmalen sollen sie die Bilder dürfen, »so sie Lust dazu haben, so sie keine haben, muß man ihnen Lust dazu machen« (Vorrede, IV). Die älteren Kinder kehren zu diesem Buch der Bücher zurück, um in der Muttersprache die Gegenstände und »Lebens-Verrichtungen« (Berufe) zu bezeichnen. Einige Jahre später kehren sie erneut zu dem Werk zurück, um die Bezeichnungen nun im Lateinischen zu lernen. So ist der *Orbis* auch ein erstes Beispiel für ein »Spiralcurriculum«.

Der *Orbis Pictus* ist mehr als eine Aneinanderreihung von wissenswerten Fakten. Für Comenius war er nichts weniger als »die Welt« selbst, Kanon, Welt-Ordnung für Kinder. Dieser Kanon existiert schon vor dem *Orbis*, meint Comenius, so wie es auch die Welt immer schon gibt. Man muss diesem bereits vorhandenen Kanon nur Gestalt geben, ihn zu Wort und Bild bringen, in dieser barocken Verschränkung von Bild und Schrift.

Der *Orbis Pictus* ist, verglichen mit anderen Schriften von Comenius, eher nüchtern, rationalistisch. Keine Visionen, keine Utopie, keine ungelösten Fragen. Er will die Welt beruhigen, er will der Welt für Kinder das Labyrinthische nehmen, ihre Komplexität reduzieren. Da ist er dann auch nicht immer auf der Höhe des Zeitwissens – wenn er z.B. erstaunlicherweise am ptolemäischen Weltbild festhält. Comenius will nicht stimulieren, es geht ihm nicht um mehr und noch mehr. Nicht der *horror vacui* ist sein Motiv, eher schon der *horror pleni*, die Angst vor der Überfülle. Dieser Wunsch nach Reduktion macht ihn auch heute aktuell. Es geht Comenius nicht primär um *mehr* Wissen, es geht um Integration, um durch Wissen gestiftete Gemeinschaft. Heute ist das die Frage nach dem Zusammenhang der einzelnen Informationen. Das spricht der *Orbis Pictus* allerdings nicht an. Was die Welt zusammenhält, bleibt unausgesprochen, bleibt geglaubt.

Der *Orbis Pictus* beschreibt eine begrenzte, aber keine heile Welt. Das comenianische System ist nicht »geschlossen«. Lebenslang versteht sich Comenius als ein Lernender. »Ich danke meinem Gott, dass er mich mein ganzes Leben hindurch einen Mann der Sehnsucht hat sein lassen.«[11]

In seinen späten Schriften in Holland, in der *Allgemeinen Beratung*, an der er bis zu seinem Tod arbeitete, hat Comenius nicht nur Kindheit und Jugend, sondern das gesamte Leben des Menschen als Lernen, als eine Schule verstanden. Der alte Comenius spricht sogar von vorgeburtlichem Lernen, von »Anfängen der Weisheit im Mutterschoß«.

»Nicht aufzugeben, ein Leben lang, war das Schwerste«,

schreibt Heydorn über Comenius. »Für den heutigen Leser ist die comenianische Gewissheit oft schwer begreiflich. Inmitten von Unruhe, am Rande der Vernichtung ist eine unendliche Ruhe, als wäre alles schon längst zurückgenommen. Das Erwartete ist schon gegenwärtig.«[12]

Was lässt Comenius so verwandt, so zeitgenössisch erscheinen, wenn wir heute das Weltwissen der Siebenjährigen umwandern? Ist es seine Stimme des unbedingten guten Willens, die durch die Jahrhunderte spricht? Nachgeborene sind empfindlich gegenüber pädagogischer Besserwisserei. Aber die Haltung von Comenius, sein ehrfürchtiger und sein sachlicher Umgang mit den Phänomenen der Natur und des Sozialen hat in späteren Epochen immer wieder gefallen. Über 250 Ausgaben des *Orbis Pictus* hat es über die Jahrhunderte gegeben. Goethe erinnerte sich gern an dieses Buch seiner Kindheit.

Es ist ästhetische Feinheit, es ist auch Eleganz im *Orbis Pictus*. Den Kupferstecher für die Vignetten hat Comenius sorgfältig ausgewählt. Sigmund von Birken, der frühbarocke Dichter, hat den lateinischen Text von Comenius in ein präzises und anmutiges Deutsch gebracht. Mit wenigen Worten entstehen Situationen des Lebens, aus der alltäglichen Umgebung wie aus einer ferneren Welt. Auch den Islam – »den mahometischen Glauben« – führt Comenius den Kindern vor. Nicht als exotische Welt, sondern tolerant, sachlich.

Weitere Themen: Das Schwimmen! Der Honig! Das Jüngste Gericht! Jede Miniatur ist für sich ein kleiner *Orbis*, ein Rundgang um Bild und Text. Der Ton ist erzählend, freundlich, heute würde man sagen: partnerschaftlich. Er setzt beim Kind Interesse und Verständnis voraus, aber er bemüht sich um Einfachheit, um Nähe zum Kind. Ein sanfter Pädagoge, das Kind soll nicht unnötig belastet werden. »Der aber zuwege bringt, dass von den Würzgärtlein der Weißheit die Schrecksachen hinweg bleiben, der hat etwas Großes geleistet« (Vorrede).

Bei abstrakteren Begriffen – wie »die Gerechtigkeit«, »die Mildigkeit« – werden Kinder in die emblematische Darstellungsform eingeführt: Hinter dem Sichtbaren erscheint ein anderer Sinn, die Wahrnehmung auf mehreren Ebenen wird geübt, sie werden angehalten, unter die Oberfläche zu schauen...

Insgesamt sind alle Szenen knapp gehalten, manchmal nüchtern, nie pedantisch. Comenius ist nicht beschaulich, keine heile Welt malt er aus. Marter und Todesstrafen werden vorgestellt und das Jüngste Gericht. Sie gehören für ihn ebenso in den Horizont der Kinder wie der Buchladen und die Mondfinsternis.

Ein Orbis im 21. Jahrhundert

Ob die Phantasie von Kindern vom Dreißigjährigen Krieg oder von der Gewalt im Fernsehen belagert wird, ist vielleicht kein prinzipieller Unterschied. Und ob ein Kind nach Pest und Krieg ohne Vater aufwächst oder nach einer Scheidung, auch kein wesentlicher. Die Erschütterungen des Wissens – durch das kopernikanische Weltbild oder durch beschleunigten technologischen Wandel –, auch das rückt Comenius nahe über die Jahrhunderte.

Anders als im comenianischen Kanon wird man allerdings heute versuchen, die Kinder als Handelnde zu denken, die Realien auch als *Sozialien* vorzustellen. Das Auto transportiert nicht nur Menschen und Gegenstände, es ist auch ein umstrittenes Fortbewegungsmittel. Die Realien werden auch als *Emotionalien* behandelt: ein Sessel ist nicht nur ein Möbelstück, es kann das

Lieblingsmöbel des Vaters sein, geerbt von der Urgroßmutter. Und Wissen gilt, anders als im Verständnis von Comenius, nicht als endgültig. Es ist immer revidierbar.

Darüber, über die Jahrhunderte hinweg, mit Comenius in ein Gespräch zu kommen, wäre schön. Denn heute wird ein Kanon nicht von einem Autor allein entworfen werden, und sei er noch so gebildet und großherzig. Sondern im Gespräch, als Kombination von Elementen aus Lebenserfahrung, Fachwissen, Berufserfahrungen. Ein Kanon wird offen sein, mehr Spirale als geschlossener Kreis, in seinem Gestus wird der Vorbehalt der Älteren erkennbar sein, die erfahren haben, dass die Gegenwart von heute nicht ihre Zukunft von gestern ist. Ein Kanon wird sich verstehen als Angebot, als Möglichkeit. Die Weltkarte des Wissens wird weiße Flecken zeigen, das eigene Nicht-Wissen thematisieren, offene Fragen enthalten, die weitere Fragen auslösen.

Das Unabgeschlossene eines Bildungskanons heute, die Spiralbewegung bei der Umkreisung des kindlichen Bildungshorizonts, das Weltwissen-Projekt als ein offenes Projekt konnte gegen Ende unserer Recherche von den Gesprächspartnern bereits leichter akzeptiert werden als drei Jahre zuvor. Der Charakter der Vorläufigkeit, der Zwang zur Neuschöpfung der Welt, in immer wieder neuen Versionen, wurde in dieser Zeit ja auch sonst ständig erfahren.

Vielleicht wird man demnächst in weniger schwerfälliger Form solche Bildungswelten erfinden. Das lineare Aneinanderreihen: »ein Siebenjähriger sollte...«, »...und sollte außerdem auch noch« (Soll-Pädagogik nannte es eine Gesprächspartnerin) ging uns in vielen Gesprächen gegen den Strich. Vielleicht werden wir in einigen Jahren geschickter im Umgang mit Bildern sein; vielleicht werden wir Bilder montieren und mit diskontinuierlicheren Darstellungsformen dem vielschichtigen Charakter des Weltwissens, das ein Kind in den ersten Lebensjahren ausbildet, gerechter werden.

Aber die tapfere Melancholie, die gebildete Einfalt von Comenius sollte auch heute die Grundhaltung eines Kanon sein. Das Bedürfnis von Comenius und das seiner Leser bleibt über die Generationen aktuell: dem Kind die Welt in eine Form zu übersetzen, sie ihm vorzustellen in einer Vielfalt, die es seine eigenen Möglichkeiten entdecken lässt, und die ihm Mut und Neugier macht. Weiterblättern im Buch. Einige Seiten überspringen, einige Seiten zurückblättern. Das Buch aus der Hand legen, die Augen und die Hände sprechen lassen. Allen alles, auf alle erdenkliche Weise!

Das Wissen des Weltwissens

Kinder sind nicht belehrbar. Sie können nur selbst lernen, hieß es anfangs.

Wird die Haltung unseres Weltwissen-Panoramas dieser Einsicht gerecht? Oder ist sie invasiv? Wird das Kind von den Erwachsenen bedrängt mit pädagogischem Überangebot, einem Überfluss von »Welten«? Muss man überhaupt die Welt noch einmal verdichten, immer noch eins draufsetzen, als wäre sie nicht ohnehin intensiv genug?

Die mittelalterlichen Madonnenmaler wussten es: Der Jesusknabe ist in heiterer Laune und lässt sich freudig füttern, wenn er seinen eigenen Löffel in der Hand hält.

Verfolgen wir das Kind mit dem Löffel? Wenn es den Kopf abwendet: taucht da um die Ecke seines neuen Blickausschnitts schon wieder ein Breilöffel auf?

Wenn wir vom »eigenaktiven« Kind sprechen, welches Bild von *Aktivität* liegt dem zugrunde?

Die psychosoziale Entwicklung des Kindes wurde vor allem in der Psychoanalyse lange Zeit in Kategorien des Dramas beschrieben: Spannungen, Kämpfe, brodelnde Affekte, heftige Konflikte. Heute beginnt man sich in der Entwicklungspsychologie stärker für die »niedrigen Spannungszustände« zu interessieren, für die »Zwischenräume«. In den Phasen von *low-tension* – das Baby ist gefüttert und gewickelt, die markanten Empfindungen wie Hunger und Sättigung treten zurück –, da geschieht, von außen betrachtet auf undramatische Weise, entscheidendes Lernen, Individualisierung. Was wir »Zwischenraum« nennen, ist möglicherweise eine vorzügliche Lernzeit, Individualisierungszeit: »Nichts zu suchen war mein Sinn«.

Die Erwachsenen müssen sich auch üben in ihrem Nicht-Verstehen. Die Aktivität des Kindes grundsätzlich erkennen und verstehen zu wollen, diese Absicht allein kann invasiv sein. Die Gegenwehr von Kindern gegen die dominante Anteilnahme der Erwachsenen heißt heute, Mitte 2000, Pokémon und ist ein Millionengeschäft. Hier sind Kinder mit ihrem für sie konstruierten Weltwissen unter sich. Interessant ist, wie fasziniert manche Erwachsene heute davon sind, diese Welt der Siebenjährigen *nicht* verstehen zu können.

Die Welt des so genannten Billigspielzeugs war immer schon eine andere, subversive. Was man ohne großen Lustaufschub in den Mund schob, was unter der Hand zerbrach, was ästhetischen Ansprüchen an gutes Material nicht genügte, was sie sich selbst kaufen konnten, das mochten die Kinder gern. Das so genannte Schundspielzeug, gewissermaßen die Unterschicht allen Spielzeugs, war den Kindern immer näher als alles didaktische Material oder auch als das ästhetisch anspruchsvolle »gute Spielzeug«. Das Billigspielzeug wurde von Erwachsenen eher ignoriert, oder in der Schule als Schundspielzeug diskriminiert zur

Unter-der-Bank-Beschäftigung, wie anderes Beliebtes auch. (In vielen Schulen musste es vor dem Unterricht abgegeben werden und landete bis zum Unterrichtsende in einem Karton.) Zum ersten Mal beschäftigt nun das für die Erwachsenen nicht zugängliche Geheimwissen der Siebenjährigen die Kommentatoren der Feuilletons. Die Erwachsenen sind fasziniert von dieser Kinder-Expertise in der komplizierten Welt der Pokémons.

Was ist das Wissen des Weltwissens?
   Es ist mehr als Fakten, und mehr als Informationen. Wissen, das sind ebenso Erinnerungsspuren des Kindes, Routinen, Zweifel, offene Fragen, intelligentes Raten. Auch entscheiden zu können: das interessiert mich jetzt nicht. Wissen heißt nicht, über etwas viel reden, sondern etwas tun können.
   Wenn Kinder, diese hochtourigen Lerner, in den Kindergarten kommen, wissen sie bereits, dass Bäume nicht im Wohnzimmer wachsen, dass Kinder nie älter sein können als ihre Eltern, dass die Kasse am Ausgang vom Supermarkt steht, dass die Mutter, wenn sie am Telefon laut schreit, mit der Urgroßmutter telefoniert, dass es Schuhe für den linken und rechten Fuß gibt. Im Kindergartenalter wissen sie, dass das kleinere Kind auf der Wippe weiter nach hinten rutschen muss, dass manche Kinder zu ihrer Mutter *Ane* sagen, was ein anderes Wort für »Mutter« ist. Spaghetti, wenn man sie zu lang kocht, schmecken matschig. Manche Erwachsene schließen die Augen beim Musikhören. Der Freund hat den Turm nicht aus Versehen, sondern mit Absicht zum Einsturz gebracht.
   In der Liste, in beiden Listen, geht einiges durcheinander: was die meisten Kinder nach sieben Lebensjahren schon wissen, beiläufig gelernt haben, was man voraussetzen kann und was ihnen zu wünschen wäre. Ziel und Ergebnis, Fähigkeiten und

die Anlässe, bei denen sie sich voraussichtlich bilden könnten – formelles und informelles Lernen vermischt zu sehen, ist für systematische Pädagogen schwer auszuhalten. Aber Bildungserfahrungen sind nicht an bestimmte Orte und Zeiten gebunden. Vor allem nicht in der Kindheit. Das macht das Lernen in der Schule manchmal so unerträglich. Eine Achtjährige:

»Wir haben über Brot geredet. Langweilig.«

»Wieso? Das kann doch interessant sein: Brot?«

»Das war schon interessant. Aber das Reden darüber war total langweilig.«

»Das haben wir durchgesprochen«, erklärte eine Grundschullehrerin nach dreißig Jahren Unterrichtspraxis zu fast jedem Punkt auf der Weltwissen-Liste. Und zur nächsten Anregung: »Das haben wir auch durchgesprochen«.

Wissen ist mehr als Speicherung von Information, ist nicht der Kurzschluss zwischen Internet und Gehirn. Information ist nicht nur etwas anderes als Wissen, es ist in gewisser Weise das Gegenteil. Information ist alles, was die Welt unserer Wahrnehmung aufzwingt. Wie wird aus solchem »trägen Wissen« (Weinert) »intelligentes Wissen«?

Wissen entsteht nur in einem ganzkörperlichen Austausch mit der Welt. Mit ihrem ganzen Körper müssen die Kinder auf die Wissensanlässe zugehen. Ausgerechnet eine Wissenschaftsdisziplin betont das heute, von der man sich die Überwindung solch weichen Denkens erwartet hätte: die Hirnforschung. Wenn die Hirnforschung heute sagt: *the mind is not in the head*, stützt sie diese Hypothese auf neurophysiologische Untersuchungen, bei Unfallpatienten z. B., bei denen nach Unfällen an Gliedmaßen Veränderungen im Gehirn beobachtet werden.

»Erkläre mir, und ich vergesse. Zeige mir, und ich erinnere. Lass es mich tun und ich verstehe.« Diese konfuzianische Maxime wird bestätigt durch neuere Ergebnisse der Hirnforschung. Synapsen bilden sich im Gehirn des Kleinkinds vor allem dann, wenn es »selbstwirksam« ist, »selbstbildend«, aktiv beteiligt. Das Kind muss die Welt nicht als etwas Vorgefundenes erfahren, es muss sie *neu erfinden.*

Die Jahre vor der Schule sind eine ideale Zeit für die Aneignung solchen Weltwissens. Die Evolution hat dafür gesorgt, dass das Menschenkind viel Zeit braucht für die Ausbildung seiner Weltläufigkeit. Und sie hat es gut eingerichtet, dass das Kind für die Erwachsenen unbequem ist in seiner Unfertigkeit. Im eigenen Interesse strengen wir uns als Erwachsene an, das Entwicklungspotenzial im Kind zu heben: damit das Leben auch für uns wieder einfacher wird. Im Idealfall helfen Kinder und Erwachsene, sich aus gegenseitiger Abhängigkeit zu befreien. Der Neuankömmling verfügt über gute Strategien, sich Stoff für seine Entwicklung heranzuholen – auch unter grob kinderfeindlichen Bedingungen gelingt das immer wieder, wie die *resilience*-Forschung, die Forschung über die erstaunliche »Unverwundbarkeit« vieler Kinder in bedrückten Verhältnissen, gezeigt hat.

Für die frühen Jahre ist der Kindergarten ein ideales Bildungsmilieu: Hier werden Kinder aller Schichten unter einem Dach versammelt, hier werden noch keine Noten vergeben. Es gibt an den langen Tagen immer wieder pädagogisch unstrukturierte Zeiten, für Irrtümer, für Wiederholungen. Und man kann noch anders sein, ohne Nachteil. (Die Kategorie »Ausländerkind« macht für Kinder in diesem Alter noch keinen Sinn.) Im Kindergarten kann wie von selbst in »Projekten« gelernt werden. Chemie, Mathematik, Physik in der Küche: das Hebelgesetz beim Nüsseknacken, elementare Mengenlehre beim Salzen. Kunst und Mathematik sind noch nicht auseinanderdefinierte Schulfächer.

Die Zukunft lernt im Kindergarten.

II
Je mehr man von der Welt weiß, umso interessanter wird sie

Gespräche mit Fachleuten aller Art

Während der drei Jahre der Weltwissen-Recherche wurden über hundertfünfzig Gespräche geführt: in Ateliers, in Bahn und Flugzeug, in Seminarräumen und Redaktionen, in Kindergärten, auf Parkbänken, in Küchen und Kinderzimmern. Gesammelt wurden die Aussagen von Einzelpersonen und von Gruppen, wie Vätergruppen, dem Redaktionsteam des Schweizerischen Kinderradios, Workshops mit Erzieherinnen. Diese Gespräche dauerten von einer halben Stunde – beim Erzbischof Johannes Dyba – bis zu einer ganzen Nacht – dem Gespräch mit der zweiundachtzigjährigen jüdischen Dichterin Lia Frank, nachdem wir mitternächtlich auf ihrem Sofa einschliefen, um im Morgengrauen den Faden wieder aufzunehmen.

Die meisten Interviews habe ich selbst geführt, etwa ein Fünftel hat ein Redaktionskreis von Bildungsjournalistinnen und Pädagogen beigesteuert. Da wir keine standardisierten Fragebögen einsetzten, gingen in die Gespräche die je eigenen Sichtweisen auf das Thema ein. Die meisten Mitarbeiter waren in den 50er Jahren aufgewachsen, sie hatten sich beruflich viele Jahre mit pädagogischen oder kindheitssoziologischen Themen beschäftigt, sie beteiligten sich mit eigenen Veröffentlichungen oder als Dozenten an der »neuen Bildungsdiskussion«. Natürlich haben auch die Erinnerungen an das Aufwachsen eigener Kinder in den Jahren nach 1968 ihre Fragen und Kommentare beeinflusst.

Weitere Interviews zum Weltwissen haben Pädagogikstudenten in Seminaren von Universitäten in Deutschland, Österreich und der Schweiz beigesteuert. Sie suchten ihre Interviewpartner meist in ihren Familien (Geschwister, Großmütter, der eigene

Sohn), oder sie befragten ihre Freunde. Die Fragen dieser Gruppe von Interviewern spiegeln Kindheitserfahrungen der 80er Jahre. Aus Fragen und Kommentaren der Studenten spricht oft Ungeduld mit der »Freizeitpädagogik«, die die »Generation Golf«[1] im leistungskritischen Klima der 80er Jahre erlebt hatte. Viele meinten, sich heute daran zu erinnern, wie sie in alternativen Erziehungsmilieus in ihren Erwartungen gebremst und unterfordert wurden oder im nach 1968 bildungsreformierten westdeutschen Kindergarten. Diese Studenten hatten weniger Bedenken gegenüber einer »Verschulung« und »Verplanung« von Kindheit als die ältere Generation im Redaktionskreis der Weltwissen-Recherche. Ihren eigenen Kindern wollten diese Studenten später anspruchsvollere Entwicklungsaufgaben zumuten.

Die Interviews der Studenten wurden in vielen Spachen geführt – italienisch, japanisch, koreanisch, englisch, französisch, türkisch, russisch, tschechisch, kroatisch, ungarisch. Dabei gab es aufschlussreiche Übersetzungsprobleme. Die japanische Studentin fand es schwierig, die gesamte Grundhaltung des Projekts zu vermitteln: Wie kann man fragen, welche Bildungserlebnisse Erwachsene den Kindern *schulden*, anstatt danach zu fragen, was Kinder können und wissen? Aber nach der ersten Irritation ließen sich ihre japanischen Gesprächspartner gern auf diese neue Sichtweise ein. Die amerikanischen Gesprächspartner fanden den Tenor der Weltwissenliste zu kühl, zu distanziert. Wollte man in den USA eine größere Recherche zum Thema starten, müsste man einen gefühlvolleren Einstieg finden. Die russischsprachigen Gesprächspartner – emigrierte jüdische Familien aus der ehemaligen Sowjetunion – fanden die Liste im Ganzen sogar nicht anspruchsvoll genug. Die Notwendigkeit eines verbindlichen Bildungskanons für die frühen Jahre war für sie selbstverständlich. Mindestens »ein Gedicht von Puschkin« sollten Kinder in der Vorschulzeit allerdings gelernt haben, nicht einfach nur »ein Gedicht«.

Die Ergebnisse aller Gespräche quer durch das soziale Spektrum sind eingegangen in die zweite Liste zum Weltwissen.

Die Ergebnisse sind aber auch eingeflossen in die Arbeit der Interviewer selbst. Einige Mitarbeiter des Redaktionskreises haben Interviewabschriften im Unterricht mit verteilten Rollen szenisch gelesen, wobei die Atmosphäre der Weltwissen-Gespräche in einer Familie oder in einer Vätergruppe wieder entstand. Manche Studenten reflektierten in Interviews mit ihren Eltern über ihre eigene frühe Bildungsgeschichte. Und wenn Studenten mit ihren Lebenspartnern sprachen, ging es dabei nie nur allgemein um Pädagogik der frühen Kindheit, sondern auch um ihre Zukunft: wie würden sie es mit eigenen Kindern halten?

Die folgenden Auszüge aus den Gesprächen fassen, zu sechs Themen gebündelt, die wesentlichen Ideen der Befragten zusammen: Wie werden die Grundhaltungen des Lernens und Wissens aufgebaut? Was ist ein anregendes Bildungsmilieu für Kinder in frühen Jahren? Welche neuen Bilder vom Kind müssen entstehen, und wie werden sich dabei die Selbstbilder der Eltern und Erzieher verändern? Die Statements aller Fachleute werfen Schlaglichter auf die Themen und das Reflexionsniveau, mit dem heute über Bildungsqualität in der Vorschulzeit nachgedacht wird. Farbe erhalten diese Lichter durch die Lebenserfahrungen der Interviewten, der Wissenschaftler, Unternehmer, Emigrantinnen und Eltern.

Das erste Kapitel nimmt die Frage nach der Notwendigkeit eines Bildungskanons für die frühen Jahre noch einmal auf. Ein Bildungskanon für die frühen Jahre existiert in jedem Fall, unabhängig von den expliziten Absichten der Eltern und Erzieher, sagen die Entwicklungspsychologen Franz Weinert und Rolf

Oerter, und sie begründen mit einigen Beispielen, welche Richtungen, welche Inhalte in einem solchen Kanon heute vertreten sein sollten. Auch der Bildungssoziologe Heimfrid Wolff, der die *Delphi*-Studie des Bildungsministeriums zur Zukunft des Wissens und des Bildungswesens (1996–1998) ausgewertet hat, betont die Notwendigkeit eines Kanons in frühen Jahren: Die Wissensgesellschaft bedarf einer Verständigungsbasis der gemeinsamen Erfahrungen in früher Kindheit. Welche Haltungen für eine immer wieder neue Orientierung in einer prekären Berufswelt bereits in der Kindheit angelegt werden müssen, überlegen im folgenden Kapitel ein Sozialpädagoge, der im Auftrag von Schweizer Unternehmen »*outplacement*-Beratung« durchführt, eine pensionierte Kindergartenleiterin, in deren Kindergarten es schon seit langem ein Kinderparlament gibt, und ein Medizinsoziologe, der international vergleichend über Lebenserwartung forscht. Wie der »Ruck« von einer wissensfreien Kindheit zu einem interessanteren und abenteuerlicheren Bildungsmilieu aussehen könnte, beschreiben im nächsten Kapitel ein berühmter Erfinder, ein Spezialist für Sachkunde in frühen Jahren, eine Chemikerin, die Leiterin einer Kinder-Akademie und ein Organisator von Computerkursen für Kinder. Die Bildungswelt von Kindern anreichern, heißt aber nicht nur, ihnen neue Inhalte und zusätzliche Anregungen zuzuführen. Was erfährt man über ihre Gedanken, inneren Stimmen und Bilder? Dazu kommen drei Religionspädagogen mit ihren unterschiedlichen Positionen zur Sprache: ein Erzbischof, ein Entwicklungspsychologe und der Pfarrer einer Großstadtgemeinde.

Das Weltwissen, das viele Kinder in den deutschen Kindergarten mitbringen, stammt aus Familien, die aus allen Gegenden der Welt nach Deutschland eingewandert sind. Über ihre Erwartungen und ihre Ansichten zur Erziehung in frühen Jahren wurden diese Eltern selten befragt. Hier hören wir zwei Stimmen, die leise einer türkischen Analphabetin, und die ungeduldige eines aufstiegsorientierten indischen Kioskverkäufers.

Haben wir auch Kinder befragt? Das wollten viele wissen, wenn sie von der Weltwissen-Recherche hörten. Zum Schluss stellen wir zwei Siebenjährige in einem Umfeld vor, das uns für ihr Aufwachsen so optimal erschien, wie man sich das nur wünschen kann. Und doch haben wir vier Jahre später erfahren, dass die Schule das vorschulische Weltwissen dieser Kinder wenig anerkannt und es nicht in einer Weise weiterentwickelt hat, dass Fredi und Sabrina nach den Maßstäben der Schule erfolgreiche Schüler wurden.

In den im folgenden Kapitel montierten Texten haben wir von den vielen Fachleuten, die uns ihre Ideen und Erfahrungen mitgeteilt haben, einige länger zu Wort kommen lassen, als das in der empirischen Sozialforschung sonst üblich ist. Anders als beispielsweise in der großen Experten-Befragung der *Delphi*-Studie, in der die Experten nur ein Kreuz auf einer Skala von eins bis fünf zu einer vorformulierten Frage anbringen konnten, soll man sich hier einhören können in ihre besondere Diktion, in ihren professionellen oder persönlichen Ton. Es schließt sich ein Kapitel mit fünfzehn »Bildungsminiaturen« an, meinen ausdrücklich eigenen Wünschen an Bildungsgelegenheiten in den ersten sieben Lebensjahren.

Ein Bildungskanon für die frühen Jahre?
*Gespräche mit Prof. em. Dr. Franz Emanuel Weinert,
Prof. Dr. Rolf Oerter und Dr. Heimfrid Wolff*

Franz Emanuel Weinert ist ehemaliger Direktor des Max-Planck-Instituts für Psychologische Forschung in München. Er hat vor allem über die Entwicklung von Kindern im Grundschulalter geforscht und berät seit Jahren die »Stiftung für das hochbegabte Kind«. Macht es aus seiner Sicht Sinn, quer durch das soziale Spektrum viele Menschen nach ihren Ansichten über notwendige Bildungserfahrungen von Kindern zu befragen? Kann aus solchen Aussagen ein Kanon notwendiger Bildungserfahrungen entstehen? Brauchen wir überhaupt einen solchen Kanon? Und wenn ja, was soll er enthalten, was wäre darin aus seiner Sicht unverzichtbar?

»Es gibt zur Zeit viel Interesse für das, was man die impliziten Alltagstheorien von Menschen nennt, die kollektiven subjektiven Theorien, die Übereinstimmungen zwischen Menschen unterschiedlicher Herkunft, Berufe, Biographien. Von daher ist es in jedem Fall ausgesprochen interessant zu erfahren, was Leute glauben, was Kinder eines bestimmten Alters erfahren, gehört, gesehen, erlebt, gelernt haben sollten. Ich halte das für hoch wünschbar und für notwendig, weil es auch unausgesprochene Erwartungen an Kinder und damit ihre wichtigsten Sozialisationsbedingungen berührt.

Der Übergang allerdings von einer solchen kollektiven naiven Theorie über die Bildung der nachwachsenden Generation zu einem *Curriculum* – das ist schwierig. Das sollte kein explizites Curriculum werden, das sollte man als ein Bündel von Anregungen unverbindlich halten. In den 70er Jahren sind schon negative Erfahrungen gesammelt worden, als man versuchte, naive Bildungsvorstellungen, ein Sammelsurium von Ideen, in Curricula zu übersetzen.

Ein Kanon ist aber etwas anderes als ein Curriculum. Ich, der ich sicher nicht naiv bin, sondern beeinflusst durch Hunderte von Aufsätzen und Büchern zum Erwerb von Grundfähigkeiten und Grundkenntnissen, meine: Die Kinder müssen zunächst erst einmal das erwerben, was ihnen in den frühen Lebensjahren durch die Evolution an Entwicklungsaufgaben schon vorgegeben ist. Dazu gehört der Erwerb einer Reihe von motorischen Koordinationen, von Geschicklichkeiten. Dazu gehört der Erwerb der Muttersprache. Dazu gehört der Erwerb der naiven ›numerischen Operationen‹, der elementaren Begriffe von Größen, Mengen und Zahlen. Dazu gehört das, was man *theory of mind* nennt, ein elementares Psychologieverständnis, bei dem kleine Kinder begreifen, dass auch Erwachsene Stimmungen unterworfen sind, mentalen Gemütszuständen, die nicht konstant sind. Dass es aber andererseits Unterschiede zwischen Erwachsenen gibt, die relativ konstant sind über die Zeit.

Kinder erwerben also eine große Zahl von Kompetenzen, die offenkundig zum Teil bereits in ihnen als genetische Leerformen angelegt sind. Man weiß inzwischen zum Beispiel, dass selbst eine physikalische Grundkategorie wie das Konzept der Schwerkraft schon in den ersten Lebensmonaten für sie verfügbar ist. Das muss unterstützt und weiter ausgebaut werden. Aber wir dürfen eines nie vergessen: Alle Kinder auf der Welt, die nicht krank sind, entwickeln sich in gewisser Hinsicht wie alle anderen Kinder. Die Erwachsenen können sich noch so dumm anstellen: Die kognitiven Bedürfnisse der kindlichen Entwicklung können auf kulturell recht unterschiedliche Weise befriedigt werden. Es gibt in der frühen Kindheit eine große Anzahl von, wie man sagt, ›funktionalen Äquivalenzen‹, das heißt, das Kind kann flexibel sein in der Aufnahme dessen, was ihm nützt.

Das Andere, was ich glaube, was Kinder erwerben sollten, ist das, was in Ihrer Liste immer auch aufscheint, die *basics*. Jene Kompetenzen, die dafür Voraussetzung sind, dass auf ganz unterschiedlichen Gebieten später Expertise, Wissen, Können erworben werden kann. Sprachen sind ein gutes Beispiel, aber auch – das wird zur Zeit intensiv studiert – numerische Kompetenzen. Nicht um Mathematiker werden zu können, sondern für den Umgang mit Zahlen, so wie man ihn an der Straßenecke, im Alltag, braucht. Es gibt eine große Anzahl von Dingen, die die Basis bilden für eine unendliche Mannigfaltigkeit von Lernprozessen. Fehlen da wichtige Bausteine, dann wird es schwer mit künftigen, auf einander aufbauenden Lernvorgängen. Deshalb würde ich auch nicht zulassen, dass ein Kind bis zum Alter von sieben Jahren nicht lesen lernt. Lesen kann mit sieben Jahren nicht mehr aufgeschoben werden. Es sind zu viele negative Folgen damit verbunden, wenn man es nicht kann.

Einen dritten Bereich möchte ich ausdrücklich hervorheben. Man muss nicht akademisch darüber streiten, wann genau Kinder in ihrer Entwicklung ein ›magisch-mystisches Weltbild‹ haben. Aber man kann sagen: Es gibt offenkundig Bedürfnisse von Kindern in diesem Alter, hinter der Realität, jenseits der Realität mit personifizierten Kräften in Berührung zu kommen, sich damit auseinanderzusetzen. Insofern, jenseits aller ideologischen Auseinandersetzungen über Märchen – die Welt des Magischen und Mystischen, auch in der Abgrenzung zur realen Welt, ist eine wichtige Erlebnisbereicherung der Kinder, auf die man nicht verzichten kann. Ich glaube nicht, dass die Auffassung stimmt, dass Kinder dadurch Angst *erwerben*. Kinder haben Angst von Natur aus, und sie erwerben die Gelegenheiten, die

Inhalte, vor denen sie sich ängstigen. Und sie brauchen Bilder, Stoffe, die diese Angst zum Thema machen.

Das vierte, und das steht meinem Eindruck nach im Mittelpunkt Ihrer Arbeit: Was heißt es heute, in eine Gesellschaft hineinzuwachsen, die sich inhaltlich und in ihrem Selbstverständnis von der Gesellschaft der Jahrhundertwende, der 20er Jahre, der 50er Jahre, komplett unterscheidet? Was heißt es, wenn viele Kinder, ob im Dorf oder in der Stadt, in Familien aufwachsen, in denen unterschiedliche Sprachen gesprochen werden? In der unterschiedliche Religionen für manche Verbindlichkeit haben, für andere überhaupt keine? In der im Grunde genommen, sei es durch Fernsehen, durch Reisen, kaum mehr das Fremde als *Fremdes* verbindlich definiert ist. Nicht, dass es nicht da ist oder als ›fremd‹ empfunden wird, aber es gibt nicht mehr das ›verbindlich Eigene‹, wie noch in den 50er Jahren.

Ich glaube, dass dem Kind viele grundlegende, paradigmatische Dinge begegnet sein sollten. *Welche* das im Einzelnen sind, das würde ich grundsätzlich nicht festmachen wollen. Da würde ich weniger agieren im Sinn von Vorgeben. Sondern reagieren, stützen, erläutern, zusätzliche Erfahrungen machen lassen. Reaktive Erziehung eher, die die spontanen Erfahrungen und Erlebnisse von Kindern aufgreift und ausdifferenziert. Also nicht, wie es in Ihrer Liste heißt, ›drei chinesische Schriftzeichen‹ schreiben können – es wäre mir ebenso lieb, wenn es drei arabische sind. Die Erfahrung der Schrift, das ist das Entscheidende, die Erkenntnis, dass Inhalte und Bilder mithilfe von Zeichen wiedergegeben werden können.«

Franz Weinert betonte die Gesetzmäßigkeiten des gattungsspezifischen Entwicklungsprogramms in jedem Kind. Und dennoch hat jedes Kind auch individuellen Spielraum für seine Entwicklung. Was ist da zu be-

einflussen, und was ließe sich steigern? Offensichtlich investieren manche Schichten, oder historische Epochen, oder manche Kulturen mehr oder weniger Sorgfalt in die ersten sieben Jahre als andere – mit Auswirkungen auf die kollektive Intelligenz ganzer Gesellschaften. Franz Weinert meint allerdings, dass die Pädagogik ihre Möglichkeiten überschätzt:

»Ich glaube grundsätzlich, dass wir das Explizite überschätzen gegenüber dem Impliziten. 90% – eine fiktive Zahl – der Erziehung geschieht durch das, was in der Welt geschieht, nicht durch das, was erzieherisch beabsichtigt wird. Von daher erzieht die Welt, wie sie ist, und kein Kindergarten, kein Elternhaus wird je immunisiert sein gegen die Außenwelt. Ich möchte keine Vorhersage darüber machen, was in zehn Jahren in Deutschland sein wird: Fremdenfeindlichkeit zum Beispiel. Ob dann 90% oder 60% der Menschen fremdenfeindlich sind, das wird mehr über die Erziehung von Kindern entscheiden als das, was wir explizit beabsichtigen. Es gibt keine Inhalte, die kontextunabhängig sind. Das Wissen hat ein eigenes Schicksal, das sich permanent durch Abruf behaupten muss, in Kommunikation mit anderen, die anderer Auffassung sind.

Was ist dieses nebenbei erworbene Wissen und welche Unterschiede bilden sich durch Begabung, Interesse und Förderung aus? Denken Sie an diesen heftigen Streit darüber, dass die Hochbegabten nicht früh genug gefördert werden. Internationale Koryphäen auf diesem Gebiet vermuten, dass gar nicht so sehr die Gene, sondern die Förderung von *Möglichkeiten* letztlich darüber entscheidet, was man überhaupt als Hochbegabung bezeichnen kann.«

Selbst wenn die kindliche Entwicklung nur zum geringen Teil aktiv pädagogisch zu beeinflussen ist, wie Franz Weinert meint: Auch über diesen Anteil müssen die Handelnden Rechenschaft ablegen. Rechenschaft ablegen auch darüber, was sie zum Ausgleich von ungleich verteilten Entwicklungschancen bei Kindern beigetragen haben, und was sie beigetragen haben zur Steigerung der allgemeinen Erwartungen an das prinzipiell Mögliche in frühen Jahren.

»Ich stimme zu: eine Menge von Anreizen, Angeboten, Vorbildern, Ermutigungen wird gebraucht. Aber kein Soll-Katalog! Sie formulieren vorsichtig: die Kinder ›...*sollten in Berührung gekommen sein mit...*‹ Das ist wiederum zu wenig, zu passiv. Angebote müssen durchaus Anreize enthalten, Ermutigung, aktive Vorbilder. Ich bin insoweit Evolutionist, als ich die Angebote an Kinder als sehr wichtig ansehe. Dass Kinder von selbst das für sie Beste auswählen, das Kind als ›Konstrukteur seiner eigenen Entwicklung‹ – daran glaube ich nicht. Ich glaube, dass man *Gewohnheiten* bilden muss – was heute verpönt ist. Kant hat gesagt, er kann sich nicht vorstellen, alt zu werden, ohne im mittleren Alter reichlich Gewohnheiten als Knochengerüst aufgebaut zu haben. Man kann nicht jeden Tag Begründungen fürs Zähneputzen finden müssen. Das verkennt die menschliche Natur.«

Franz Weinert hält die Erwartungen an Bildungsqualität in den ersten sieben Jahren in Deutschland für zu niedrig.

»Das hängt damit zusammen, dass in Deutschland ein bestimmtes Konzept von ›Kindheit‹ tief verwurzelt ist. Die Phrasen der 20er Jahre, diese Unterscheidung Schonraum – Schulungsraum, die Attacken, die gegenüber einer anspruchsvolleren Vorschulerziehung geführt wurden... die enorme Bedeutung, die große Teile der Bevölkerung dem spontanen, dem nicht von außen angeregten Spiel beimessen – alles in allem gibt es bei uns eine starke Ideologisierung der Kindheit, und sie ist vermutlich stärker verbreitet als in vielen anderen Ländern. Das ist tief verwurzelt.

Bei Eltern, speziell bei akademischen Eltern, erfahre ich diese tiefe Verunsicherung: Wie weit sollte man Kindern ihre Kindheit lassen, wo sollte man eingreifen? Wie viele Interessen soll man aus ihnen hervorlocken? Natürlich heute nicht mehr per Zwang, aber per Verführung. Eine Trendwende zu mehr Bildung sehe ich in der Vorschulzeit noch nicht. Eher eine bewahrende Tendenz gegenüber der frühen Kindheit, den Versuch, den Stress dieser Welt von Kindern fern zu halten, bis hin zur Diskriminierung von Eltern, die in dieser Zeit massiv eingreifen und fördern (so beobachte ich das in meiner Tätigkeit für die ›Stiftung für das hochbegabte Kind‹). Da prallen Welten aufeinander. Wie heißt es in Schulpforta in der ersten Eintragung über Lessing: ›Hier ist ein Pferd, das immer doppeltes Futter braucht!‹ Aber diese Haltung wird immer noch diskriminiert als ›zu ehrgeizig‹. Andeutungsweise allerdings beginnt sich da etwas zu verändern. Man darf inzwischen von ›Elite‹ sprechen, ohne dass man ausgeschimpft wird, das wäre vor zehn Jahren undenkbar gewesen. Individualisierung wird heute mehr toleriert, die kollektiven Gemeinsamkeiten sind im Rückzug.

Deshalb: Solange es allgemein bleibt, solange man nur fordert, in einem Kanon ›Schlüsselqualifikationen‹, ›Basisqualifikationen‹ in früher Kindheit aufzubauen... da sind sich alle einig. Aber sowie Sie konkreter werden, spalten sich die Gruppen. Um ein Beispiel zu nennen: Wann sollten Kinder eine zweite Sprache zu lernen beginnen? Da bin ich erstaunt, dass nicht mehr Konsens in der Gesellschaft herzustellen ist. Allein schon der *Versuch*, eine Fremdsprache – als gesprochene Sprache ohne Grammatik, ohne Rechtschreibung – in der Grundschule einzuführen, das hat polarisiert! Und das ist ein Indiz: Wo immer es konkret wird, sind die Gegensätze in der Gesellschaft eher größer geworden. Weil verbindliche Leitbilder fehlen.

Ich würde sagen: Jedes Kind sollte früh die Möglichkeit gehabt haben, eine andere Sprache zu erfahren. Die Welt wird künftig in drei Gruppen zerfallen: die, die nur die Muttersprache sprechen, die, die Englisch und die Muttersprache sprechen, und die Elite, die noch eine weitere Sprache spricht. Wir können keine Vorbereitung auf Europa betreiben, wenn wir die Kinder nicht früh eine Zweitsprache lernen lassen.

Ich halte es auch für unvertretbar, dass ein Kind heute aufwächst, ohne mit dem PC umgehen zu können. Es ist eigenartig, dass diese Kulturtechnik noch nicht allgemein geworden ist, mindestens mit dem Lesen vergleichbar – möglicherweise im Hinblick auf die erschlossenen kommunikativen Ressourcen sogar noch gravierender. Computerkompetenz, das muss an die Schulen, weil sonst mindestens 20 % nicht den Zugang finden. Und wer heute vor jeder Zahl Angst hat – das ist eine Katastrophe, wenn man so durchs Leben gehen muss. Und Kompetenz in mündlicher Darstellung. Eine Begebenheit aus der Perspektive eines anderen berichten können, den Informationsstand von anderen einschätzen können ... das sind alles notwendige Voraussetzungen für Lebenswissen.

Wenn es um die Reichhaltigkeit des Angebots und der Anreize geht – da finden Sie mich hinter Ihrer Fahne. Reichhaltigkeit heißt, dass Kinder in einer umfassenden und vielfältigen Weise vielen Ausschnitten der Welt begegnen.

Reichhaltigkeit nicht als Beliebigkeit, sondern mit einer gewissen Verbindlichkeit. Nicht jeder kann entscheiden, was reichhaltig ist. Elternbildung hat bei uns ein niedriges Niveau. Große Defizite sehe ich in der öffentlichen Behandlung von Erziehungsfragen. Etwas wie ein *product placement* von innovativen

Modellen der Kindererziehung, z.B. im Fernsehen, das wäre sinnvoll. Solche Beispiele guter Praxis sollten viel häufiger in populäre Sendungen eingebaut werden.«

Zu einem Kanon für Bildungserfahrungen in der Kindheit haben wir einen weiteren bekannten Entwicklungspsychologen gefragt, Prof. Rolf Oerter von der Universität München. Er hat bereits die Vorschuldiskussion der 70er Jahre, die Jahre der Reformen in westdeutschen Kindergärten, wissenschaftlich begleitet. Alle Eltern, sagt er, haben ohnehin ein Repertoire der Bildungserlebnisse, die sie Kindern anbieten, einen unbewußten Kanon, ähnlich wie es an Schulen ein »hidden curriculum«, einen heimlichen Lehrplan gibt.

»Man hat einen Kanon, sowieso. Notgedrungen. Natürlich ändert sich so ein Kanon, zeitbedingt. Die Kinder wissen heute andere Dinge, denken Sie an den Verkehr. Zu den Zeiten von Comenius war das kein Problem. Heute sind Verkehrsregeln ein lebensnotwendiges Element jedes Kanons, wichtiger vielleicht, jedenfalls auf den ersten Blick, als eine Kuh zu kennen. Und doch müssen Kinder grundlegende Erfahrungen machen, was tierisches Leben, was menschliches Leben und was pflanzliches Leben ist. Sie brauchen Wissen in all diesen Bereichen.

Wir wissen heute, dass die geistige Entwicklung mehr mit Wissenserwerb zu tun hat als mit den allgemeinen Denkstrukturen, wie Piaget es beschrieben hat. Das Defizit des Kindes unter sechs Jahren im Vergleich zu Erwachsenen sehen wir heute weniger als Defizit in seinen Fähigkeiten zu denken, sondern als Defizit an Wissen. Man braucht natürlich Zeit, um Wissen zu erwerben.«

Oerter wendet sich entschieden gegen den Versuch, Weltwissen »kindgerecht, märchenhaft« zu vermitteln, und erst in späteren Jahren »korrekt«.

»Gerade hat mir eine Kinderbuchautorin aus Slowenien ihre Bücher zur Ansicht geschickt. Da verneigen sich die Blumen, grüßen und winken. Alles hübsch. Aber nicht richtig. Die Kinder müssen so viel Wissen erwerben in dieser komplexen Welt, dass wir ihnen nicht erst Falsches vermitteln können, was wir später revidieren müssen. Das Kind soll die Welten auseinander halten lernen, die Phantasiewelt und die reale Welt, mit der es sich handelnd auseinander setzt. In der Literatur, im Spiel, in der Phantasie haben Gegenstände Eigenschaften, die sie in der Realität nicht haben. Da hat das seinen Platz. Das Kind muss wissen und unterscheiden können: Jetzt spiele ich, jetzt handle ich als-ob, und jetzt handle ich real. Das gehört in einen Kanon: Unterscheiden können zwischen realer und virtueller Welt. Sonst nützt alles andere nichts.«

Die Kinder, sagt Rolf Oerter, müssen aus der wirklichen Wirklichkeit ihre Erkenntnisse beziehen.

»Es ist für Kinder schwer, virtuelle und reale Welt auseinander zu halten. Man darf ihnen auch nicht sagen: Alles, was der Fernseher bringt, ist nur ein Märchen. Aber man muss sie darin unterstützen, dass sie handeln, dass sie selbst mit Tieren umgehen, selbst bauen, selbst sauber machen. Diese Erfahrungen kann man später nicht so leicht wieder aufholen. Das gehört in einen modernen Kanon der Bildungsanregungen für die frühen Jahre.«

In einer Wissensgesellschaft muss sichergestellt sein, dass eine Generation vergleichbare Bildungserfahrungen in der Kindheit macht – es bedarf gemeinsamer Bildungserfahrungen als einer gemeinsamen Verständigungsbasis. Zu diesem Ergebnis kommt der Sozialforscher Dr. Heimfrid Wolff (»prognos« Basel), der für die Delphi-Studie des Bildungsministeriums (1996–1998) Hunderte von Experteninterviews zur Zukunft des Wissens und des Bildungswesens ausgewertet hat.

»Nehmen Sie als Beispiel die Auseinandersetzungen über die Gentechnik. Zu diesem Thema haben nicht nur die Biologen etwas zu sagen, sondern man fragt heute: Wer kann diese Ergebnisse akzeptieren? Wollen wir die Forschung in diese Richtung vorantreiben, wie wollen wir die Ergebnisse anwenden? Dafür sind vom Fach her die Sozialwissenschaftler und die Sozialpsychologen zuständig, und für die Sinnfragen die Theologen. Aber wie werden sie sich verständigen, der Soziologe mit dem Gentechniker, der Gentechniker mit dem Theologen? Nicht von Spezialist zu Spezialist können sie kommunizieren, sondern sie müssen sich auf ein gemeinsames Drittes beziehen, sie brauchen eine Verständigungsbasis der von allen geteilten Werte und Grundhaltungen. Die in der *Delphi*-Studie befragten Experten haben mehrheitlich betont, dass künftig dieser Kernbereich der geteilten Erfahrungen und Haltungen immer entscheidender werden wird für die Integrationsfähigkeit ganzer Gesellschaften. Ein gemeinsamer Kern, das bedeutet: Die Menschen müssen früh gelernt haben, sozial miteinander umzugehen, auch wenn sie unterschiedlicher Meinung sind. Sie müssen eine gemeinsame Sprache gefunden haben. Sie müssen alle etwas wie Einstiegswissen haben, eine Vorstellung davon, womit sich ein Gentechniker und ein Theologe beschäftigt, als Teil ihrer Allgemeinbildung. Und nicht zuletzt müssen sie früh eine soziale

Kompetenz, eine persönliche Sicherheit entwickelt haben – sie dürfen nicht vor Schüchternheit verstummen, wenn ein Professor, ein Experte zu ihnen spricht.

Dieser Kernbereich der sozialen, der sprachlichen und fachlichen Kompetenzen muss bei allen Kindern aufgebaut werden, damit Menschen sich auf das fachliche Wissen von anderen beziehen können. Und solche Kernqualifikationen müssen früh angelegt werden, in den ersten Lebensjahren.«

Kinder als Lebens-Unternehmer

Weltwissen: Kann man Kinder darauf vorbereiten, dass ihr Wissen mehrmals in ihrem Leben museumsreif werden wird?

Ganze Industrielandschaften, stillgelegt, können heute weniger wert sein als ein Genpatent, als eine Adressenkartei. Zwischen »alter« Industriearbeit und »neuer Arbeit« in der Wissensgesellschaft liegt oft kein ganzes Arbeitsleben mehr.

Verlernen, Neulernen, Umlernen, lebenslang – aber einen sicheren Arbeitsplatz wird das nicht mehr garantieren. Kann man Kinder darauf »vorbereiten«?

Vier Fachleute – ein Unternehmensberater, ein Medizinsoziologe, ein Publizist, eine pensionierte Kindergartenleiterin – meinen, dass Kinder heute früh lernen sollten, »aus mehreren Quellen zu leben«. Sie sollen nicht zu stark fixiert werden auf fest umrissene Lebens- und Berufsbilder. Sie sollen gewinnen wollen und verlieren können. Eine Psychotherapeutin sagte in einem Weltwissen-Gespräch: »Wenn ein Kind nicht gewinnen will, dann ist es, als ob es nicht leben will. Und wenn es nicht verlieren kann, ist es sehr, sehr schwach.« Bei späteren Richtungsänderungen und lebenslangen Neuanfängen helfen Erinnerungen an frühe »Selbstwirksamkeit«, meint der Medizinsoziologe Johannes Siegrist. Wie erlebt ein Kind »Selbstwirksamkeit«? Zum Beispiel wenn es, wie es auf der Weltwissen-Liste heißt, Gelegenheiten hatte, sich als ein Weltverbesserer zu erfahren. Wenn seine Stimme gehört wurde im Kinderparlament des Kindergartens. Wenn die Erfahrung, dass dem Kind zugehört wird, ihm zeigt, dass die eigenen Gedanken nicht Unsinn sind. Wenn es Gelegenheiten gibt, das Pflegen zu üben. Wenn man gelernt hat, dem eigenen Körper Gutes zu tun. Und wenn das Kind Langeweile erfahren durfte, denn aus Langeweile entstehen oft die besten Ideen.

Aus mehreren Quellen leben können
Gespräch mit Helmut Koerner, outplacement-*Berater*

»Outplaced«, gekündigt: manche Unternehmen beauftragen heute Psychologen, mit ihren von einer Kündigung betroffenen Mitarbeitern eine Umstellung ihres Lebens anzubahnen. Das nützt nicht nur dem Image der Firma, weil der Stellenabbau sozialverträglich abläuft, sondern hilft den Betroffenen. Helmut Koerner war Erwachsenenbilder, koordinierte Projekte der Universitäten für das dritte Lebensalter, leitete Erziehungsberatungsstellen. Heute führt er im Auftrag eines privaten Unternehmens in Basel mit mehreren Filialen in der Schweiz »outplacement-Beratungen« durch für Mitarbeiter, die bereits arbeitslos geworden sind oder deren Entlassung bevorsteht. Lassen sich aus seiner Arbeit Erkenntnisse ableiten, wie man Kinder auf eine veränderte Arbeitswelt vorbereiten könnte?

»Die Welt, in der die heute Fünfjährigen im Jahr 2020 leben werden, wird mit ziemlicher Sicherheit eine Welt ohne die festen Standbeine ›Familie‹ und ›Lebensstellung‹ sein, und zwar in allen Schichten. Nach unserer Erfahrung ist heute die tiefe Kränkung, nicht mehr gebraucht, entlassen zu werden, unabhängig vom Bildungshintergrund. In meinen Gruppen gibt es alle Hierarchiestufen, vom angelernten Arbeiter bis zum Prokuristen. Angelernte Arbeiter können ihre Entlassung nach zwanzig Jahren im Betrieb ebenso vernichtend erleben wie ein leitender Angestellter, dem sein Prestige entzogen wird. Die Frauen gehen flexibler mit der Situation um. Sie haben einen breiteren Erfahrungshintergrund. Durch den Haushalt und ihr Zusammenwirken mit Kindern entwickeln sie mehr praktische Fähigkeiten, und sie haben lebenslang nebenher mehr Interessen verfolgt. Aus den Erfahrungen mit Kindern und mit Pflege kommen ihnen mehr Ideen. Männer fallen eher in ein Loch, wenn sie sich von der Arbeit haben aufsaugen lassen.

Frauen können nicht nur mit unterschiedlichen Arbeiten leichter umgehen, auch mit unterschiedlichen Mengen von Arbeit. Die meisten von ihnen haben längst Erfahrungen mit Teilzeit. Und es fällt ihnen leichter, Hilfe zu suchen und anzunehmen. Bei den Frauen kann man sich eher abschauen, was Kinder aufbauen müssen, um von Einbrüchen im Berufsleben später nicht gelähmt zu werden.

Bei unseren Kursen entwickeln wir zweierlei Kompetenz. Die vordergründig fachliche wie Bewerbungstechniken, Computerkompetenzen. Aber daneben auch die persönlichen und sozialen Kompetenzen: Selbstbewusstsein in der neuen Situation, Kontakte knüpfen, Mut, anzurufen, Phantasie für neue Berufsbilder. Da kommen wir bald bei der Kindheit der Teilnehmer an, es ist ganz unvermeidlich. Ein großes Hemmnis sind Gewohnheiten des Versorgtseins. Vor allem in der Schweiz haben die Firmen lange Zeit viel getan, um die Mitarbeiter an sich zu binden, mit einem Reparaturdienst für ihre Autos zum Beispiel. Dadurch entstand ein bestimmtes Bild von Firmenzugehörigkeit –

›Mutter Firma‹ sorgt für euch –, und wenn man dann entlassen wird, berührt das viel tiefere Schichten: verstoßen von Mutter Firma, aus der Familie. Und vor allem hat man regressiv verlernt, sein eigener Unternehmer zu sein. Auf Kinder bezogen: Sie müssen frühzeitig lernen, ihr eigener Lebensunternehmer zu sein. Selbstständig sein, für sich verantwortlich. Man kann gar nicht genug aufpassen, dass wir Erwachsenen sie nicht unnötig zu viel versorgen.

›Aus mehreren Quellen leben können‹ – das wird sich in der Organisation der Lebensarbeit schon darin äußern, dass man in befristeten Stellen arbeitet, Projektarbeit heißt das dann. Man muss als eine Schlüsselkompetenz immer wieder neu anfangen können, auch wenn man weiß, es wird wieder nur befristet sein. Und die Zeiten dazwischen nicht nur als Einbruch erfahren, nicht auf die Arbeitssuche fixiert sein.

Von der Erfahrung mit meinen Klienten kann ich sagen: Alles, was Kindern mehr zutraut, sie zum Helfen, Mitarbeiten anregt, die Scheinsicherheit des Versorgtwerdens nicht überhand nehmen lässt, das ist auch eine frühe *outplacement*-Vorsorge.

Wichtig für Fähigkeiten der Lebensplanung ist auch das frühe Mitdenken im Gespräch. Die Kinder in die Familiengespräche hereinholen, erzählen, was man den Tag über gemacht und erlebt hat, nicht nur am Arbeitsplatz, in der Schule. Sondern eine Sprache finden für Aktivitäten und Erlebnisse, die sich nicht in diesem anerkannten Rahmen – Schule, Arbeit – ereignet haben. Dass das nicht langweilig ist, man nicht ›nichts zu erzählen‹ hat. Aber auch den Umgang mit Langeweile ausbilden, da gibt es eine Parallele zur Arbeitslosigkeit: Wie fülle ich den Tag aus? Langeweile muss man als Kind erfahren haben können, Langeweile kann Stimulus sein zu eigenen Ideen.«

Dieser Gedanke ist in den Kindergärten angekommen, als Trend zu »spielzeugfreien Zeiten«. Das Spielzeug wird in den Keller gebracht, es soll sich ein paar Wochen lang ausruhen. Die Erfahrung hat gezeigt, dass in diesen Wochen unter den Kindern mehr selbsterfundene Spiele entstehen. Sie machen die Erfahrung: Weniger ist mehr.

»Kreativ sein heißt, aus wenigem mehr machen zu können. Arbeit hat viele Facetten, nicht nur bezahlte Arbeit ist sinnvolle Tätigkeit. Wenn Kinder sich aus Kindheit und Schulzeit daran erinnern können, werden sie vielleicht später nicht nur auf ihren erlernten Beruf starren, wenn sie über ihre eigenen Fähigkeiten nachdenken.«

Lebens-Erwartung und ihre Wurzeln in der Kindheit
Gespräch mit Prof. Dr. Johannes Siegrist, Medizinsoziologe

»Sein eigener Lebensunternehmer sein« – wird man künftig auch sein eigener Gesundheitsunternehmer werden? Wird nach der Entschlüsselung des menschlichen Genoms die Verantwortung für Gesundheit und Lebenserwartung immer weniger durch kollektive Versicherungssysteme abgedeckt, sondern zunehmend in die Hände jedes Einzelnen gelegt werden?

Johannes Siegrist leitet das Institut für medizinische Soziologie an der Universität Düsseldorf. In seinen Untersuchungen zur »Public Health« hat er sich vor allem mit Stressfaktoren und der sinkenden Lebenserwartung in den Ländern der ehemaligen Sowjetunion beschäftigt. Bis in die 60er Jahre des 20. Jahrhunderts war die Lebenserwartung in Ost- und Westeuropa noch nahezu identisch. Seit den 70er Jahren ist die Lebenserwartung in osteuropäischen Ländern massiv gesunken, vor allem bei Männern.

»Unsere Studien haben gezeigt, dass dieses Absinken der Lebenserwartung nichts mit Säuglingssterblichkeit zu tun hat, die ist in

Osteuropa nicht angestiegen, sondern mit einem Anstieg der Sterblichkeit im mittleren Lebensalter. Das ist nicht nur auf gesundheitsschädigendes Verhalten – Alkohol, Zigarettenkonsum, fettreiche, vitaminarme Speisen – zurückzuführen, obwohl das sicher dazu beiträgt. Sondern auf eine massive Stressbelastung, einen Stress besonderer Art. Die kollektiven Zukunftserwartungen der Breschnew-Ära wurden zunichte gemacht. Vielen Menschen wurde deutlich, dass es keine Zukunft mehr geben wird. Sie haben trotzdem weiter Energie investiert in ihre Arbeit, in den Alltag, sie konnten nicht anders, aber sie sahen kein Ergebnis. Diese Stresserfahrungen bezeichnen wir in unseren Untersuchungen als ›Gratifikationskrise‹. Eine Kränkung, man ist um den Ertrag betrogen worden, dieses Erlebnis von Ungerechtigkeit geht unter die Haut. Das bahnt Stresserfahrungen im Organismus.«

Was kann man aus solchen Beobachtungen lernen für die frühen Jahre? Könnte man für solche gesellschaftlichen Einbrüche etwas wie Immunschutz aufbauen?

»Wichtig scheint mir die Verinnerlichung von Zielbildern in den frühen Jahren: Wie wird man im Erwachsenenleben sein, was für einer, was für eine möchte ich werden? Wenn das sehr eng geführt ist, ist es problematisch. Dann ist die Anfälligkeit für Enttäuschungen groß. Dann werden keine kompensierenden Ressourcen aufgebaut. In Ihrer Liste zum Weltwissen heißt es, ein Kind sollte lernen, aus mehreren Quellen zu leben. Ich stimme zu. Sozialisation muss aus vielen Quellen gespeist werden. In unseren Gesprächen mit Infarktpatienten haben wir festgestellt, dass ihre Problematik in der Kindheit angelegt worden ist. Als Kinder wurden sie definiert über Leistung, eindimensional, sie erfuhren sich nur über ihre Leistung als sichtbar und wirksam. Daraus kann eine Fixierung auf Anforderungssituationen entstehen. Darin können sich Menschen verrennen, wir nennen es ›übersteigerte Kontrollbestrebungen‹: diesen inneren Antrieb, sich exzessiv zu verausgaben, sich keine Schwächen zu erlauben, immer exzellent sein zu müssen. Das ist eine Überaktivierung des sympathischen Nervensystems, die auf lange Sicht gesehen keinem Herz-Kreislaufsystem bekommt.«

Das Beispiel Osteuropa könnte sich auf andere Weise hier wiederholen: Aus der Spur geworfen werden, ohne eigenes Verschulden. Die »Lebens-Erwartung« wird noch weniger kontrollierbar.

»Trotzdem, auch das zeigen unsere Untersuchungen, muss der Mensch offensichtlich Zukunftsperspektiven ansteuern. Wer sein Leben längerfristig phantasiert, der geht auch vorsichtiger, schonender mit seinem Körper um. Das reicht von der Inanspruchnahme von Vorsorgeuntersuchungen bis zur frühzeitigen Wahrnehmung von Krankheitssymptomen und dem rechtzeitigen Arztbesuch.«

Den Körper schonen lernen – das ist ein einleuchtendes Ziel. Im Weltwissen-Projekt wurde nach Anregungen gesucht, wie solche umfassenden Ziele im Alltag mit Kindern in kleinere Münze gewechselt werden können. Was könnte man in frühem Alter lernen über den Schlaf, den Atem, den Umgang mit Schmerzen? Über »Selbstheilungskräfte« im Kind? Und wie baut man mit Kindern im Kleinen Gewohnheiten einer bekömmlichen Lebensführung auf?

»Das hat viel damit zu tun, dass das Kind den Lebensraum als seinen eigenen wahrnehmen kann, als erweiterten Körper sozusagen. Stattdessen erfährt das Kind heute etwas wie eine ständige Invasion. Sein Alleinsein wird nicht respektiert. Aus mehreren Quellen leben zu können, das setzt voraus, ungestört sein zu dürfen, das Recht darauf erkennen zu können.

Noch etwas anderes ist mir wichtig, wenn es darum gehen soll, aus mehreren Quellen leben zu lernen. Das ist der kulturelle Austausch unter den Heranwachsenden. Ich meine damit die Fähigkeit, sich auf Kinder, die eine andere Sprache sprechen, die auch mental andere Ausdrucksformen haben, eine andere Expressivität, einzustellen. Wer als Kind diese Chancen hatte, ist im Vorteil, ganz sicher. Man wird elastischer, wenn man aus der Nähe erleben konnte, dass andere Lebensformen auf andere Weise gut funktionieren. Ob sich das in absoluten Zahlen der Lebenserwartung niederschlagen wird, ist schwer zu sagen. Aber es geht ja nicht nur um absolute Zahlen. Sondern auch um etwas wie ›healthy life expectancy‹, um eine befriedigende, um eine glückliche Lebenserwartung.

Zu den Grunderfahrungen der Kindheit soll gehören, dass man sich auf neue Bedingungen einstellen kann. Dazu muss das Kind losgelassen werden. Nicht alles muss man früh programmieren. Das Altwerden zum Beispiel war in meiner Kindheit kein Thema, darauf bin ich nicht ›vorbereitet‹ worden. Aber ich habe gelernt, Erwartungen zurückzunehmen, sie als unrealistisch zu erkennen. Diese Fähigkeit, hoffe ich, wird mir im Alter helfen, mit Einschränkungen umzugehen.

Und auf etwas Drittes möchte ich noch zu sprechen kommen. Bei der wissenschaftlichen Untersuchung von Belastungen im mittleren Erwachsenenalter ist mir seit Jahren aufgefallen, wie stark Krankheit abhängt von dem Bedürfnis der Menschen nach Wirksamkeit, nach Sichtbarkeit. Dass das, was sie tun, Sinn hat. Dass man nicht spurlos verschwinden wird. Solche Bedürfnisse nach Selbstverwirklichung können sich nur im sozialen Raum verwirklichen. Selbstwert ist sozial vermittelt.«

Wie kann man die Erfahrung von Selbstwirksamkeit in Kindern verankern? Durch früh ausgebildete Gewohnheiten des Pflegens vielleicht? Ein pflegerischer Mensch findet lebenslang etwas, das sich zu pflegen lohnt.

»Da haben wir in unserer westlichen Zivilisation Defizite, deren Folgen wir noch unterschätzen. Die Fähigkeit, sich einzubinden in eine Gruppe, auch in eine spirituelle Gemeinschaft, die Fähigkeit zu selbstintegrativen Haltungen ist ein zentrales Thema unserer Studien zu Krankheiten im mittleren Erwachsenenalter. Und es weist zurück auf die Kindheit.«

Gewinnen wollen und verlieren können
Gespräch mit Dr. Warnfried Dettling, Publizist

Warnfried Dettling war zehn Jahre Leiter der Hauptabteilung Politik in der Bundesgeschäftsstelle der CDU, anschließend Ministerialdirektor im Familienministerium. Heute ist er freier Publizist (»Die Zukunft denken«. München 1996). Sein Thema ist die Zukunft der Arbeit. Bildung ist nicht mehr eine Garantie für einen dauerhaften Arbeitsplatz. Ein Bildungsverständnis, das sich nicht auf berufliches Fortkommen fixiert, muss schon in der Kindheit angelegt werden.

»Längst nicht mehr alle können über den produktiven Bereich in die Gesellschaft integriert werden. Die Qualifizierten und die Smarten hatten immer schon die besseren Chancen als die Nichtqualifizierten und die Phlegmatischen. Die fallen aus der Erwerbsgesellschaft raus. Aber heute eben nicht mehr nur sie. Nicht immer kann Qualifikation einen Arbeitsplatz sichern. Das heißt für die Eltern, heißt für die Kinder: Ohne Wissen, ohne Ausbildung werden sie es auf jeden Fall schwer haben im Leben. Aber ein berechenbares Leben werden sie dadurch auch nicht haben, nicht mit Ausbildung, nicht mit guten Noten. Man kann nicht mehr davon ausgehen, dass sie, wenn sie sich in Schule und Ausbildung anstrengen, auf jeden Fall ihren Weg machen. Sie müssen gewinnen wollen und verlieren können. Diese gegensätzlichen Fähigkeiten müssen sie gleich stark entwickeln. Buben lernen so etwas in der Fußballmannschaft. Sie müssen ihre Stärken kennen und einsetzen. Und gleichzeitig Niederlagen akzeptieren. Fußball ist ideal dafür. Es gibt nur wenige soziale Orte, wo man solche gegensätzlichen Orientierungen mitbekommt.«

Fußball für die Jungen. Und für die Mädchen? Vielleicht das Bedürfnis in Kindern verstärken, etwas exzellent machen zu wollen, meisterhaft, unabhängig davon, ob man dafür gute Noten bekommt? Schon die Dreijährigen sind oft sehr eigensinnig, weil sie etwas in ihrem Sinn perfekt machen wollen. Nur auf diese eine Art, auf keine andere die Treppe heruntergehen. Kleine Perfektionisten, mit Qualitätsbewusstsein.

»Das muss dann an Kindern deutlich wahrgenommen und verstärkt werden. Weil es nicht egal ist, *wie* sie etwas machen. Das Bewusstsein, etwas gut zu können, aus sich heraus, aus eigenem Antrieb, eigene Regeln gesetzt zu haben – das ist der Anfang von ›aus mehreren Quellen leben können‹. Kinder und Jugendliche brauchen vielfältigere Identifikationsangebote. Da liegen Sie schon richtig mit Ihrer Liste.

Natürlich müssen sich die Kommunen auch etwas einfallen lassen, um die Arbeitslosen aufzufangen. Zum Beispiel neue Genossenschaftsnetze aufbauen, Dienstleistungsnetze, lokale Gemeinschaften. Solches *community work* muss allerdings erst noch zu einem interessanten Teil des Lebens werden, und davon sind wir in Deutschland noch weit entfernt. Wenn sich da grundsätzlich etwas ändern soll, müssen wir arbeiten an den Erwartungen, die ein Mensch in den frühen Jahren an sein Leben aufbaut: Seine Erfahrung von Aktivität darf nicht zu eng gekoppelt sein an geregelte Erwerbsarbeit.«

Das Kinderparlament
Gespräch mit Regina Braun, ehemalige Kindergartenleiterin

In der Weltwissen-Liste wurde jedem Siebenjährigen gewünscht, dass ein von ihm erdachter Verbesserungsvorschlag in die Tat umgesetzt wurde. Und jedes Kind sollte erfahren haben, dass ein eigenes Anliegen durch einen anderen vertreten werden kann.
In manchen Kindergärten gibt es neuerdings ein Kinderparlament. Ist das mehr als ein Alibi, ein Demokratiespiel? Setzen sich in solchen Gremien für Kinder vor allem die sprachgewaltigen Kinder durch? Bestimmen letztlich wieder die Erwachsenen die Themen, sind Kinderparlamente und Kinderkonferenzen etwas anderes als der alte Stuhlkreis unter neuem Namen? Regina Braun leitete jahrzehntelang einen Kindergarten mit einem der ersten Kinderparlamente: den Kindergarten der Auferstehungsgemeinde, Frankfurt a.M.

»Vor der Einschulung der Kinder haben wir den Eltern immer gesagt, dass wir es als Erfolg unserer Arbeit sehen, wenn ein Kind gelernt hat, die Hand zu heben und den Lehrern seine Meinung zu sagen. Nicht frech. Nicht aufmüpfig. Aber dass ein Kind die Sicherheit erworben hat: Ich kann vor einer Gruppe oder auch allein mit den Erwachsenen *reden*, argumentieren. Das kommt nicht einfach von selbst. Es muss Gremien im Kindergarten geben, wo Kinder so etwas üben. Bei uns ist es das Kinderparlament.

Da setzen sich erst mal die Sprachgewaltigen durch. Zunächst aber nur. Es ist erstaunlich, dass oft gerade die Schüchternen gewählt werden, weil sie Freunde haben, die sie gut finden, auf die sie sich verlassen können. Kinder sind nicht dümmer. Sie erkennen genau: der mit der großen Klappe, da steckt nicht viel dahinter. Der wird dann nicht wiedergewählt. Wir haben in unserem Vorstand alles nebeneinander, sprachgewaltige Jungen und stillere, zarte Mädchen...

Eine gewisse Begleitung durch uns braucht das Ganze. Wir bestehen beispielsweise darauf, dass Ämter rotieren. Die Kinder erfahren: weil nicht alle 60 Kinder gleichzeitig reden können, seid ihr heute dafür bestimmt worden, etwas vorzudenken, in diesem Ausschuss. Das Ergebnis wird der Allgemeinheit, der Vollversammlung, später vorgestellt, am besten schon am nächsten Tag. Die Zeiträume dazwischen dürfen nicht zu lang sein, das ist für Kinder wichtig. Das Kind, das diese Aufgabe übernommen hat, hat manchmal nicht wenig Lampenfieber. Das steht früh auf und sagt zur Mutter: Ich muss heute pünktlich sein, ich muss in der Vollversammlung was sagen. Und dann ist es an uns, das Kind zu umfassen und zu behüten dabei. Denn das zittert manchmal, das ist nicht so ohne, 60 Kindern etwas vorzutragen, und meist noch etwas Kritisches!

Bei uns bestimmen die Kinder die Themen, die im Kinderparlament verhandelt werden. Wenn die Klodeckel kaputt sind, weil die Kinder wieder darauf gehopst sind, dann bringen die Kinder das auf die Tagesordnung. Und sie überlegen: Was tun? Da kam erst der Vorschlag: Da müssen Kinder Wache stehen. Dann der Vorschlag: Die Kinder müssen bestraft werden. An dieser Stelle haben wir nachgefragt: Welche Strafen? Was sind Strafen? Dazu fiel ihnen nicht viel ein, denn offensichtlich gibt es bei uns nicht viel Strafen. Stattdessen haben sie Schilder gemalt und sie auf der nächsten Vollversammlung vorgestellt, und diese Schilder wurden nach gemeinsamem Beschluss an die Klotüren gehängt.

Das klingt alles wunderbar, und wir Erwachsenen haben auch viel Grund zur Freude. Aber deshalb wurde unser Kindergarten nicht gleich ein demokratischer Verein. Und doch hat sich viel verändert durch dieses Mitdenken der Kinder, vor allem der Großen. Die wissen: Auf dem Dach der Bauhütte können nur zwei Kinder spielen, und nicht vier, sonst wird es gefährlich, das Dach bricht ein. Das ist ein anderes Wissen, wenn das in der Vollversammlung beschlossen ist. Die nehmen die Kleinen an der Hand und zeigen ihnen: »weil, das ist gefährlich…«, und sie bringen es auf der Vollversammlung ein, wenn die Regel verletzt wurde. Das ist dann kein Petzen, das ist Verantwortung. Kinder hören übrigens mehr auf andere Kinder als auf Erwachsene. Das imponiert uns.

Das Parlament ist schon auch eine Stätte der Klagen. Aber das soll nicht überhand nehmen. Die Kinder beklagen sich übrigens nicht nur übereinander, sondern auch über die Erzieherinnen. Dass die den Bauwagen zu oft verschlossen halten. Oder dass die zu oft Geburtstag feiern wollen, das finden sie langweilig.

Man muss bescheiden bleiben, was Kinder können. Und doch sind das für uns Erwachsene Stunden, die einfach nur Freude machen. Was heißt ›Stunden‹: die Gremiensitzungen dauern meist etwa zwanzig Minuten. Wenn ein Experte dazukommt und die Kinder berät, wie etwa neulich ein Landschaftsgärtner, als wir unser Außengelände umgestalten wollten, dann kann eine Sitzung auch einmal eine Dreiviertelstunde dauern. Es ist eine Disziplinierung der Kinder, aber eine, die sie sich selbst auferlegen. Sie hören zu, hören oft erstaunlich gut zu. Nicht wie im Bundestag, wo ein Drittel der Anwesenden Zeitung liest!

Kindern in dieser Form zu begegnen, was die können, was die wissen – wir sind selber ganz glücklich dabei. Und wie sie sich dabei sprachlich entwickeln, wie sie sich üben im Erklären, Nachfragen, Begründen – ohne unsere Belehrung. Ich bin dafür, dass alle Kindergärten so ein Gremium finden.«

Kinder als Forscher, Sammler, Erfinder

Jeder Erwachsene, der sich beteiligt an der Bildungsdiskussion für das 21. Jahrhundert, sollte einmal Vorschulkindern in einem der vielen amerikanischen Kindermuseen bei ihren *hands-on*-Aktivitäten zugeschaut haben. Oder in der Kinderakademie Fulda, dem ersten deutschen Kindermuseum, beobachtet haben, wie Sechsjährige ihr eigenes Gewicht mit einem Flaschenzug hochziehen, verblüfft, jubelnd, und wie sie eine Telefonleitung durchs Haus legen. Dann wird deutlich, was den meisten Kindern in den Jahren vor der Schule vorenthalten wird und was viele Grundschullehrer meinen, wenn sie darüber klagen, dass Kinder »wissensfrei« in der ersten Klasse ankommen. An mangelnder Motivation der Kinder scheint es nicht zu liegen. Vorschulsendungen wie die »Lach- und Sachgeschichten« und die »Sendung mit der Maus« gehören zu den populärsten Kindersendungen. Einige Erkenntnisse gehen ein in den Horizont der Kinder. Aber werden diese Informationen verstärkt, werden sie in Gesprächen, in Experimenten, weiterentwickelt?

Erziehung in frühen Jahren ist ein weiblicher Bereich. Mütter und Erzieherinnen sind unsicher im Umgang mit naturwissenschaftlichen Fragen. In einem Weltwissen-Gespräch erklärte Waltraud Späth, die Vorsitzende des Verbands der Meisterfrauen im Bayerischen Handwerk: »Aufwendige Museen eigens für Kinder, das kann man sich sparen. Das Hebelgesetz am Nussknacker erklären, was ist da schon dabei? Das kann man in der Küche, dafür braucht es keine Museen und keine Pädagogen. Den Müll sollten die Kinder mit den Kindergärtnerinnen untersuchen, da haben sie schon reichlich Lernstoff aus den Naturwissenschaften! Mit meinem Enkel gehe ich stundenlang spazieren. Was glauben Sie, wo der auf der Straße stehenbleibt, an allen Ecken gibt es Stoff für unsere elementare Sachkunde.« Es stellte sich im weiteren Gespräch heraus, dass Frau Späth Physik studiert hatte. Daher ihre Sicherheit: Es ist doch so einfach. Aber um auf einfache Fragen einfache Antworten geben zu können, muss man viel wissen, muss man sich seines eigenen Interesses und seines Wissens sicher sein.

Kinder stellen Fragen wie: Wer ist der Blitz? Wer schießt ihn? Wo hört der Himmel auf? Die Mütter vertrösten mit der Antwort meist auf den Vater am Abend. Erzieherinnen werden in ihrer Ausbildung auf diese Fragen nicht vorbereitet. Zur Verteidigung dient eine Ideologie des Spiels: »spielerisch«, selbst-bildend im Spiel würden solche Erkenntnisse in diesem Alter gewonnen. Der Erwachsene soll die kindlichen Spielprozesse möglichst nicht durch Faktenwissen und Belehrungen behindern...

Das Spiel gilt seit der Pädagogik der Aufklärung als der Königsweg aller kindlichen Erkenntnis, aller kognitiven und sozialen Entwicklung in den Jahren vor der Schule. Die Hoffnung, dass Spiel und Arbeit, Spiel und Lernen verschmelzen können in mühelosem Tätigsein, in einer selbstgewissen Aktivität, die zugleich nützlich ist, der Selbstentfaltung und dem gesellschaftlichen Fortschritt gleichermaßen dienlich – solche hoffnungsvollen Visionen haben im 18. Jahrhundert die frühbürgerlichen Spielpädagogen Campe, Salzmann und Basedow entworfen. Es war ihnen daran gelegen, dass die bürgerlichen und aristokratischen Schützlinge ihrer Institute mit Freude lernten, und für die Lehrinhalte aller Fächer haben sie mit hartnäckigem Optimismus ein »nützliches Spiel« nach dem anderen erfunden. Walter Benjamin nannte später ihre Forderung »kein Spiel sei leer von allem Nutzen« eine der »muffigsten Spekulationen der Aufklärung«. Ihm war diese didaktische Instrumentalisierung des Kinderspiels unerträglich. Seitdem gilt als ausgemacht, dass sich Erwachsene weitgehend aus dem »Freispiel« der Kinder heraushalten, das Spiel der Kinder nur »ermöglichen«, aber nicht eingreifen und steuern sollen.

Die englischen Psychologen Bennett, Wood und Rogers haben das Bekenntnis der Erzieher zur Allmacht des Spiels in der Praxis von englischen Kindergärten beobachtet.[2] Sie fanden, dass die Spielrhetorik dieser Berufsgruppe wenig Auswirkungen auf den Umgang mit den Kindern hatte. Zwar »spielten« die Kinder der untersuchten Kindergruppen durchaus. Aber was auf den ersten Blick als freie Aktivität aller Kinder wirkte, war bei genauerem Hinsehen eher ein repetitives, redundantes Hantieren, das unter dem tatsächlichen Entwicklungsniveau der Kinder lag. In den meisten Gruppenräumen der Kindergärten gab es zwar Sandkästen und Wasserstellen für »forschendes Freispiel mit Elementen aus der Natur«. Aber das Spiel war stereotyp, es bestand vor allem darin, dass Kinder Sand und Wasser von einem Behälter in den anderen füllten, und es gab dabei wenig Kontakt zu anderen Kindern und zu Erwachsenen.

Um die Dauer, Intensität, Komplexität kindlicher Spielabläufe genauer verstehen zu können, um unterschiedliche Spielniveaus – flaches Spiel, komplexes Spiel – beschreiben zu können, dafür fehlen den Erziehern oft die Kategorien. Der belgische Erziehungswissenschaftler Ferre Laevers hat mit seinen »play involvement scales«[3] erste Schritte in diese Richtung gemacht, und das *Pen Green Center* im englischen Corby hat von diesem Ansatz ausgehend weitere Beobachtungskategorien entwickelt, mit denen nicht nur Berufserzieher, sondern auch Eltern aller Bildungsvoraussetzungen das alltägliche Hantieren und das Spiel ihrer Kinder aufmerksamer interpretieren können, gerade auch in seinen mathematischen, naturwissenschaftlichen und technischen Dimensionen. »Children must learn to become good players«, sagt man im *Pen Green Center*. Aber nicht nur im Spiel sind Kinder motiviert, ihre elementare Sachkunde voranzutreiben, sie tun es ebenso beim Sprechen, Zuhören, Zuschauen, Sammeln, Hantieren, Fernsehen, beim Arbeiten mit und neben den Erwachsenen. Die pensionierte Kindergartenleiterin Regina Braun sagt mit Nachdruck: »Kein Kind will nur spielen«.

Aus den Weltwissen-Gesprächen zur »Sachbegegnung in frühen Jahren« hören wir fünf Fachleute. Gemeinsam ist ihnen, dass sie die Welterfahrung in frühen Jahren erweitern möchten durch Sachwissen und dass sie Kinder ermutigen möchten zu einem unerschrockenen Forschen über technische und naturwissenschaftliche Phänomene. Voran der berühmte Erfinder Artur Fischer. Sein Lob des Kindes in jedem Erfinder hat auch praktische Konsequenzen: Er will die Vorschulkinder in Deutschland auffordern, sich an der Verbesserung der Welt zu beteiligen, und verwendet darauf am Ende seines Erfinderlebens viel Energie und einige Mittel seines Betriebs für »Tüftlerwettbewerbe« ab dem frühen Schulalter, und er engagiert sich für die Entwicklung von neuem Spielzeug. Da ist Wolfgang Einsiedler, der in der Ausbildung von Grundschullehrern das Fach Sachkunde vertritt und das Unbehagen der Studentinnen im Umgang mit naturwissenschaftlichen Phänomenen gut kennt. Da ist als große Außenseiterin der vorschulpädagogischen Fachszene die habilitierte Chemikerin Gisela Lück, die mit ihren elementaren Experimenten zur »Chemie im Kindergarten« neuerdings auf großes Interesse in Kindergärten und Fachschulen für Erzieher trifft. Kinder im Kindergartenalter, das ist ihre Erfahrung, sind fasziniert von elementaren Experimenten in Chemie. In frühen Jahren kann ein positives Verhältnis zu Naturwissenschaften und zum Forschen aufgebaut werden, wie es nach einigen Schuljahren kaum noch möglich ist. Es schließt sich an ein Gespräch mit der Leiterin der Kinder-Akademie Fulda, dem ersten deutschen Kindermuseum, das seinen großen Publikumserfolg auch den Experten und Fachleuten verdankt, die dort mit und neben den jungen Museumsbesuchern arbeiten. Die Kinder schätzen in ihnen die Meister. Das verleiht ihrem Forschen und Werkeln eine andere Aura, einen besonderen Ernst.

Fragen müssen die Kinder selbst entwickeln, das Internet kann nur Antworten geben. Um ihr Sachwissen ausdehnen und aktualisieren zu können, müssen Kinder allerdings frühzeitig sicher werden im Umgang mit Informationstechnologien. Darüber berichtet Ulrich Kramer, der Gründer der ersten Computerschule für Kinder in Deutschland.

Wenn ich ans Erfinden geh, bin ich wieder ein Kind
Gespräch mit Artur Fischer, Fischer-Werke (fischer-technik)

Artur Fischer gehört zur deutschen Erfinder-Elite. 1919 in Tumlingen als Sohn eines Schneiders geboren, gründete er mit 29 Jahren in seinem Heimatort eine Werkstatt für Webstuhlschalter. Zu seinen bekanntesten Erfindungen zählen der graue Nylondübel, der Fotoblitzer mit Synchronauslösung und das Konstruktionsbaukastensystem »fischer technik«. Artur Fischer hat nie studiert, aber er ist Ehrensenator mehrerer Universitäten, er erhielt zwei Ehrendoktortitel und als erster Nicht-Akademiker den Werner-von-Siemens-Ring.

Heute leitet sein Sohn das Unternehmen von 2300 Mitarbeitern, mit eigener Forschungsabteilung und Weiterbildungsakademie. Artur Fischer hat in den zwanzig Jahren seines »Ruhestands« noch 297 Patent- und 98 Gebrauchsmusteranmeldungen beim Deutschen Patentamt eingereicht. Mit knapp 5500 Patentschriften hält er möglicherweise einen Weltrekord. Ohne neue Produkte verliere die Bundesrepublik den Anschluss an den Weltmarkt, und Ideenreichtum müsse durch den Staat gefördert werden, sagt er – aber Fischer unterstützt auch selbst viele junge Erfinderclubs, er veranstaltet »Tüftlerwettbewerbe« für Kinder und Jugendliche der Region. Und wie eh und je erhält jeder in seiner Nähe, der eine gute Idee hat, von ihm eine Prämie: zehn Pfennig! Erfinder sollten sich ein Beispiel an Kindern nehmen, meint er. In seinem Ruhestand hat er sich zur Aufgabe gemacht, »neue Ideen in die Welt der Kinder« zu tragen.

»Kreativität ist für unser Land das Wichtigste. Es ist verheerend, dass wir so wenig Leute haben mit Freude an Kreativität. Jedes Kind steckt voller Ideen. Aber man sagt mir, nach ein paar Schuljahren ist es vorbei damit. Weil man sie in ein Korsett presst, das ihnen überhaupt nicht liegt.

Ich habe mir jetzt mehr und mehr zur Aufgabe gemacht: Was kann man tun für Kinder? Ich mag Kinder. Weil sie einfach großartig sind. Und weil man sehr viel bewegen kann in Kindern, wenn man sie mag. Ich rede gern mit Kindern.

Ich habe etwas, das muss ich Ihnen zeigen. Es gibt ein Material aus Maisgrieß, das wird in unserem Betrieb verwendet beim Verpacken, um Kartons auszufüllen, um Ecken auszupolstern. Durch Zufall kam ich mit dem jungen Mann ins Gespräch, der das in seiner kleinen Firma herstellt. Mit diesem Maisgrieß kann man aber auch Bausteinchen herstellen. Ich habe probiert, ob man die kleben kann. Ja, kann man, es klebt mit Spucke! Ob man es schneiden kann, reißen. Ja, kann man beides. Da dachte ich mir, das könnte eine Aufgabe sein, mit der ich mein Leben demnächst verzieren kann *(lacht)*, denn schon bei den ersten Versuchen hat sich gezeigt, dass die kleineren Kinder das voll annehmen, sofort darauf anspringen, damit bauen. Mir geht es dabei nicht ums Verdienen. Verluste wollen wir möglichst schon vermeiden, aber mit der ›fischer-technik‹ haben wir auch nie eine einzige Mark verdient. Ich möchte eine Bewegung schaffen. Eine richtige Bewegung, wo wieder Kreativität in Schwung kommt. Die Voraussetzungen sind ideal, weil das Material fast nichts kostet. ›Fischer-Tip‹ wird es heißen.

Erschreckend ist, dass Eltern immer noch sagen: Lernen ist nichts für die frühen Jahre. Vielleicht haben sie Angst, das Kind könnte zuviel fragen. Uns fehlt das ganze Klima fürs Lernen. Ich bin ja der Meinung: Der Tüchtige hat immer eine Chance. Nicht jeder, der was leisten will, ist ein Streber. Ich erlebe hier, wie schwierig es ist, Leute zu kriegen, die Spaß haben am Denken. Wir suchen seit zwei Jahren einen Entwicklungsleiter, und den kriegen wir nicht. Weil da große Anforderungen gestellt werden müssen an die Persönlichkeit, an die Herzensbildung, das gehört einfach alles dazu. Sie können den intelligentesten Knaben haben, wenn der nicht kreativ ist und bereit, mit anderen zusammenzuarbeiten, dann wird er abgestoßen.

Ich bin vom Herzen her der Auffassung, dass sich etwas ändern muss, sonst gehen wir alle am Stock. Ich habe zum früheren Bundespräsidenten Herzog, ich war manchmal bei ihm zum Essen eingeladen, gesagt: Wir müssen *unten* anfangen. Wenn wir das nicht schaffen, können wir alles andere vergessen. Wir haben hier in der Region einen Tüftlerwettbewerb veranstaltet. Wir haben gedacht, wenn's gut geht, melden sich hundert Jugendliche. Aber 273 Schüler haben sich angemeldet! Bemerkenswert ist auch Folgendes. Ich hab den Präsidenten Herzog gefragt, ob er uns ein paar Worte mitgeben kann für unsere Kampagne. Nach acht Tagen hatte ich einen Brief. Nach acht Tagen!

Mit dem Tüftlerwettbewerb wollten wir einen Modellfall schaffen. Wir haben Geld dafür gegeben, das tun wir gerne. Aber vor allem geben wir gern alle Erfahrungen, die wir damit gemacht haben, weiter im Internet. Aber glauben Sie, dass sich ein anderer Betrieb gemeldet hat? Das woanders nochmal zu machen, das kostet den nächsten Betrieb gerade mal zwanzigtausend Mark ... und wenn schon?

Die Beurteilungskriterien für den Tüftlerwettbewerb zu entwickeln, haben wir einer Fachhochschule übertragen. Die Studenten haben zweitausend Arbeitsstunden reingesteckt. Toll! Natürlich haben sie von uns auch was dafür geschenkt gekriegt. Aber darum ging's ihnen nicht, sie hatten Interesse daran. Ich hab den Studenten hinterher gesagt: Wenn ihr fertig seid mit dem Studium, dann meldet euch bei uns. Da gibt's vielleicht Arbeit für euch.

Jetzt zu diesem Material für die Kindergärten: Da hat die erste Erfahrung gezeigt, dass die Kinder ohne jede Vorinformation auf das Material losgehen. Wir müssen das noch ausreifen lassen und sachte in den Kindergärten einführen, aber ich glaube, das wird ein großer Erfolg.

Gleich hör ich aber auf mit dem Thema! Wichtig ist mir aber noch, dass die Kinder das mit nach Hause nehmen können. Dass die durch die Straße marschieren mit solchen selbstgemachten Dingern in der Hand. Die Passanten sehen aus dem Augenwinkel, dass etwas für Kinder getan wird, sie sehen, was Kinder können.

Und zu Hause haben sie etwas vorzuzeigen, ›das habe ich gemacht, das Huhn, den Dackel‹... das muss eine Bewegung geben. Dafür werde ich mich verwenden. Dann passiert vielleicht dasselbe wie mit ›fischer-technik‹: Da habe ich Briefe gekriegt von Kindern. ›Wie ich mein erstes Auto gemacht habe, und das konnte fahren, da habe ich zu meiner Mutti gesagt: Mutti, ich bin ein Erfinder!‹ Was kann Besseres passieren. Und eine Mutti hat mir geschrieben: ›Unser Bub, der liest immer im Bett, bis spät nachts, das soll er nicht, das haben wir ihm schon oft verboten. Seit vier Wochen liest er plötzlich nicht mehr. Seit vier Wochen schläft er früh. Wenn ich die Treppe hochgehe zum Nachschauen, da liegt der im Bett und schläft fest.‹ Wie kam das, hat sich die Mutter gefragt. Und dann hat sie gemerkt, dass der Sohn eine Lichtschranke auf der Treppe eingebaut hatte.

Das vergisst der Junge nie. Und die Mutter auch nicht. Ich habe eine tolle Mutter gehabt. Die hat mich an den Bach gebracht hier in Tumlingen und gesagt: Jetzt bauen wir ein Wasserrad. Und sie hat mich an den Füßen gehalten, und ich habe gearbeitet, und dann lief das. Das seh ich noch vor mir. Das war ein Urerlebnis. Das lief! Mit einfachen Mitteln. Das hab ich auch zu den Studenten gesagt: Wir setzen alles viel zu hoch an. Wir müssen runter, einfach denken. Und Kinder denken einfach!

Den Wankel habe ich noch gekannt. Der hat gesagt: ›Wenn ich ans Erfinden gehe, bin ich wieder ein Kind.‹ Das geht mir genauso. Die ersten Erlebnisse scheinen immer wieder auf bei der ganzen Entwicklerei. Das Positive, das das Kind hat, auch im Erwachsenenalter wieder nach vorn bringen, das ist immer gut. Ich hab gestern meinen Studenten verschiedene Dinge gezeigt. Einen Türhaken von uns, den kann man in die Tür schieben, da kann man einen Rucksack ranhängen. Das ist eine ganz einfache Sache, aber läuft bei uns phantastisch. Ein Schnellgedanke eigentlich. Und wenn jetzt zehntausend Leute solche Ideen hätten, dann hätten wir schon hunderttausend Arbeitslose weniger. Und aus diesen Hunderttausend, die dann Arbeit hätten, werden ein paar andere Hunderttausend, die gescheiter aufwachsen. Das ist meine gelebte Philosophie.

Man kann nicht schöpferisch sein, wenn man sich von vorneherein die Frage stellt: Was verdiene ich damit? Das Verdienen kommt erst sehr viel später. Wenn wir uns nicht vornehmen, eine Aufgabe zu lösen, und das Ziel haben, die auch mit dem Herzen zu lösen, dann gelingt sie nicht. Nur dann ist das Produkt nicht für *mich* gemacht, sondern für den anderen. Dann erst nimmt der andere mir das auch ab. Ein eiskalter Mensch kann nichts erfinden. Den *Dübel* habe ich doch nicht für mich gemacht, sondern für den anderen! Ich hab da gar kein Marketing gehabt, ohne Marketing habe ich schon hundertzwanzig Millionen Umsatz gemacht. Es muss nützlich sein, es muss anderen helfen, diese Grundeinstellung ist wichtig.«

Ein Bildungswunsch auf der Weltwissen-Liste für die ersten sieben Jahre lautet: »Ein Verbesserungsvorschlag des Kindes wurde aufgegriffen, und das Leben wurde dadurch leichter.« Die Erfahrung gemacht zu haben, dass man etwas besser zurückgelassen hat, als man es vorgefunden hat. Der Staubsauger zum Beispiel steht nicht mehr im Weg, weil das Kind eine bessere Stelle dafür gefunden hat.

»Das sind einfache Erfahrungen, und enorm wirkungsvolle. Wie ich das Dübelchen gemacht habe, von Hand gefeilt, da habe ich aber auch den gebraucht, der erkannt hat, was drin steckt, der gesagt hat: Damit gehe ich los, das können die Leute brauchen, davon verkauf ich dir bald zehntausend. Und so war es dann. Wir waren beide überzeugt, dass die Leute das brauchen werden. Um nochmal auf das Einfache zurückzukommen. Alle Welt sagt: *hightech*. Was ist *hightech*? Eine Rakete? Die besteht aus tausend kleinen *hightechs*! Und wenn eins nicht funktioniert, sieht's schwach aus. Für mich ist eine Schraube, die mehr kann als eine andere und preisgünstiger ist und einfach zu montieren – das ist *hightech*! Der

Teebeutel, die Büroklammer waren *hightech*. Man kommt immer auf sie zurück, ein bisschen modifiziert, aber dasselbe Prinzip.«

Werden künftig weniger die genialen Großerfindungen gefragt sein, die Einzelgenies, sondern das Zusammenwirken vieler Innovationselemente und die Intelligenz der Umsetzer und Anwender?

»Natürlich ist jedes Team eine tolle Sache. Aber es muss da mindestens einer dabei sein, der Ideen hat, und die anderen, die sie ihm ergänzen. Ich wäre wahrscheinlich nicht in der Lage, eine Maschine zu konstruieren. Ich würde an jeder Ecke hängenbleiben, ich würde immer denken: Kann man das nicht noch vereinfachen? Das würde ewig dauern, die Maschine würde nie fertig. Aber in einem Konstruktionsbüro, mit anderen zusammen, da kann man mich gebrauchen. Diese anderen müssen sich aber an der Leistung und an den Ideen eines Erfinders auch freuen können. Die anderen müssen charakterlich so sein, dass sie das aushalten. Da kommt dann oft der Neid, alle Erfinder kennen das, die Abwehr – ›alles schon dagewesen‹.

Kinder müssen auch Experten sehen und von ihnen unterstützt werden. Kürzlich auf der Messe in Jena habe ich zwei junge Buben gesehen, Jungs aus Bosnien, die kaum Deutsch konnten. Vielleicht dreizehn Jahre alt. Die hatten aus Lego und ›fischer-technik‹ einen Roboter gebaut, der reagierte auf Sprache: vor, rück, links, rechts, stop. Ich hab gesagt: Große Klasse! Vielleicht können wir zusammenarbeiten? Aber da hatten sie keinen Bezug dazu. Zusammenarbeit, der Begriff, das war ihnen neu. Es hat sich dann auch herausgestellt, dass sie kein Material hatten. Mit Material hätten sie gern weitergebaut. Ich habe gedacht: Wenn ich denen das nach Bosnien schicke, dann kriegen die das nie, das wird ihnen weggeschnappt an der Grenze. Da habe ich bei unserem Stand gesagt: ›Bauen Sie mir eine Kiste zusammen, tun Sie alles rein, was irgendwie mit Robotern zu tun haben könnte‹, und habe diese Kiste weitergegeben an diese Jungs. Wie die sich gefreut haben! Sie haben die Erfahrung gemacht, dass in diesem fremden Land Deutschland jemand war, der sie verstanden hat, der ihnen weitergeholfen hat! Das vergessen die nicht, das ist doch Hoffnung! Nicht weil Artur Fischer das war, sondern weil sie das gekriegt haben, was sie brauchen. Wenn das auf der Messe hundertmal passiert, dann hat die Messe ein anderes Gesicht. Die sagen in ihren Ländern: In Deutschland, da haben sie uns geholfen.

Es muss persönliches Engagement da sein. Auf die Politik können wir uns nicht verlassen. Ich will in diesem Land etwas vorantreiben. Wenn heute einer sagt: Ich hab kein Geld für neue Ansätze ... das ist nur Ausrede. Da muss im Kopf was da sein. Wenn im Kopf etwas ist, kriegt er auch Geld. Ich hab am Anfang nie Kredite gekriegt, weil ich nie etwas besaß. Ich habe gelernt, dass man nur weiterkommt, wenn alle zusammenhalten. Mein Vater hat ein halbes Schwein hergegeben, als ich einmal die Arbeiter nicht bezahlen konnte.

Aber zurück zum Kindergarten. Für mich ist das ja eigentlich ein fremdes Gebiet, ›fischer-technik‹ ist für etwas ältere Kinder. Aber man muss noch früher ansetzen. Für die Ausbildung von unten her, da muss Geld da sein. Für das Elementarste.

Vielleicht sollten wir in unserer firmeneigenen Akademie Lehrgänge für Kindergartenleiterinnen einschieben. Ich muss mal mit meinem Sohn sprechen, er ist heute der Chef.«

Sach-kundig
*Gespräch mit Prof. Dr. Wolfgang Einsiedler,
Grundschuldidaktiker*

Wolfgang Einsiedler vertritt am Institut für Grundschuldidaktik der Universität Erlangen-Nürnberg das Fach Didaktik der Sachkunde: elementare Geographie, Biologie, Hauswirtschaftslehre. Er hat beobachtet, dass viele Kinder auf diesen Gebieten »wissensfrei« in der Grundschule ankommen. Die Jahre vor der Grundschule sind eine entwicklungspsychologisch viel beforschte Zeit, aber im Sinne von Sachkunde werden sie als Bildungsphase nicht ernst genommen. Im Gespräch erläutert Wolfgang Einsiedler, wie Kinder die Welt ordnen im Umgang mit den Dingen, und wie man die naiven Konzepte, die Kinder über naturwissenschaftliche Phänomene ausbilden, verstehen und vertiefen kann.

»Ich meine, dass frühe Sacherfahrungen der Identitätsbildung der Kinder dienen. Wenn sie sich irgendwo gut auskennen, etwas wie ein Spezialgebiet haben, entwickeln sie ein gutes Selbstkonzept, es tut ihnen einfach gut. Neulich habe ich einen Siebenjährigen kennen gelernt, der sich mit Steinen und Mineralien gut auskannte, der war stolz: Ich bin der Steine-Spezialist, ich bin der Wiesenblumenspezialist, ich kenne siebzehn Dinosaurier. Ich meine, dass Eltern viele Möglichkeiten haben, das anzubahnen im Vorschulalter, aber das passiert bekanntlich eher in der Mittelschicht. Viele Kinder kommen sehr ahnungslos in der Grundschule an. Da ist zum Beispiel der Bereich Pflanzen, Tiere, Wetter. Erklären können, wo kommt der Regen her? Natürlich muss man sich immer auch fragen, ob man durch rationale Erklärungen die Weltbild-Entwicklung von Kindern bedrängt und stört. Aber ich habe den Eindruck, wenn bei Kindern etwas angestoßen wird, dann entwickelt sich Interesse. Es gibt ja schöne Fernsehsendungen. Das kann sich dann ergänzen mit dem Stuhlkreis im Kindergarten und mit Sachbilderbüchern.

Oder die Sammlung auf dem Fensterbrett: ein kleines Herbarium. Was mich immer fasziniert, ist, wenn Kinder etwas erzählen über fremde Länder. Natürlich, viele Kinder kennen Italien oder Spanien aus dem Urlaub. Aber man kann den Blick erweitern ... Afrika, Amerika ... es gibt andere Kontinente, ganz andere Lebenswelten ... Ein Gefühl für den großen Erdraum, da können Erzieher und Eltern durch Erzählen viel ausrichten. Diese Ahnung, oder das Bewusstsein: Es gibt viele Kontinente.«

Kinder sind heute nicht unterversorgt mit Informationen. Wie kann man das Sachwissen für Kinder organisieren?

»Im ersten Schuljahr ist es vor allem wichtig, das Interesse zu erhalten. Nicht durch Modelle und Schemata. Es würde genügen, wenn im Klassenzimmer *Sammlungen* angelegt werden. Was die Kinder aus dem Urlaub mitgebracht haben: Stricklava, Bimssteine, darüber sprechen: ›Zehn-Minuten-Sachkunde‹, jeden Tag. Die wäre mir übrigens wichtiger als ein strukturierter Lehrplan zum sozialen Lernen. Der ist ja neuerdings stark gewichtet in den Lehrplänen: Zusammenleben in der Schule, in der Familie, und so weiter... Das ist mir zu wenig konkret. Stattdessen sollte man stärker das Interesse an Gegenständen und Phänomenen erhalten und ausbauen. Es gibt dazu diese wunderbare Untersuchung von Csikscentmihály, wie schon kleinere Kinder durch Sammeln ein eigenes Weltbild aufbauen und von sich aus Sinn finden und die Welt ordnen im Umgang mit den Dingen.«

Interessen erhalten, sagt Wolfgang Einsiedler. Er setzt voraus, dass die schon geweckt worden sind. Spricht er von den schon Aktiven, den kleinen Dinosaurier-Spezialisten, den hartnäckigen Steinesammlern?

»Vielleicht habe ich den siebenjährigen Erdkundelehrersohn vor Augen. Aber ich denke, dass man das im Kindergarten anregen kann. Interessen entstehen durchs Mitbringen, durchs Erzählen, Bücher anschauen. Interessen fördern, das sehe ich als das Hauptziel des Sachkundeunterrichts an der Grundschule, und es kann im Kindergarten vorbereitet werden.

Sachkundeunterricht soll ein breites Interessenspektrum anregen, ein erstes Verständnis für Ökologie wecken, für die Bedeutung von sauberem Wasser etwa. Oder Vorstufen eines historischen Verständnisses entwickeln, wie es gute Erstklasslehrerinnen tun, indem sie ein Zeitverständnis anbahnen: Was spielt sich in den Jahreszeiten ab? Das sind schöne Aufgaben. Es soll ein Interesse an Allgemeinbildung entstehen, dazu soll das erste Schuljahr beitragen. Allgemeinbildung heißt, dass man ein erstes Verständnis entwickelt für vielfältige Phänomene und wichtige Denkkategorien, wie Zeit verstehen, Landschaft erfassen, Raum erfassen, sich orientieren können auf Lageplänen. Erstes Abstrahieren. Das würde ich als Basiskompetenz für Siebenjährige ansehen. Erkunden im Umfeld der Schule und das auf einer schlichten zweidimensionalen Zeichnung abbilden, Wege einzeichnen können. Ich meine einerseits konkrete Dinge, weil die die Kinder ansprechen. Andererseits aber auch etwas wie die Symbolisierungen dieser Dinge zu etwas Selbstverständlichem werden lassen, wie eben in einer zweidimensionalen Karte. Oder in einem dreidimensionalen Architekturmodell, oder einem CAD-Aufriss vom Computer.«

Das Fach Sachkundedidaktik müsste derzeit großen Auftrieb haben. In einer Wissensgesellschaft kommt es auf vielseitiges Interesse an, das Anspringen auf unterschiedliche Problemstellungen, fächerübergreifend ... Werden der Forschung über Sachkundedidaktik alle Türen geöffnet?

»Unsere Fragestellungen sind allgemein akzeptiert, das kann man sagen. Aber wir haben keine gesicherten Ergebnisse, was bei den Sieben- und Achtjährigen tatsächlich da ist an Wissen und welche Unterrichtsmethoden die hilfreichsten sind. Außerdem gibt es diese neuen Missverständnisse, was als ›kindgemäß‹ anzusehen ist. Dieses ›Lebenskonzept‹: ›An der Lebenswelt anknüpfen! die Alltagserfahrungen der Kinder aufgreifen!‹ Ich sehe das nicht nur positiv. Alles soll möglichst ›situationsnah‹ sein, ›unmittelbar‹ zu begreifen – da wird zu stark simplifiziert. Wir karikieren das in der Sachkundedidaktik: Der Baum muss betastet werden, um den Baum herumtanzen, ›den Baum fühlen, streicheln‹. Ich meine, dass das Prinzip berechtigt ist, aber dass viele junge Lehrer übersehen, dass Unterrichten *entwicklungs*stimulierend sein sollte, das heißt, die Symbolisierungsebene muss angesprochen werden. Die Kinder symbolisieren im Spiel ja schon als Vierjährige. Die haben im Kopf: Das soll jetzt die Rakete sein, oder ein Zebra. Ihre Voraussetzungen für Konzeptbildung durch Symbolisieren sind längst vorhanden. Und für weitere Entwicklungsanreize ist dieses Symbolisieren wichtig.

Was als kindgemäß angesehen wird, das ist oft unterfordernd. Wir haben eine Analyse von Sachbüchern der 8oer und frühen 9oer Jahre gemacht. Da liegt das Gewicht zu stark auf konkretanschaulichen Bildern und es wird zu sehr verzichtet auf die Symbolisierung. Wir haben den Eindruck im Gespräch mit Lehrerinnen, dass in den Schulen viel angeschaut wird, dass reichlich *Unterrichtsgänge* gemacht werden, aber dass der nächste

Schritt zum Abstrahieren nicht entschieden genug gemacht wird. ›Blinde Gänge‹ hat es eine Erzieherin im Kindergarten einmal genannt, und die passieren auch reichlich in der Grundschule! ›Ganzheitlich‹, und ›handelnd‹ – *hands-on* – ›interaktiv‹ … das ist mittlerweile überzogen. Ich kann nicht alles gleich mit den Sinnen erfassen. Ich muss mit den Kindern auch über unsichtbare Dinge sprechen. Wie zum Beispiel könnte man nur mit den Nahsinnen die Manipulation durch Werbung erfassen?

Erzieherinnen im Kindergarten müssen nicht Experten der Sachkundepädagogik sein. Aber sie sollten Entwicklungspsychologie in diesem Sinn kennen, dass Kinder ab dem dritten und vierten Lebensjahr symbolisieren und dass man diese Reflexions- und Symbolisierungsprozesse anregen kann.

Auch im sprachlichen Bereich übrigens. Erzieher im Kindergarten haben immer Angst, für die Schulvorbereitung, fürs Lesenlernen, vereinnahmt zu werden. Das ist aber nicht gemeint. Den Grundschulpädagogen würde es reichen, wenn die Erzieher etwas wie Nachdenken über Sprache, Sprach-Bewusstsein fördern würden. Es ist empirisch bewiesen, dass Kinder, die über Sprache nachgedacht haben und wissen, dass Sätze aus Wörtern bestehen und dass Wörter aus Buchstaben bestehen, rasch den Zugang zur Schriftsprache finden. Nicht Leseversuche für Fünfjährige sind damit gemeint. Aber ich halte viel von diesen Sing- und Reimspielen, von Zungenbrechern. Und man kann auch eine Bildkarte nehmen und das Wort Elefant zerschneiden und fragen, wie wird es jetzt ausgesprochen: E-le-fant. Oder man vertauscht Bilder: Gi-ra-f-fe, Gi-ri-fant – damit dieses Bewusstsein von Wortelementen entsteht, die ›phonologische Bewusstheit‹ als Anbahnung und Vorbereitung der Schriftlichkeit.

Und dann der klassische motorische Bereich. Ich sage immer:

Eigentlich müssten alle Kinder, die zur Grundschule kommen, schwimmen können. Das ist wirklich eine Aufgabe der Eltern, nicht der Schule. Kinder lieben es doch, mit ihren Eltern im Wasser zu sein. Es ist eine der wichtigsten Körpererfahrungen, und die Spezialisten sagen, dass die motorische Erfahrung eng mit der kognitiven Entwicklung zusammenhängt. Kognitive Defizite können mit motorischen Defiziten verbunden sein, oder sie können sich eben auch gegenseitig ausgleichen.«

Wer sich nicht bewegt, bleibt sitzen! Schwimmen ist ein interessantes Beispiel dafür, dass nicht nur der IQ über die Jahrzehnte weltweit ansteigt, sondern auch die kulturellen Ansprüche an die Entwicklung von Kindern, der Standard für Bildungsqualität allgemein. Dass Kinder schwimmen lernen, ist erst in der zweiten Hälfte dieses Jahrhunderts zu einer Selbstverständlichkeit geworden.

»Beim Schwimmen ist das vielleicht so. Aber darüber hinaus? Ich versuche, nicht pessimistisch zu sein. Aber ich habe den Eindruck, dass es vielen Eltern egal ist, welche frühen Erfahrungen sie anregen. Ich würde sagen, 50 – 60 % der Eltern, so behaupten jedenfalls die Grundschullehrerinnen, kümmern sich in der Vorschulzeit nicht um gezielte Bildungserfahrungen, die ich auf musische Erfahrungen und auf motorische Erfahrungen ausweite, mein Bildungsbegriff schließt selbstverständlich das Ästhetische und Motorische mit ein. Man will zuviel delegieren, schickt die Kinder weg. Man verliert dabei eigene Erfahrungen, das Miterleben der kindlichen Entwicklung. Das gehört doch auch zur Identitätsentwicklung der Eltern.

Der Versuch müsste dahin gehen, Eltern als Lehrer in der Vorschulzeit zu fördern. Nicht dass sie pausenlos ihre Kinder belehren sollten. Aber sie sollten dazu beitragen, die Symbolisierungsfähigkeit der Kinder zu entwickeln im gemeinsamen Spiel, im Rollenspiel. ›Ich wäre der Schuhverkäufer und du wärst der Kunde ...‹ Imaginativ etwas tun, sich verstellen, das konjunktivistische Denken fördern, dafür haben wir im Deutschen interessanterweise wenig Begriffe.

Einer meiner Kollegen in Arizona hat einen Lehrstuhl für *preliteracy:* Vorbereitung der Lesefähigkeit könnte man das übersetzen. Da geht es nicht ums Lesen, sondern um spielerischen Umgang mit Wortkonzepten, Rollenprosa. Von diesen frühen Symbolisierungsspielen geht es dann zum Anschauen von Sachbüchern. Da können die Eltern Anregungen geben, aber auch der Kindergarten.

Man sollte in einer Liste für Eltern zumindest diejenigen Bereiche konkretisieren, die klassisch sind, wie motorische Entwicklung, Spracherfahrungen, Gesprächsregeln. Damit Kinder beginnen, ein sachliches Gespräch führen zu können. Unsere Grundschullehrerinnen sagen, dass Kinder das zu spät und sehr mühsam lernen: begründen, ausreden lassen, zur Sache reden.

Unsere Studenten zitieren immer Piaget, Phase des konkreten Denkens, das bedeutet für sie: konkrete Dinge mitbringen. Aber der Gedanke der Ko-Konstruktion, der Entwicklung der Strukturen im *Gespräch* ist ihnen unbekannt. Die Lehrer lassen die Kinder in der Freiarbeit viel zu viel einzeln arbeiten. Es sollte zur Pflicht werden, dass Sach-Erfahrungen in Gruppen gemacht werden, weil die Kinder dann gemeinsam darüber sprechen. Diese beiden Konzepte – Ko-Konstruktion und Verifizieren der Gedanken im Gespräch – wären für mich Pflichtkonzepte der Ausbildung sowohl von Erzieherinnen als auch von Grundschullehrerinnen.«

Erzieherinnen – Grundschullehrerinnen: Sachbegegnung wird bis zur mittleren Kindheit in Deutschland fast ausschließlich durch Frauen vermittelt. Was bedeutet das für die Inhalte?

»Viele Lehrerinnen sagen: Gott sei Dank haben wir heute nicht mehr diesen naturwissenschaftlichen Unterricht der 70er Jahre! Wir hatten eine unglückliche Entwicklung in den 70er Jahren. Damals haben Verlage Kästen für Material-Untersuchung an die Schulen geliefert – da waren Fetzen von Stoff, Steine und Ziegelreste enthalten. Das sollte dann curricular, lernzielabhakend abgehandelt werden. Lächerlich. Und dann ist die Reaktion darauf ins Gegenteil umgeschlagen. Wir haben dazu Daten aus der Grundschullehrerinnenausbildung. Die besteht heute zu etwa 70% aus Sozialkunde und Geschichte, und nur zu 10% aus Physik und Chemie. Biologie ist kaum stärker vertreten.

Ich glaube, dass männliche Kollegen in der Grundschule oft ein stärkeres Interesse an naturwissenschaftlichen Fragen einbringen. Ich habe in Frankreich und Holland Grundschulen besucht, da arbeiten mehr männliche Lehrer. Aber ob es viel nützen würde, den Grundschullehrerinnen naturwissenschaftliche Themen und Experimente zur Pflicht zu machen? Ob das die Liebe an der Sache fördert? Ich benutze diesen altmodischen Begriff, Liebe zur Sache. Herbarien aufbauen, das ist aufwendig, Versuche mit Verdunsten, Verdampfen sind aufwendig. Es ist einfacher, über Familienfeste zu erzählen, als eine große Reisetasche voller Gegenstände für naturwissenschaftliche Experimente mitzubringen. Die guten Lehrer, sage ich immer, sind die, die mit großen Reisetaschen in die Schule kommen!

Das Wichtige wäre, nicht nur *ein* Konzept erfahren zu haben. Wie das mit der Mondfinsternis ist, das vergisst man bald wieder. Sondern aufgeschlossen sein für den Umgang mit solchen Phänomenen. Ein Langfrist-Interesse entwickeln: Mit Experimenten kann man Phänomene bearbeiten und mit der Kopfarbeit, die dann weitergehen sollte, Phänomene vergleichen.

Eine spannende Frage wäre für mich, ob Kinder, die als Siebenjährige Erfahrungen mit Experimenten machen, aufgeschlossener bleiben für Chemie und Physik in späteren Schuljahren. Wenn die Apparate-Physik einsetzt – ob sich ihr Interesse dann ausdehnt auf diesen formaleren und mathematisierenden naturwissenschaftlichen Unterricht in der Mittelstufe.

Meine große Sorge ist, dass der Sachunterricht zu lässig gehandhabt wird, weil Mathematik und Deutsch beim Übertritt aufs Gymnasium im Vordergrund stehen. Ich sage immer, da war die alte Heimatkunde noch anspruchsvoller. Da wurde eine ganz passable Geographie und Heimatgeschichte gelehrt. Heute – das ist nicht nur meine Meinung, sondern wird überall in unserer Fachszene kritisiert – gibt es zu viel Beliebigkeit. Der Entdeckungsbegriff wird strapaziert in der deutschen Didaktik: der ›entdeckende Unterricht‹. Aber es wird auf eine Viertelstunde beschränkt. Hier habt ihr ein paar Kabel, jetzt ›entdeckt‹ den Stromkreis!

Der bayerische Kultusminister Zehetmeier hat gefordert, es müßten wieder mehr Praktiker in die Lehrerausbildung integriert werden. Das halte ich für fatal. Weil die Praktiker meist nicht die innovativen Köpfe sind. Sie vertreten die Routinemethoden. Umgekehrt kann ich nicht behaupten, dass die Akademiker allzu innovativ gewesen wären. Die Engländer haben so gute Projekte zur *science education* gemacht, vieles davon in Beispielen beschrieben, auch übersetzt, man kann das alles auf Deutsch lesen. In England wird viel Lehrerfortbildung über das öffentliche Fernsehen gemacht. Das bräuchten wir hier, verbunden mit Klassenbeobachtungen. Solche Filme sollte man auch auf Elternabenden zeigen können. Und in solchen Filmen sollte man möglichst anschaulich internationale Beispiele guter Praxis zeigen.«

»Nichts« gibt es nicht! Chemie im Vorschulalter
Gespräch mit Dr. habil. Gisela Lück, Chemikerin
Gisela Lück studierte Chemie und Philosophie und promovierte mit einer Arbeit über Nietzsche. Danach zehn Jahre Öffentlichkeitsarbeit in der Forschungsabteilung der Firma Henkel. Am Institut für Pädagogik der Naturwissenschaften in Kiel hat sie sich 1999 über »Chemie im Vorschulalter« habilitiert. Sie hat für ihre Arbeit zunächst alle Lehrpläne der Grundschulen und Gymnasien in Deutschland ausgewertet und dabei gesehen, dass die Bedeutung der Naturwissenschaften, vor allem der Fächer Physik und Chemie, seit den 60er Jahren insgesamt zurückgegangen ist. Dieser Abbau der naturwissenschaftlichen Fächer setzt sich in Deutschland noch fort. Internationale Vergleichsstudien zeigen, dass andere Länder sehr viel früher mit der Heranführung an die Naturwissenschaften beginnen. Gisela Lück betont dabei »Heranführung«: Sonst kommt der Vorschulbereich nicht in den Blick.
Auf dem Tisch vor uns eine gläserne Salatschüssel voll klarem Wasser. Einige Trinkgläser. Zwei Gummibärchen. Im Lauf des Gesprächs wird Gisela Lück einige Experimente zeigen, die sie – als Pionierin des Themas »Chemie im Vorschulalter« – auf Fachkongressen der Frühpädagogik den Erzieherinnen überall in Deutschland vermittelt.

»Kinder im Alter ab vier Jahren, vielleicht sogar schon früher, haben großes Interesse an der Dingwelt, es ist das Alter ihrer Warum-Fragen. Und zugleich gibt es eine große Unsicherheit bei den Erwachsenen, was die naturwissenschaftlichen Kenntnisse angeht. Da flaut bei den Kindern irgendwann das Interesse ab.

Gesamtgesellschaftlich sind die Naturwissenschaften immer wichtiger geworden: Deutschland hat bekanntlich wenig Bodenschätze, und die Basischemikalien werden längst im Ausland produziert. Dafür hat Deutschland etwas zu bieten im Bereich der Spezial-Chemie, aber das muss immer wieder neu aufgebaut werden. Aber unser Bildungssystem spricht Fragen der Chemie erst ab dem Alter von 13 Jahren an. Ich habe alle Lehrpläne für die Grundschule und den gymnasialen Bereich in Deutschland ausgewertet, für Themen der belebten Natur und der unbelebten Natur. Das war eine langweilige Arbeit, aber aufschlussreich. Seit den 60er Jahren ist die Bedeutung der Naturwissenschaften in den deutschen Lehrplänen insgesamt zurückgegangen, vor allem aber die chemischen und die physikalischen Inhalte, im Gegensatz zu Themen der belebten Natur. Wenn jemand heute mit dem Realschulabschluss aufhört – Friseuse wird, oder Tankwart –, dann hat er oder sie im ganzen Leben nur sechsmal Chemie im Stundenplan stehen gehabt.

Mit internationalen Vergleichsstudien kann man zeigen, dass einige andere erfolgreiche Länder sehr viel früher mit der Heranführung an Naturwissenschaften beginnen. Die deutschen Einschaltquoten von ›Löwenzahn‹ und ›Sendung mit der Maus‹ zeigen, dass Kinder im Alter von fünf, sechs, sieben Jahren eindeutig an naturwissenschaftlichen Themen interessiert sind. 300.000 Kinder zwischen vier und sechs Jahren sehen regelmäßig die ›Sendung mit der Maus‹, eine Sendung mit vielen naturwissenschaftlichen Segmenten, und die sind dabei am beliebtesten. Das heißt doch etwas.

Manchmal werde ich gefragt, warum ich erste Erkenntnisse aus der Chemie vermitteln möchte, warum ich Versuche aus der unbelebten und nicht aus der belebten Natur anbiete. Zunächst haben meine Versuche den Vorteil, von der Jahreszeit unabhängig zu sein. Ein Glas mit Wasser füllen, das kann man jederzeit. Aber Schmetterlinge und Regenwürmer beobachten nur zu bestimmten Zeiten und unter besonderen Bedingungen.

Ich bin, zweitens, überzeugt, dass diese Versuche die Warum-Fragen der Kinder besser beantworten. Bei biologischen Fragen kapitulieren viele: ›das ist eben so‹. Aus der Blumenzwiebel sprießt etwas. Begeisterung bei den Kindern, aber warum sprießt es? Das ist sehr, sehr schwer zu erklären. Ich glaube, dass die naturwissenschaftlichen Phänomene der unbelebten Natur leichter zu erklären sind.

Mein drittes Argument ist verknüpft mit einem weiteren Untersuchungsergebnis: Versuche, die aufeinander aufbauen, die eine Folge abzeichnen, hinterlassen einen tieferen Eindruck. Aber aufeinander aufbauende Versuchsreihen gibt es in der elementaren Biologie kaum.

Und noch ein vierter Grund: Die Themen der belebten Natur kommen sowieso im Kindergarten vor. Die unbelebte Natur dagegen – da klafft eine Lücke.

Ich möchte Kindern nicht ›Wissen vermitteln‹, sondern sie an naturwissenschaftliche Phänomene heranführen. Dabei sind Gefühle sehr wichtig. Zur Zeit kommen Kinder erst im Alter von 13 Jahren mit diesen Fragen in Berührung, das ist zu spät. In der Pubertät sind sie mit anderem beschäftigt! Und so erscheint Chemie im unteren Drittel der Beliebtheitsskala von Schulfächern.

Kinder können in frühen Jahren nicht alle ihre Deutungen auf die Zunge legen. Da gibt es in meinen Untersuchungen natürlich Unterschiede zwischen Kindergärten in sozialen Brennpunkten und Kindergärten in wohlhabenden Wohngebieten. Aber die Fähigkeiten des ›Verstehens‹ und das Interesse, die sind in beiden Typen von Kindergärten fast gleich groß. Sprache ist für das Verständnis zunächst nicht so wichtig. Kinder aus polnischen Familien haben genauso tief reagiert wie deutsche – und übrigens auch wie behinderte Kinder.

Nun zu den Experimenten. Ich beginne damit, zwei Dinge zu vermitteln, die mir wichtig sind: ›Nichts‹ gibt es nicht. Der Begriff ›Nichts‹ ist einfach falsch. Aber er ist schnell da, bei den Kindern wie bei Erwachsenen. Was ist in diesem Glas? ›Nichts!‹ Und als Zweites der Begriff ›Verschwinden‹. Es verschwindet nichts! Da sind wir umgangssprachlich unkorrekt, auch die Lehrer: Da ›verschwindet‹ eine Flamme, eine Farbe, oder Salz und Zucker in der Lösung. Man kann Kindern stattdessen schon früh vermitteln, dass ›nichts‹ eben doch etwas ist, zum Beispiel Luft. Und dass ein Zuckerwürfel nicht in ein Nirwana verschwindet, sondern dass man Zucker und Salz aus der Lösung wieder zurückgewinnen kann. Damit kann auch eine psychologische Erkenntnis verbunden sein. Und Umweltbewusstsein: Kein Ding, keine Substanz ›verschwindet‹ vollständig. Das kann auch bedeuten: Wir müssen so entsorgen, dass die Dinge nicht stören oder schaden.

Wichtig für die Aufmerksamkeit der Kinder ist, dass die Versuchsanordnung auf einem klar erkennbaren Raum platziert ist. Also wie hier: Die Gefäße müssen eine Unterlage haben. Das grenzt ab, es leitet die Aufmerksamkeit. Und es ist ästhetischer.

Ich sage den Kindern: Betrachtet alles genau, was auf dieser Unterlage steht!

Ich sorge dafür, dass die Schüssel poliert und appetitlich und das Wasser klar ist. Kinder sind Seismographen, sie spüren Sorgfalt, das ist ganz wichtig.

Was ist hier drin? ›Wasser‹. Kinder können übrigens sofort beurteilen, ob es kaltes oder warmes Wasser ist. Fünfjährige Kinder wissen schon, dass sich bei warmem Wasser Kondenswasser am

Schüsselrand bildet. Das naive Vorwissen ist bei fünfjährigen Kindern oft korrekt.

Manche Kinder kennen schon diese scheußlichen Versuche mit Gummibärchen, die sich so hässlich im Wasser auflösen. Man lernt eigentlich gar nichts aus dieser Anschauung! Man kann auf diesem Wissen, diesen Beobachtungen nichts aufbauen. Meine beiden Gummibärchen dagegen: die wollen unter Wasser tauchen, aber nicht nass werden! Die beiden Gummibärchen bekommen erst einmal Namen, damit sie den Kindern näher sind.

Wie können sie tauchen, ohne nass zu werden? Jetzt kommt die Luft in einem Glas als Schutz ins Spiel. Wenn man dieses Glas mit der Öffnung nach unten eintaucht, steigen Luftblasen hoch. Das hören die Kinder – es wird sehr ruhig im Raum. Dann schließen die Kinder logisch: Dann muss im Glas Luft sein. So kann ein Kind Luft begreifen, sie sozusagen *hören*. Auch *fühlen*, als den Widerstand, wenn man das mit Luft gefüllte Glas senkrecht ins Wasser heruntergedrückt. Dann werden die Gummibärchen in einer Streichholzschachtel auf die Wasseroberfläche gesetzt und das Glas darübergestülpt. Im Schutz des senkrecht niedergedrückten Glases und der Luft darin – bleiben sie trocken. Das sind Versuche, die auch Erwachsene verblüffen: Mit der Luft im Glas habe ich ein Medium, das das Wasser heruntergedrückt. Es muss nicht kognitiv ganz genau verstanden werden. Sondern man soll es vor allem interessant finden. Und das Kind kann diesen Versuch selbst immer wiederholen, zum Beispiel in der Badewanne.«

Wichtiger als Faktenwissen ist für Gisela Lück die Erfahrung des Experimentierens. »Wenn ich das tue – dann passiert das.« *Wenn – dann.*

»Man soll Kindern bei solchen Beobachtungen nicht zu viele theoretische Erklärungen geben. Dann werden sie abhängig von den Erwachsenen und trauen sich nicht mehr selbst zu forschen. Keiner von uns ist in der Lage, naturwissenschaftliche Phänomene ›ganz angemessen‹, objektiv, zu erklären. Aber Kinder sollen auch nicht nur fasziniert werden, zum Staunen gebracht werden. Ich will nicht als Zauberin erscheinen. Die Naturwissenschaften sind nicht ein Bereich des Nicht-Erklärbaren. Dann würde man abhängig von Experten.

Mein nächstes Experiment baut auf dem Gummibärchen-Experiment auf. Wie kann man eine Kerze löschen? Das ist ja auch praktisch sinnvoll: Wie Feuer zu löschen ist, das braucht man im Leben.

Die Kinder sagen: ›Durch Pusten‹. Aber das ist naturwissenschaftlich sehr schwer zu erklären: die Aktivierungsenergie Docht/Wachs/Sauerstoff wird so herabgesetzt, dass die Verbrennung nicht weiter unterhalten wird ... das ist zu schwierig. Diese Erklärung kommt nicht an.

Ich frage: Was gibt es noch für Möglichkeiten? Was ist in diesem Glas? ›Luft!‹ Das hat etwa die Hälfte der Kinder eine Woche nach dem ersten Gummibärchen-Experiment noch behalten. Sie sagen also schon nicht mehr: ›nichts‹.

Ich frage: Könnt ihr euch vorstellen, dass die Kerzenflamme in einem Glas ausgeht, in dem Luft ist? Die Kinder stellen Prognosen. Und die, die welche gestellt haben, beobachten besonders aufmerksam.

Also: Die Kerze geht nicht gleich aus, sondern allmählich... Und bei einem größeren Glas dauert es länger als bei einem kleineren...

Dritter Versuch: Wenn man Backpulver und Essig mischt, schäumt es auf, und Gas wird freigesetzt, Kohlendioxid, das löscht die Kerze ... Danach sagen Kinder manchmal: Du kannst zaubern!

Dann lasse ich sie den Versuch selbst machen, und jetzt wird erklärt, jetzt muss man deuten. Weil die Kerze keine Luft mehr hat: wenn-dann ... was kann da mit dem Backpulver entstanden sein? Luft? Dann wäre doch die Kerze nicht ausgegangen! Es muss etwas entstanden sein, das aussieht wie Luft, aber keine ist. Aha: Backpulver und Essigsäure haben Kohlendioxid entstehen lassen, ein Gas, das die Verbrennung unterbricht. Dieser Versuch ist als Aufbau, in einer Reihenfolge mit den ersten zwei Versuchen gedacht. Nicht alles, was aussieht wie Zucker, ist Zucker! Es gibt Stoffe, die kannten wir noch gar nicht, die haben eigenartige Wirkungen! Wenn ich zwei Stoffe zusammengebe, entsteht ein dritter Stoff! Das ist die Grundlegung eines chemischen Sachverhalts. Die Abgrenzung zwischen Chemie und Physik ist in diesem Stadium unsinnig. Ob die Aggregatzustände physikalisch oder chemisch sind, da sollen andere darüber streiten.

Behinderte Kinder staunen genauso, sind genauso beteiligt meiner Erfahrung nach, wie alle anderen Kinder. Es waren, so sagten ihre Erzieherinnen, Gelegenheiten, bei denen man sie ohne weiteres allein lassen konnte. Alle Experimente werden von den Kindern selbst durchgeführt, auch von behinderten Kindern. Und meiner Erfahrung nach gab es kein Kind, das ›null Bock‹ hat. Aber Folgendes sollte man beachten:

- Experimente müssen ungefährlich sein. Das Gefährlichste bei meinen Versuchen ist die Kerze. Aber die gibt es im Kindergarten auch beim Geburtstag. Und ich zeige ja gerade, wie man eine Kerze löschen kann! Manche Spülmittel sind toxisch, man soll sie nicht trinken. Aber Spülmittel gibt es in allen Haushalten.

- Die Stoffe müssen leicht zu beschaffen sein. Man kann von der Erzieherin nicht erwarten, dass sie ein Fachgeschäft für Laborbedarf aufsucht!
- Der experimentelle Aufbau muss so leicht sein, dass die Versuche auch zu Hause nachgemacht werden können.
- Versuche dürfen nicht länger als 20 Minuten dauern. Sonst flaut das Interesse ab.
- Die Versuche müssen immer gelingen. Zum Beispiel: Wasser und Öl mischen sich nicht. Aber wenn man Tenside zugibt... Vor allem die Versuche, die Kinder selbst durchführen, müssen gelingen. Sonst kann das Kind entmutigt werden: Naturwissenschaften sind nichts für mich.
- Versuche sollten aufeinander aufbauen. Nicht wahllos, kein Mosaik. Die Experimente, die aufeinander aufbauen, werden von den Kindern besser erinnert.

Die ›Akzeptanz‹ unserer Versuche – ich musste das ja für meine Habilitation wissenschaftlich auswerten – ist groß. 80–90% der Kinder kommen zu unseren Versuchen, organisiert als freiwillige Angebote einmal pro Woche.

Meine Zielgruppe sind Erzieherinnen, die sollen das ja schließlich aufgreifen.

Bisher sind an meiner Arbeit vor allem die evangelischen Akademien und Jugendämter in vielen Städten interessiert. Aber es gibt auch Widerstände. Ende der 60er Jahre hatte der Bildungsrat schon einmal beschlossen, dass in den frühen Jahren naturwissenschaftliche Themen mehr Gewicht bekommen sollten. Da schlug das Pendel in Richtung ›verwissenschaftlichte Lehrprogramme‹. Das Kind wurde dabei in die Beobachterrolle gedrängt. Ende der 70er Jahre ist das Pendel in die entgegengesetzte Richtung ausgeschlagen. Und heute haben in Fachschulen für Erzieher die Dozenten kaum Ahnung vom Naturwissenschaftlichen, vor allem in Bezug auf die unbelebte Natur. Erzieher haben Scheu vor diesem Thema. Und Chemie ist im Alltagsbewusstsein durch die Umweltdiskussion belastet. »Ohne chemische Anteile« heißt es in der Werbung, als sei Chemie Anti-Natur, gleichbedeutend mit Gift, mit Gesundheitsschädigung.«

In Kindheiten der Nachkriegszeit, als man noch mehr draußen spielen konnte, haben Kinder viel in Richtung Chemie ausprobiert. Phantastische Mutproben, was man alles mit Sand mischen und doch noch irgendwie essen kann, ekelhafte Grützen mit Beeren und Maggi dazu, eine Verbindung von Chemie und Kochen-Spiel in den Gärten, Kinder-unter-sich-Experimente. Heute wird das durch Moral blockiert: Mit Nahrungsmitteln soll man nicht matschen. Es gilt als Vergeudung, weil man hinterher alles wegschütten muss.

»Dabei ist doch gerade das elementare Chemie: die Lehre von der Umwandlung der Stoffe!«

Sehen und tun: Die Kinder-Akademie Fulda
Gespräch mit Dr. Gabriele König

Ein ehemaliges Industriegebäude wurde zum ersten Kindermuseum Deutschlands. Gabriele König, Kulturwissenschaftlerin und Mitarbeiterin in der Redaktionsgruppe des Weltwissen-Projekts, ist stellvertretende Leiterin der »Kinder-Akademie Fulda«. Hier können Kinder hands-on *naturwissenschaftlich-technische Zusammenhänge begreifen. Das Herzstück des Museums, das weltgrößte Modell eines Menschenherzens, können sie sogar begehen und durchkriechen. Es ist das Herzstück auch, weil das Museum hier seinen Ausgang nahm: finanziert aus den Mitteln, die der Familie der Leiterin, Helen Bonzel, aus einer herzchirurgischen Er-*

findung zufließen. Das private Museum ist eine »Akademie«, weil es eine Fülle von Kursen und Projekten anbietet, in denen sich die Kinder von früher Kindheit an praktisch und nahe an der Realität ihr Weltwissen erarbeiten können.

Der Eingangsbereich des Museums ist erfüllt von den Arbeiten aus der gerade zu Ende gegangenen Sommerakademie »Denk Mal! Kinder und Architektur«. Es sind Arbeiten, die durch eine Professionalität auffallen, die man allgemein Kindern nicht zutraut, Arbeiten, die zum Teil in die dauernde Ausstattung des Hauses eingehen werden. Was die Kinder hier machen, wird ernst genommen, es hat Folgen für Besucher und Mitarbeiter, auf Jahre hinaus. Das Besondere der Kinder-Akademie ist: Hier arbeiten Kinder mit Künstlern, Wissenschaftlern und Handwerkern zusammen. Immer wieder finden sich Experten bereit, nach Fulda zu kommen und ihr Können in Workshops mit Kindern zu teilen. Die Kinder erfahren die Aura von Meisterschaft, das verleiht ihrem Basteln und Forschen einen besonderen Ernst.

»Zum Beispiel, als wir Stühle für unser Museumscafé gebraucht haben. Wir haben mit dem Designer Axel Kufus, der das Café im Fridericianum in Kassel eingerichtet hat, Stühle entworfen für unser Museumscafé. Erst sind wir in eine Stuhlfabrik gefahren: Was sind die Schritte vom Baumstamm zum Stuhl? Dann haben wir die Stühle umgestaltet. Nicht selbst gebaut, sie müssen ja stabil sein. Doch aus den einfachen Modellstühlen konnten witzige und bizarre Stühle entstehen, die blinken und leuchten, oder hupen. Oder schmale Stühle: Wenn man zu dick wird, merkt man, dass man in den Stuhl nicht mehr hineinpasst… Stühle, auf denen man zu zweit sitzen kann, Stühle für kleine Kinder. Das ist gut auch für die Kinder, die später in unsere Akademie kommen. Sie sehen sofort: Hier dürfen Kinder mitmachen.

Wir hatten einmal Mo Edoga eingeladen, diesen Documenta-Künstler, der alles mit Schnüren verbindet und mit Knoten. Der kann natürlich diese Kunst des Knotens sehr viel besser vermitteln als jeder Pädagoge. Das Charisma, die Aura ist eine andere, das spüren die Kinder genau. Und nach unserer Erfahrung ist es nicht schwer, hervorragende Leute zu gewinnen.

Für unseren ›Sommer der Erfindungen‹ hatten wir als Schirmherrn einen Physikdidaktiker von der Universität Frankfurt. Auf meine Anfrage war er am Anfang etwas irritiert. Dann war er einmal hier und hat verstanden, warum wir ihn eingeladen haben. Er hat gesehen, dass wir ihn nicht holen, um uns mit einem Professor zu schmücken, sondern wir möchten, dass die Kinder mit dem realen Leben in Kontakt kommen, auch durch seine Person. Und die Künstler lernen ja auch selbst von den Kindern.«

Der Bau der Kinder-Akademie wirkt eher sachlich und nüchtern.

»Wir verstehen uns als Museum, nicht als überdachter Spielplatz. Die klare Ästhetik ist für uns ein wichtiges Ziel. Kinderbauten haben oft etwas Verspieltes. Museum hat für mich etwas mit Ästhetik zu tun, mit Formschönheit. Das Gebäude, die ehemalige Garnrollenfabrik, an sich ist schon streng. Das wollen wir aufrechterhalten … die Eltern empfinden das auch als wohltuend. Ein Kindermuseum sollte nicht zu Walt-Disney-artig sein, nicht wie ein Freizeitpark aussehen. Es sollte in seiner Gestalt eher den Museen für Erwachsene ähneln. Sonst können wir nicht erreichen, dass sich ein Kind später in ein traditionelles Museum traut, weil es das nicht mit seinen Erinnerungen zusammenbringt.

Der anspruchsvolle Name ›Kinder-Akademie‹ wurde übrigens mit den Kindern zusammen gefunden, es hat ihnen besser gefallen als ›Kinder-Museum‹.

Im Unterschied zu den meisten amerikanischen Kindermuseen ist *hands-on* nicht unser oberstes Ziel im Umgang mit den Exponaten. Auch Sehenlernen ist eine Chance des Museums. Nicht alles kann man anfassen, man muss auch beobachten können. Die Kinder-Akademie will Kindern die Scheu vor traditionellen Museen nehmen.

Wer bevölkert die klassischen Museen montags bis freitags morgens? Die Schulklassen. Die anderen Menschen haben gar keine Zeit. Diese Museen müssen aber noch die Angst vor den Kindern verlieren. Dass Kinder nicht andächtig vor Vitrinen stehen, das kann man ihnen nicht verdenken. Die Erwachsenen tun es ja auch nicht: Die durchschnittliche Zeit, wurde herausgefunden, die ein Museumsbesucher vor einem Objekt verweilt, ist neun Sekunden. Das ist doch nicht sehr beeindruckend. Vielleicht würden aber manche länger bei einem Objekt verweilen, wenn sie das Sehen gelernt hätten.

Die traditionellen Museen müssen erst noch begreifen: Die Kinder wollen ihnen nichts Böses. Sie wollen einfach teilhaben an dem Kulturerbe. Wenn man ihnen jetzt den Zugang verwehrt, kriegen die Museen das in zehn Jahren heimgezahlt, weil sie nicht kommen und ihre Kinder später auch nicht schicken.«

Nicht nur ums Sehenlernen geht es in der Kinder-Akademie, sondern ums Tun. Hand-Wissen, Werkeln, bei der Erkundung von Schrift und Zeichen zum Beispiel. Von den frühesten Formen des Setzens von Zeichen (der Ausgestaltung einer Höhle mit archaischen Zeichnungen) über das Schreiben auf Wachstafel und Schiefertafel bis zur dreidimensionalen Computersimulation.

»Der Standortvorteil Deutschland hängt davon ab, wie weit es uns gelingt, Kinder auch für Technik zu interessieren. Wir müssen unsere Intelligenz besser nutzen und in den Kindern mehr Sinne ansprechen als nur in den Fächern Deutsch, Rechnen und Erdkunde in der Schule. *Werkeln*, das müssen wir mit ihnen üben, sonst sind wir verloren.

Für uns ganz entscheidend ist, dass wir dazu Fachleute einladen, Spezialisten. In unseren Workshops, oder jetzt gerade bei unserem ›Architektursommer‹, lassen wir die Pädagogik etwas zurücktreten und konfrontieren die Kinder mit dem ›realen‹ Leben: mit Zimmerleuten, Ingenieuren, Architekten, Malern, möglichst in ihrer Werkstatt oder ihren Ateliers. Davon geht eine ganz besondere Faszination aus. Die Kinder ließen sich schließlich nur noch vom echten Zimmermann das Heftpflaster geben, wenn sie sich geschnitten hatten, nicht von unseren pädagogischen Mitarbeitern. Zum Schluss wollten alle, Jungen wie Mädchen, auf jeden Fall Zimmermann werden – oder eben Künstler, oder Brückenbauer, oder...

Kinder haben wenig Ahnung, was ihre Eltern arbeiten oder was sie selber einmal arbeiten könnten, und sie haben diesen eher negativ besetzten Arbeitsbegriff: Man muss arbeiten, um Geld zu verdienen. Sie sollen aber Arbeit als etwas Befriedigendes und Sinnvolles begreifen, und das kann man nur, wenn man mit jemandem in Berührung kommt, der seine Arbeit so versteht. Wir nutzen die Gelegenheit, im Kontakt mit den Meistern und Experten etwas zu lernen, etwas zu bauen, etwas zu entdecken, etwas zu erfinden. Und wir nützen die Aura der Fachleute, um es den Kindern als sinnvoll erscheinen zu lassen, hinter die Dinge zu schauen, ihre Herkunft und ihr Geheimnis zu erforschen. Wenn man versteht, wie die Dinge gemacht sind, fängt man automatisch an, nach anderen Lösungen, nach anderen Methoden zu fragen, selber zu experimentieren – zu erfinden. Es gibt immer mehrere Antworten auf ein Problem! Aber die Antworten müssen praktikabel sein – daher die Wichtigkeit des Produkts im Workshop, die Ernsthaftigkeit, Ausstellbarkeit des Produzierten.«

Der Ernst der Sache: In einem Fachwerkkurs der Kinder-Akademie wird deutlich, was man können muss, um eine Steckfuge passgenau zu zimmern, von der statischen Gesamtkonstruktion eines Fachwerkhauses ganz zu schweigen. Diese Kinder werden nie mehr an einem Fachwerkhaus vorbeigehen, ohne dieses Wissen, diese Erfahrung präsent zu haben: die Achtung vor dem Können, den Blick für die Schönheit.

»Es geht uns um die Verantwortung für das eigene Produkt, um die Erfahrung der eigenen Leistung oder Begabung. Wir sind ja auch *Museum*, und alle Arbeiten der Workshops werden ausgestellt, der Öffentlichkeit präsentiert. Das erzeugt Achtung vor der eigenen Arbeit, vor den anderen Museumsobjekten, und letzlich vor allen Dingen, die das Kind im Alltag umgeben. Wenn man die Dinge nicht von innen versteht, kann man sie auch nicht wertschätzen.

Überraschend ist, dass man in vielen Kursen keine Unterschiede zwischen Jungen und Mädchen sieht, wie man es bei so technischen Dingen wie Sägen, Berechnen, Bauen eigentlich erwarten würde. Den Produkten sind auch die Altersunterschiede der Produzenten kaum anzusehen. Auch die jüngeren Kinder tragen Erstaunliches bei.

Siebenjährige – das ist ja Ihre Frage –, die kommen gerade in die Schule, sind konfrontiert mit einer verbindlichen Welt, da muss man jeden Tag hingehen, sich unterordnen, in der Gemeinschaft solidarisch funktionieren. Sieben, das ist so eine

Kante, an der sich einem die Welt entweder öffnet oder schließt.

Da kommt das Weltwissen der Siebenjährigen zum Tragen: Was wurde ihnen bisher vorgelebt, was haben sie bisher selber gelebt. Wenn man bis sieben dazu animiert wurde, neugierig zu sein, selber Antworten zu suchen, dann öffnet einem die Schule Horizonte – diese ganz wunderbare Institution, in der einem dreizehn Jahre lang vieles relativ leicht nahegebracht wird. Aber wenn einem bis sieben diese Neugier aberzogen wurde, wird alles zum Zwang.«

Wenn die Weichen schon gestellt wären, was kann da ein Museum, eine Kinder-Akademie noch bewirken?

»Wir sind Gewohnheitsmenschen: Je länger wir etwas falsch machen, umso weniger kommen wir heraus aus der Haut. Bis sieben zählt das, was die Eltern sagen, man kann sich schwer vorstellen, dass die nicht Recht haben. Aber mit sieben hat man diese heilsame Konfrontation mit sehr unterschiedlichen Erwachsenen: heilsam für den eigenen Lebensweg, wenn man sieht, es gibt noch andere Möglichkeiten.

Ich würde jedem Kind wünschen, auch von anderen Erwachsenen beeindruckt zu sein. Ich weiß von meinem eigenen Lebensweg, dass ich neben meinen Eltern immer auch andere erwachsene Mentoren hatte, die ich mir selbst gesucht hatte: die Mütter von Freundinnen etwa, mit interessanten Berufen. Eine war Apothekerin, eine sehr selbstständige Unternehmerin. Und glücklich. Die fand ich imponierend. Ich weiß noch, dass ich in einen Konflikt kam, als es im Religionsunterricht hieß: Du sollst Vater und Mutter lieben. Ich wusste aber, es gibt noch andere, die eine Mutterposition einnehmen, von denen ich mir sogar noch lieber etwas sagen ließ, denen ich noch mehr glaubte. Das sollte zum Weltwissen der Siebenjährigen gehören: der andere Erwachsene als ganz persönliches Vorbild. Es gibt auch andere Vorbilder außer den Eltern und außerhalb der vorgegebenen Institutionen. Es muss nicht die Kinder-Akademie oder Musikschule sein, das kann auch der Sportverein sein. Und das Kind soll wissen, es ist nicht schlimm, wenn ich jetzt mal die Kunstlehrerin besser finde als die Mutter.

Früher war das nicht so zentriert, da war die Mutter nicht die ganze Zeit um das Kind, da gab es auch noch Kindermädchen, Hausbedienstete, Nachbarn. Eine Kleinfamilie ist einfach begrenzt. Ich hatte ja meine Mutter nicht weniger lieb: Es gab nur Dinge, die andere besser konnten. Die Familie kann nicht alles leisten.

Weltwissen wäre dann auch: Eltern haben nicht immer Recht, und es gibt nicht nur die Eltern. Ein solcher Mentor kann sein: eine Frau als selbstbewusste Unternehmerin, die aber trotzdem Zeit hat, Wärme und Neugierde. Jemand, der mit dem Kind sich die Zeit nimmt, zu erklären, warum das Wasser in der Pfütze nicht mehr da ist und wo das jetzt ist, der einfach geduldig zuhören kann. ›Es ist gut, dass du fragst. Und jetzt schauen wir, wie es geht.‹ Oder andere Lebensformen kennen lernen: zum Beispiel zwei Frauen, die zusammenleben. Dass man sieht, dass nicht nur das, was man selber kennt, die Norm ist. Das siebenjährige Kind sollte wissen, dass man zwischen verschiedenen Wegen wählen kann.

Weltwissen heißt auch, Grenzen erfahren haben. Die Grenze hier im Museum zum Beispiel ist, dass die Kinder nicht ohne weiteres in mein Büro kommen können. Nur wenn es etwas Wichtiges gibt. Da bin ich konsequent, da werden sie einfach ignoriert, wenn ich gerade mit etwas anderem beschäftigt bin. Und umgekehrt: Wenn sie dran sind, dann lasse ich mich auch von keinem Erwachsenen stören. Anfangs war das für einige schwierig, jetzt sind sie stolz drauf. Sie werden genauso behandelt wie die Erwachsenen. Die gleichen Grenzen!

Und verantwortlich mit der Macht und der Autorität umgehen, heißt auch verstehen, dass ich nicht der Nabel der Welt bin. Diese Verantwortung in kleinen Schritten übertragen, die Kinder auch probieren lassen, und dabei muss man einkalkulieren, dass es nicht auf Anhieb klappt. Auch bis sieben ist das Leben nicht nur Schonraum: Jeder muss etwas tun, damit das Zusammenleben funktioniert. Auch mit sieben hat das Tun Folgen für die Gemeinschaft, gute und schlechte. Darauf muss man achten, dass das vereinbarte Tun wirklich Folgen hat, dass nicht nur ewig damit gedroht wird. Keine Narrenfreiheit.

Wir haben vor allem Kinder aus bessergestellten Familien, weil die sich nach wie vor mehr für Kultur interessieren. Da gibt es einige Einzelkinder, die gelten als wirkliche Schrecken der Workshops.

Die härteste Sanktion ist dann dieser rote Stuhl hier im Büro, auf dem sie stillsitzen müssen. Dann fangen sie irgendwann an zu reden, und ich erkläre ihnen das Problem mit den Grenzen. Diese Kinder wurden nur auf Händen getragen von den Eltern, und jetzt sind da fünfzehn andere, die stehlen ihnen die Schau. Die Aufmerksamkeit zu teilen ist schwierig.«

Wenn einer sich als etwas ganz Besonderes fühlt: Könnte aus dem nicht einmal etwas werden?

»Nichts dagegen, die können sich fühlen, wie sie wollen, nur darf das nicht auf Kosten von anderen gehen. Dann landen sie auf dem roten Stuhl.

Nicht sich in allem besser zu fühlen ist ein Lernziel, sondern zu erfahren: Meine Stärken liegen auf dem und dem Gebiet. Dieses Erfolgserlebnis, das sollte zum Weltwissen des Siebenjährigen gehören.

Aus diesem Selbstwertgefühl heraus kann das Kind dann auch souveräner zurückstecken, sich einordnen. Solche Leistungsgebiete müssten gezielt gesucht und erprobt werden können. Die Schule tut eher das Gegenteil.

Wenn das Kind die eigenen Stärken erlebt hat, kann es auch mit seinen Schwächen besser umgehen. Aber es muss auf dem Gebiet, wo es stark ist, praktisch auch etwas tun. Darauf lege ich größten Wert. Und es kann dann übrigens nicht nur mit den eigenen Schwächen besser umgehen, sondern auch mit den Stärken der anderen.

Ein Siebenjähriger sollte auf die Frage: ›Was kannst du gut?‹ eine Antwort wissen. Er sollte überhaupt einmal erlebt haben: ›Damit habe ich jemanden beeindruckt.‹ Dann traut das Kind sich viele andere Sachen auch zu. Wir machen immer wieder die Erfahrung, dass Kinder auch im Schreiben und Rechnen plötzlich stärker sind, wenn sie hier, bei Technik oder Kunst, einmal aus ihrer Rolle herauskommen, immer die *loser* zu sein. Das Kind muss auch aus dem Gewohnten herauskommen: andere Bezugspersonen, andere Räume, andere Umgangsformen – um nicht festgeschrieben zu werden.«

Zusammenfassend: Was sollten die Siebenjährigen im engeren Sinne der Zielsetzung der Kinder-Akademie können und wissen – oder in diesem Kindermuseum nachholen?

»Sie sollten schon mal einen Nagel in die Wand geschlagen haben, ein Bild aufgehängt, die Batterie der Taschenlampe gewechselt haben – elementare Dinge. Sie sollten wissen, dass die Milch nicht in der Tüte wächst und dass der Strom nicht aus der Steckdose kommt. Auch hier wieder: Hochachtung, Wertschätzung der Dinge ihrer Umwelt, dieser scheinbar immer verfügbaren Konsumwelt. Begreifen, dass hinter den Geheimnissen der Dinge auch eine Erklärung steckt, oder ein Erklärungsversuch. Bei uns lernen sie das im praktischen Tun möglichst direkt an der Quelle, nah am Arbeitsleben: bei Handwerkern, Künstlern, Technikern, Wissenschaftlern.«

Computerschulen für Kinder
Gespräch mit Dr. Ulrich Kramer

35 junge Unternehmer aus ganz Deutschland fanden sich erstmals 1997 in Bonn zusammen: Franchise-Nehmer der Firma »profikids« aus Reutlingen, gegründet von einem Pionier der »Computer-Pädagogik«, Ulrich Kramer. Sie wollen, für Deutschland eher ungewöhnlich, Bildung verkaufen: Heranführen der Kinder an einen sinnvollen Umgang mit dem Computer und seinen Programmen: Datenbanken, Spiele, Anwenderprogramme, Internet, e-mail.

Ulrich Kramer, der Gründer einer der ersten Computerschulen für Kinder (»profikids«) in Deutschland, hat eine pädagogische Ausbildung, er war Entwicklungshelfer und arbeitete in der Erwachsenenbildung. Aus Umschulungsmaßnahmen kennt er die Angst der Menschen im mittleren Alter vor den neuen Kommunikationstechnologien. Das möchte er der nächsten Generation ersparen. »Wenn man nah am Wasser aufgewachsen ist, ist das Schwimmen etwas Selbstverständliches. Wenn man im mittleren Lebensalter noch Schwimmen lernen muss, kostet es Überwindung, und es dauert lange. Eines gilt ohne jeden Zweifel: Die Kinder können später werden, was sie wollen, aber am Computer werden sie nicht vorbeikommen. Von der ›vierten Kulturtechnik‹ wird schon längst gesprochen. Wer sie nicht beherrscht, wird zur neuen Minderheit gehören.«

In der Werbung für die Computerkurse seines Unternehmens betont Kramer stark die soziale Komponente des Umgangs mit dem Computer, als wollte er einer Kritik an einer zu frühen oder einer zu wenig kindgerechten Vermittlung von Wissen und Technik vorbeugen. Die Angebote seiner Computerschulen wirken wie volkspädagogische Maßnahmen: Sie wenden sich auch an die Großeltern – oft sind sie es, die die monatlichen hundert Mark für den Kurs ihrer Enkel spendieren. Wenn die Großeltern ihre Enkel zum Kurs begleiten, finden sie selbst Zugang zu den neuen Kommunikationstechnologien.

»Wir verfolgen bei ›profikids‹ drei Ziele: erstens – deshalb schicken Eltern und Großeltern uns die Kinder – Grundkenntnisse von Informationstechnologie, das technische Basiswissen: Woraus besteht ein Computer. Aber, zweitens, wir vermitteln das nicht als Technik, sondern wir verpacken es in für Kinder bereichernde Inhalte aus der Allgemeinbildung. Oder auch als Hausaufgabenhilfe: der Computer ist geduldig, das Kind blamiert sich nicht, auch wenn es immer wieder denselben Fehler macht, und dem Computer rutscht nie die Hand aus. Das dritte ist Sozialkompetenz. Wir wollen ja nicht den Hackertyp heranbilden: ein Kind – ein Computer – Türe zu. Deshalb legen wir die Aufgaben so an, dass sie gemeinschaftlich gelöst werden. Wir setzen acht Kinder je zu zweit an einen Computer, und eine Lehrkraft gibt in die Gruppe eine Problemstellung ein. Der Lehrer ist eher ein Moderator, die Kinder suchen gemeinsam die Lösungen. Wir haben nie Disziplinprobleme. Allerdings fasziniert der Apparat die Kinder oft derart, dass wir das Spielerische, das soziale Miteinander gezielt fördern müssen. Oft ist es für ein Kind schwierig, die Maus an ein anderes Kind abzugeben.«

Man sollte vermuten, dass heute alle Kinder automatisch mit Computern vertraut werden. Muss man sie eigens an Computer heranführen?

»Wenn sie nicht zu Hause einen oder mehrere Computer haben, dann lernen sie das Gerät bei Freunden kennen. Aber wie: mit Kicker-, Killer-, Ballerspielen. Dagegen ist nicht soviel einzuwenden – nur, wenn es dabei bleibt. Dafür ist der Computer zu schade. Und natürlich gibt es auch Familien, wo der Vater – meist ist es der Vater – die Kinder in den Umgang mit dem PC einführt, ihnen zeigt, wie man etwas malt, wo gemeinsam ein e-mail geschrieben wird. Diese Kinder brauchen unsere Kurse nicht.

Die Eltern, die ihre Kinder zu uns schicken, sind oft stark auf die Technik fixiert. Wenn das Kind mit einem Blatt aus dem Farbdrucker nach Hause kommt, sagen manche Eltern: Jetzt hast du wieder nur gemalt! Aber das Kind hat doch mit Hilfe des Computers einen komplexen Prozess vollzogen! Etwa von der Frage ›Wer hat den Südpol entdeckt?‹ zum ›gemalten Blatt‹ als ›Schlussreferat‹, es hat Datenbanken und Anwenderprogramme benutzt, eine ganze Kette von informationstechnologischen Schritten.«

Die Schulen von »profikids« wenden sich ausdrücklich auch an Vorschulkinder.

»Mir ist aufgefallen, dass man bei uns die Computerkompetenz viel zu spät vermittelt – das hat mit unserer Bewahrpädagogik in Kindergärten und Schulen zu tun. Und wenn Computerkompetenz vermittelt wird, wie wird sie vermittelt? Als Informatik! Vermittelt wie Technik, wie Mathematik. Es gibt sicher einige Kinder, die auch das interessiert, die haben dieses analytische

Denken. Aber die vielen anderen, sagen wir 80 %, die interessiert das Thema nicht von dieser Seite her. Die werden auch das irgendwann lernen, wie ein Schulfach. Aber diese Spontaneität, dieses intuitive Herangehen mit roten Backen und glänzenden Augen, das ist im Schulalter längst vorbei.

Kleine Kinder brauchen in unseren Kursen mehr Abwechslung als Schulkinder. Sortieren von Formen und Farben, Puzzles, kleine logische Reihen, erste Buchstaben, erste Zahlen – aber es gibt auch Datenbanken und Wissensprogramme, *living books*, für diese Altersgruppe. Man kann mit dem Cursor ein Bild erstöbern, z.B. einen Frosch anklicken, dann beginnt er zu erzählen. Wie man die Maus handhabt, das haben auch die ganz Kleinen schnell verstanden. Übrigens auch Kinder mit kleinen Behinderungen.«

Was sollten Siebenjährige im Umgang mit dem Computer erlebt haben?

»Einen sinnvollen Umgang mit dem Computer. Das läuft nicht ganz von selbst. Der Computer ist für jedes Kind zunächst etwas Fremdes. Computerisierte Abläufe gibt es zwar an jeder Ecke, aber wir sind dafür verantwortlich, dass die Kinder diese künstlich geschaffene Umwelt verstehen lernen. Ein siebenjähriges Kind soll damit spielen wollen und können, aber es soll auch etwas von computerisierten Abläufen verstehen, von Peripheriegeräten, von Ein- und Ausgabegeräten, es soll einige Anwenderprogramme unterscheiden können, fürs Schreiben, fürs Malen, fürs Spielen, fürs Versenden von e-mails, und: Wie kann ich ablegen, speichern, welche Ordnung steht dahinter, welche Denksystematik. Das ist alles nicht so geheimnisvoll, aber es muss einem doch gezeigt werden.«

Wie entsteht Gott im Kind?
Religions-Bildung

Den bisher gehörten Fachleuten ging es vor allem um neue Herausforderungen, neue Begegnungen, neue Stoffe, die in die Welt der Vorschulkinder eingehen sollen. Nun sprechen ein Bischof, ein Religionspsychologe und ein Pfarrer über eine andere Art der forschenden Suche von Kindern.

In irgendeinem Stadium seines Lebens ist jedes Kind einmal ein Religionsstifter. Es versucht Sinn zu machen aus dem Unterschied zwischen einer Kirche und einem Stadion, es rätselt über Kruzifix und Grabkreuz, es sucht nach Stoffen und Bildern für seine Transzendenzerfahrungen beim Tod eines Tiers.

»Ein siebenjähriges Kind sollte schon einmal auf einem Friedhof gewesen sein«, »ein Gebet kennen« und »in einer Kirche (...einer Moschee, einer Synagoge) gewesen sein«, hieß es in der Weltwissen-Liste. Es waren nur wenige praktizierende Gläubige unter unseren 150 Gesprächspartnern, aber keiner hat widersprochen. Zum Weltwissen für Kinder scheint für alle auch etwas wie religiöse Bildung zu gehören.

Dieses Kapitel gibt Einblicke in die Bandbreite dessen, was heute »religiöse Bildung« in frühen Jahren heißen kann. Es kommen drei Positionen zu Wort, die sich stark voneinander unterscheiden. Da ist die Einführung in kirchliche Tradition und ritualisierte Gemeindepraxis, die Erzbischof Johannes Dyba in seinem kurzen Interview (1998) fordert.

Auf der Liste zum Weltwissen hieß es aber auch, jedes Kind sollte ein Konzept von innerer Stimme, von Geheimnis haben. Der Schweizer Entwicklungspsychologe Fritz Oser spürt diesen Vorstellungen nach. Wie entstehen in Kindern religiöse Bilder, wie »entsteht Gott im Kind«? Man muss Kindern Zeit lassen können und zuhören, was ihnen Wörter wie Segen, Sünde, Gebet bedeuten.

Der Pfarrer einer Großstadtgemeinde, der Jesuit Reinhold Flaspöhler, versucht beide Positionen zu vereinen: Er spricht die Kinder im Kommunionsunterricht als katholische Kinder an, wie es seinem Auftrag entspricht. Vor allem aber genießt er das Gespräch mit den Kindern in seiner Gemeinde. Am liebsten hört er ihnen zu und staunt dabei.

»Das Kreuzzeichen machen können«

Der Fuldaer Erzbischof Dr. Dr. Johannes Dyba gewährte Gabriele König, Mitarbeiterin im Projekt »Weltwissen der Siebenjährigen« ein Gespräch von einer halben Stunde. Die Liste zum Weltwissen, die ihm zugeschickt worden war, erwähnte er nicht. In der Frage von religiösen Erfahrungen und Bildern von Kindern machte er nicht viel Umschweife. Er wollte sich in seinen Aussagen beschränken auf die Gruppe der »Kinder in praktizierenden gläubigen katholischen Familien«, seine eigentliche Zielgruppe. Seine Erwartungen – weniger Empfehlungen als kategorische Statements – lassen sich am besten in Spiegelstrichen wiedergeben. Zum gewünschten religiösen Weltwissen von Siebenjährigen zählte er:

- von der »Existenz des lieben Gottes« wissen
- Gut und Böse, Wahrheit und Lüge voneinander unterscheiden können
- einige Gebete kennen, zum Beispiel das Tischgebet »Komm Herr Jesu, sei unser Gast«
- das Kreuzzeichen machen können
- das »Vaterunser« kennen
- die wichtigen Feste im Kirchenjahr, Weihnachten, Ostern, kennen
- die Messe regelmäßig besuchen.

Die Entstehung Gottes im Kind

Am anderen Ende des religionspädagogischen Spektrums forscht Prof. Dr. Dr. hc. Fritz Oser, Entwicklungspsychologe an der Universität Fribourg. Sein Buch »Die Entstehung Gottes im Kinde« (1992) hat unter kirchlichen Religionspädagogen viel Widerspruch ausgelöst. Im Gespräch mit der Mitarbeiterin im Weltwissen-Projekt, Silvia Hüsler, schildert er in zwei Beispielen die Entstehung von Gottesbildern, auf der jeweiligen Entwicklungsstufe des Denkens der Kinder.

»Dem Buch wurde entgegnet, Gott entstehe nicht im Kind. Vorstellungen von Gott müssten vom Kind übernommen werden, das sei Teil seiner Sozialisation. Wir zeigen dagegen, wie im Kind aus seinem Umgang mit den Erwachsenen und den Nächsten ein Gottesbild entsteht. Das Kind konstruiert selbst sein Konzept von Gott, ebenso wie sein Weltbild, das Konzept von Anfang und Ende der Welt. Vor allem in Grenzsituationen – in seiner Nähe stirbt ein Mensch, ein geliebtes Tier – konstruiert das Kind Sinn, es fragt nach der Beziehung zwischen Mensch und Gott. Wir sehen das Kind durchaus in der Auseinandersetzung mit einer bestehenden Kultur und den religiösen Stoffen und Formen, die an das Kind herangetragen werden. Aber wir interessieren uns vor allem für die eigenen Konzepte, die das Kind in seiner Beziehung mit anderen entwickelt.

Ich erinnere mich an zwei schöne Geschichten.

In Graz habe ich im Rahmen einer Lehrveranstaltung über Religionspädagogik eine Religionsstunde an der Schule besucht. Der Religionslehrer ließ die Kinder aufzählen, was Gott für gute Eigenschaften hat: ›Gott ist allmächtig, gütig, gibt den Menschen alles, was sie brauchen, verzeiht ihnen ihre Sünden ... usw.‹ Die Kinder zählten getreulich auf. Dann habe ich mich zu Wort gemeldet und den Kindern eine Geschichte erzählt. ›Es war einmal ein Mann, der hatte viel Geld, aber er hatte nie Zeit, nicht für seine Frau, nicht für seine Kinder und auch nie Zeit für Gott. Eines Tages wurde er plötzlich schwer krank, er musste mit einem Herzinfarkt ins Krankenhaus. Als es ihm so schlecht ging, begann er, an Gott zu denken, weil er Angst vor dem Tod hatte.‹ Ich fragte die Kinder: ›Was glaubt ihr, denkt Gott jetzt auch an den Mann?‹ Alle Kinder meldeten sich und riefen empört: ›Natürlich nicht, nein, natürlich nicht! Der Mann hatte vorher keine Zeit für Gott. Da hat jetzt Gott auch kein Mitleid. Jetzt hat Gott auch keine Zeit für ihn.‹ Ein Kind fand, der Mann sollte in den Keller gesperrt werden, weil er früher nie Zeit hatte. Die Kinder fanden es richtig und gerecht, dass er jetzt einen Herzinfarkt hatte. Sie fanden, er sollte bestraft werden. Empört stand der Religionslehrer auf: ›Aber ich habe euch doch beigebracht, dass Gott gut ist!‹

Dieses Beispiel zeigt, wie Kinder auf dieser Entwicklungsstufe denken und konstruieren. Ihre Konzepte entsprechen ihrer Entwicklungsstufe. Wenn wir im Unterricht immer nur Inhalte vermitteln wollen, kommen wir nicht weiter. Wenn das Kind auf seiner Stufe der moralischen Entwicklung glaubt, dass das Göttliche, das Ultimate, auf die Welt einwirkt und Macht hat (deus ex machina), wird es die biblischen Texte auf dieser Stufe interpretieren.

Zu diesem Textverständnis haben wir viele Untersuchungen gemacht. Ein Beispiel: In einer Religionsstunde habe ich der Lehrerin einer ersten Klasse zugehört, wie sie von Zachäus erzählt hat. Wunderschön hat sie den Kindern berichtet, wie das Reich Gottes in Gestalt von Jesus zu Zachäus ging, dem armen Sünder in seinem armseligen Haus. Nach der Stunde fragte ich ein Kind, warum Jesus zu Zachäus gegangen sei. Das Kind fragte zurück, ob es so antworten soll, wie die Lehrerin denkt, oder wie es selber darüber denkt. Offensichtlich hatte das Kind sich selbst Gedanken gemacht. Und es konnte unterscheiden zwischen dem, was es selbst denkt, und dem, wie die Lehrerin denkt. Natürlich wollte ich wissen, was das Mädchen denkt.

Sie sagte: Jesus sei zu Zachäus gegangen, weil er sehen wollte, was für Vorhänge der habe. ›Ja, und dann, was noch?‹, fragte ich. ›Und was für Möbel und was für Geschirr, und wie schön die Frau von Zachäus war.‹ Das Mädchen lachte. ›Warum wollte er das sehen?‹, fragte ich weiter. Das Mädchen strahlte: ›Weil er ihn gern hat.‹

Für das Kind gehört alles Schöne, die Vorhänge und schönen Möbel, zur Liebe. Es konstruiert sich eine Welt und die Religion auf seiner Stufe. Und von dieser Konstruktionskraft wissen wir viel zu wenig.«

Kinder haben unsere Gemeinde verändert
Gespräch mit Pfarrer Reinhold Flaspöhler, S.J.

Die Gemeinde liegt zwischen der Frankfurter City und einem bürgerlichen Wohnviertel. Die Kirchenglocken dürfen seit Jahren nicht mehr geläutet werden. Es hat die Anwohner gestört. In dieser Gemeinde ist es Brauch, dass die jüngeren Kinder den ersten Teil der Messe in der Kapelle verbringen und zum Hauptgottesdienst erst nach der Predigt gemeinsam in die Kirche einziehen. Ein besonderer Augenblick. Trappeln und Schritte auf der Treppe, dann biegen die ersten in den Gang zum Altar ein, auf den Schultern der Väter, an der Hand der Mütter. Die Blicke der Gemeinde auf sie gerichtet, ziehen sie in die ersten Reihen zu ihren Plätzen. Nach der mit mehr oder weniger Aufmerksamkeit auf harten Bänken verfolgten Predigt ist das wie eine Rückung der Tonart. Das Licht scheint zu wechseln, man setzt sich bequemer, Erleichterung greift um sich. Die Kinder! Da sind sie. Was wäre eine Welt ohne sie.

Nicht immer verdichtet sich die Ankunft der Kinder zu diesem Bild. Wenn es nicht Pfarrer Flaspöhler ist, der sie vom Altar aus erwartet, wenn er vertreten wird, wird die Ankunft der Kinder nicht zu ihrem Einzug. Die Eintretenden wirken schutzloser, zerstreuter, wie eine Kindergruppe mit Betreuern, die nach einem Ausflug im Bus zusteigen und sich Sitzplätze suchen.

Pfarrer Reinhold Flaspöhler ist Jesuit. »Von unserem Orden sagt man, wir können alles und sonst nichts.« Ein älterer Mann mit der Gabe des richtigen Wortes. Was das ist, glaubte ich zu wissen, bevor ich das Gespräch abschrieb. Das transkribierte Wort war nicht mehr das richtige. Es fehlten die Pausen, und sein Gestus des zugleich behutsamen und nachdrücklichen Fragens.

»Früher hatten wir Erwachsenengottesdienste und anschließend den Kindergottesdienst. Da saßen die Kinder in den ersten Reihen, und die Erwachsenen saßen dahinter und hörten sich an, was die Kinder sagten und welche manchmal köstlichen Antworten sie gaben. Jetzt sind die Kinder Bestandteil des Gottesdienstes, sie gehören dazu. Das hat viel Arbeit gekostet, viel Gewöhnung der Gemeinde. Als wir damit anfingen, meinten einige ältere Leute: Diese Unruhe werden wir nicht ertragen. Wir sind hier schließlich in einer Kirche. Wir haben unsere Kinder großgezogen, jetzt möchten wir im Gottesdienst unsere Ruhe haben. Da haben wir gesagt: Die Kinder gehören dazu. Und nun können auch die Eltern in jedem Alter ihrer Kinder am Gottesdienst teilnehmen. Früher gab es zwar so einen Babysitter-Gottesdienst, aber das hieß, die Kinder werden irgendwo versorgt, abgegeben, aber nicht in die Gemeinschaft hineingenommen. Und dann, das hat mir Eindruck gemacht, nach all den Bedenken, diese Erfahrung: Wenn die Kinder kamen, dann leuchten die Augen der alten Leute. Und die Kinder wiederum, die kommen mit einem großen Selbstbewusstsein daher: Guckt mal, die warten auf uns. Sie müssen nichts darstellen, sie brauchen nur zu kommen. Und so ist ein ganz anderes Klima entstanden im Gottesdienst, man kann sagen, Kinder haben unsere Gemeinde verändert. Es geht nicht ab ohne Spannungen. Da sind immer noch Erwachsene, die ihre Ruhe haben möchten, und die Kinder, die eben so sind, wie sie sind, vor allem die ganz Kleinen. Aber da lernt man gegenseitige Rücksicht. Ich darf schon von den Kindern, mehr noch natürlich von ihren Eltern, auch etwas verlangen.

Es waren da auch Eltern, die ihre Kinder einfach mitbrachten: So, jetzt lauft mal schön… Aber so etwas gibt es nicht bei einer Aufführung in der Oper, auch dann nicht, wenn's eine Kinderoper ist. Diese Rücksicht muss man lernen. Auch von Seiten der Erwachsenen fällt das schwer, weil man sich noch nicht darauf eingestellt hat, weil man die Kinder noch nicht liebt. Dann sind sie lästig. Aber wenn man einmal mit ihnen gesprochen hat, oder wenn *ein* Kind mit einer Blume auf einen Erwachsenen zugeht – wir finden verschiedene Formen –, *dieses* Kind, das werde ich später auch tolerieren. Da werden Kinder ernst genommen, nicht als Erwachsene, sondern das, was sie sind, das dürfen sie sein. Auch den Kindern kommen die Alten näher. Viele haben ja keine Großeltern zu Hause.«

Im Alltag der Kinder bereitet sie wenig vor auf das, worum es im Gottesdienst geht.

»Sie wissen ja, wie es heute bestellt ist um das katholische Milieu. Dieses Wort, mir fällt nichts anderes ein: Brauchtum, religiöses Brauchtum, das hat sich weitgehend aufgelöst, nicht nur in einer Großstadtgemeinde wie unserer. Manches, das abgerissen war, versuchen wir wieder aufzubauen, das Drei-König-Singen zum Beispiel. Da sind in Deutschland in diesem Jahr Millionen zusammengekommen. Es geht dabei aber nicht nur ums Geld. Es ist der Versuch, die Kinder in der Gestalt von Weisen in der Nachbarschaft zu sehen. Und für die Kinder bedeutet es ein Eintreten in Häuser ihrer Nachbarschaft, zumindest an ihre Schwelle treten.

Wir haben mittlerweile dieses stark individualisierte, privatisierte Religionsverständnis. Kinder haben aber den Wunsch nach Brauchtum, nach Wiederkehrendem, sie sind oft die größten Traditionalisten. Es ist, möchte ich sagen, für sie lebensnotwendig, dass man etwas wie selbstverständlich auf die gleiche Weise wiederholt. Mit dem Zähneputzen fängt es an, die Einführung in Gewohnheiten, in Gebräuche, die Sicherheit, dass etwas wiederkehren wird.

Wiederkehrende gemeinsame Gewohnheiten aufzubauen, das ist natürlich in einer Großstadt sehr schwer. Sie kennen den Wochenendtourismus. Wenn ich an die Kommunionkinder denke: Die sind ganz selten am Sonntag in der Stadt. Entweder die Eltern fahren mit ihnen zu ihrem Häuschen, oder, so ist die Welt, die Kinder von geschiedenen Eltern gehen zu den Vätern oder zu den Müttern, meist zu den Vätern in einen anderen Stadtteil. Da kommen sie nicht in einen sonntäglichen Rhythmus hinein, zu dem der Gottesdienst gehört. Dieser Rhythmus sollte mehr sein als nur Disziplin, und hat doch damit auch zu tun. Auch wenn wir unseren Gottesdienst recht spät legen, halb elf morgens – weil das Sonntagsfrühstück ja auch ein Brauch ist, den die Kinder brauchen. Und trotzdem fällt es schwer, sich von der ›Sendung mit der Maus‹ loszureißen.

Für mich sind die Besuche in den Familien sehr wichtig. Ich mache vor dem Kommunionsunterricht nicht nur einen Höflichkeitsbesuch, sondern ich versuche, die Lebenswelt der Kinder kennen zu lernen. Wir sprechen auch über ihre Familiensituation, die so verschieden ist von der früherer Jahre. Wenn Sie denken, dass in diesem Jahr von unseren 15 Kommunionkindern sechs bei alleinerziehenden Müttern leben, die ihrerseits wieder in ganz verschiedenen Lebenssituationen sind – mal gibt es schon einen neuen Lebensgefährten, aber er lebt noch nicht in der gemeinsamen Wohnung, oder die Scheidung ist noch in Gang... Ich nehme es, wie es ist. Und dann können auch die anderen Kinder, die aus den, wie man so sagt, ›heilen Familien‹ kommen, das so nehmen.

Viele Kinder sagen: Am Sonntag kann ich nicht, da geh ich zu meinem Vater. Ich erfahre oft auch von den Kindern, wie sie wünschen, der Vater soll bald wiederkommen. Das ist für die Mutter schmerzlich, weil sie weiß, was da einmal gescheitert ist, das kann man nicht ohne weiteres wieder zusammenbringen. Da muss das Kind nun lernen, dass nicht alles, was wir wünschen, gleich realisiert wird. Das ist wohl auch ein Stück Weltwissen. Zu wissen: Nicht alle Wünsche können erfüllt werden.«

Was bringen die Kinder mit an Bildern, an religiösen Stoffen?

»Sehr unterschiedlich. Früher gab es das *Milieu*, das Kind ging in eine katholische Schule oder in eine katholische Klasse. Die biblischen Stoffe waren ein Thema in der Schule, unter vielen anderen, aber sie waren ein Thema. Da ging dann viel durcheinander in den Köpfen, Moses und Jesus... Aber heute kommen 15 Kommunionkinder aus vier verschiedenen Schulen und aus mindestens acht verschiedenen Klassen. Sie kennen sich nicht als katholische Kinder. Deshalb bilden wir erst kleine Gruppen mit ihnen, lassen ihnen viel Zeit, sich kennen zu lernen, damit sie vielleicht für dieses eine Jahr eine kleine Gemeinschaft katholischer Kinder werden.«

Wäre es leichter mit Kindern, die religiöse Bilder haben?

»Das ist ambivalent. Geschichten können sich auch so verfestigt haben, dass die Kinder das Neue fast als Bedrohung empfinden. Es ist mir so wichtig, dass das, was wir Kindern an religiösen Aussagen und Bildern vermitteln, dass das offen bleibt. Ein Beispiel: Wir haben in unseren Kirchen den Tabernakel, in den die Hostien zurückgestellt werden nach dem Gottesdienst. Der Katholik sagt, ich glaube an die Gegenwart Gottes, an die Gegenwart Jesu als Realpräsenz in den Gestalten von Brot und Wein, in der Gestalt der Hostie. Nun hat sich aber mittlerweile ein Verständnis der Eucharistie entwickelt, die sie mehr als ein *Mahl* versteht, ein Mahl, zu dem man sich versammelt in der Gegenwart Christi, gemeinsam im Zeichen des Brotbrechens. Daneben gibt es aber weiterhin diese Erziehung, die in manchen Eltern tief drinsteckt und an die Kinder weitergegeben wird. Kleine Kinder werden zum Altar geführt: Schau, da wohnt der liebe Heiland. Das kann ich theologisch zehnmal rechtfertigen. Aber in der Vorstellung des Kindes wohnt Jesus nun in einem geheimnisvollen kleinen Gehäuse. Und da kann es schwer sein, die Kinder dahin zu führen, dass wir sie von dieser Gegenwartserfahrung leiten zu einer anderen, nämlich dass Jesus mitten unter uns ist, wenn wir das Brot brechen, wenn wir den Kelch teilen. Dass die Erfahrung Jesu eine Erfahrung des Miteinander mit anderen, der Freundschaft, der Beziehung zu anderen ist. Da sage ich manchmal: Wer zu früh den lieben Heiland im Tabernakel einschließt, der hat den Heiland dort für das Kind für immer verschlossen. Pädagogen und Psychologen mögen vielleicht meine Bedenken ausräumen können. Ich möchte nur darauf hinweisen, dass die Vorstellungen sich in frühen Kinderjahren so verfestigen können, dass sie nicht mehr entfaltungsfähig sind. Viele Erwachsene wehren sich gegen die Zumutung, von ihrem Kinderglauben loszulassen und auch mal den Verstand zu gebrauchen. Aber es wäre doch angebracht, den Verstand zu gebrauchen, anstatt zu sagen ›das muss man einfach glauben‹.«

Wichtiger als die Kenntnis von biblischer Geschichte sind Erfahrungen, Fragen der Kinder.

»Kommunionserziehung, sage ich den Eltern, ist auch, wenn sie zu Hause ein Essen einmal als ein *Mahl* verstehen. Also nicht, wie es ja meist ist und wie es oft nicht anders sein kann, das schnelle Essen nebenbei. Wir können nicht vom Mahl sprechen, wenn es für das Kind nur die Erfahrung gibt von Fastfood und beiläufigen Zwischenmahlzeiten und Snacks hier und da. Ein eucharistisches Mahl zu feiern, das setzt voraus, dass man erlebt hat, dass Essen mehr sein kann als Sättigung. Dass da etwas Gemeinsames ist, Teilen, und Stärkung in einem umfassenden Sinn. Vielleicht, da bringt mich jetzt unser Gespräch darauf, wäre das mehr Kommunionserziehung, als das Kind zum Tabernakel zu führen. Das Innehalten bei etwas Alltäglichem. Wir können das nur anregen. Wir können die Kinder ja nicht aufziehen und dann laufen sie.

Wir haben jetzt in der Kommunionsrunde einen Jungen, der es schwer hat mit seiner ganzen Energie, ich würde ihn nicht gleich verhaltensgestört nennen, aber er muss sich ständig bemerkbar machen. Da spüre ich, wie heilsam diese Koedukation ist, die ja heute eine Selbstverständlichkeit ist. Die neuen Medien bauen diesen Männlichkeitswahn bei den Jungen neu auf, so scheint mir oft. Davon sind Mädchen weniger berührt, und sie sind ein wichtiger Einfluss, fast mütterlich, wenn dann Katharina etwa sagt: Komm, laß doch den Blödsinn... Und etwas erreichen wir auch durch die Messdiener. Dieses Ritual mit den Messdienern, das lag hier fast darnieder. Früher gingen manche Kapläne ganz darin auf, den Ministranten die Choreographie eines Gottesdienstes beizubringen, zur Erbauung der Gemeinde. Bei uns geht es zugegebenerweise formloser oder lässiger zu, aber ich sage den Kindern doch: Ihr sollt würdig dabei sein. Ihr spürt ja, ihr seid jetzt nicht auf dem Schulhof oder in der U-Bahn, das muss man euch auch ansehen, dass hier ein Ort der Besinnung ist. Man soll euch ansehen können, dass euch das, was wir hier feiern, ernst ist. Und in den Kindergottesdiensten, da sitzen wir in der Kapelle auf dem Boden, und wenn ich dann sage, jetzt wollen wir still werden, und nehme selbst eine Gebetshaltung ein und falte die Hände, dann spüre ich, das bestätigen mir auch andere, wie Kinder auch zu der Stille kommen, die meiner Ansicht nach zum Gebet notwendig ist.«

Was suchen die Eltern für ihre Kinder?

»Die meisten Eltern hier sagen: Das muss mein Kind selbst entscheiden. Sie sagen: Wir wollen dem Kind eine ›Chance‹ geben. Es soll die Möglichkeit haben, alles, was mit Religion, Kirche, Glauben zusammenhängt, kennen zu lernen, und ›später‹ selbst entscheiden.

Manche Eltern möchten auf diese Weise die Kinder bei uns abgeben zur religiösen Erziehung, aber das geht nicht. Eigentlich meinen sie im Kind auch sich selbst, sie wollen sich selbst noch einmal eine Chance geben. Sie sind der Kirche entfremdet, da hat die Kirche ihren Teil dazu beigetragen. Über ihr Kind möchten sie sozusagen noch einmal durch die Hintertür gucken. Sie schicken ihr Kind ja nicht zu den Zeugen Jehovas und auch nicht in eine traditionellere Gemeinde. Sie wollen vielleicht über das Kind einen neuen Zugang zum Glauben finden. Sie suchen andere Gespräche mit den Kindern.

Ich unterhalte mich ungeheuer gern mit den Vier- und Fünfjährigen. Im Kindergottesdienst am vergangenen Sonntag ging es um die Samuel-Geschichte, kennen Sie die? Samuel hört, es spricht jemand zu ihm. Er geht zu seinem Lehrer: Eli, hast du mit mir gesprochen? – Nein, leg dich wieder hin. – Und noch einmal, und noch einmal. Und beim dritten Mal sagt Eli: Wenn du das nächste Mal die Stimme Gottes hörst, dann sage: Hier bin ich, Herr, rede Herr, dein Diener hört!

Ich frage die Kinder: Spricht Gott auch in euch, habt ihr das schon mal erfahren? Und zum viereinhalbjährigen Philipp: Hast du das schon mal gehört, dass Gott in dir gesprochen hat? Er guckt mich an: Das sage ich nicht. Das ist mein Geheimnis. –

Etwas war angesprochen, was für diesen Philipp schon erfahrbar ist. Vielleicht kann man es Staunen nennen. Das Philosophieren beginnt mit dem Staunen. Kinder staunen viel mehr, als wir ihnen zutrauen. Wir meinen, und das ist unsere Kopflastigkeit: Erst wenn ein Kind etwas artikulieren kann, dann hat es etwas verstanden. Aber auch für die Erwachsenen kann man das sagen: Viele Erfahrungen machen sie, die sie nicht artikulieren können, die aber ein Teil ihres Lebens sind.«

Den Kindern in Deutschland fehlt…

Eltern von ausländischen Kindern fragt man selten nach ihren Bildungswünschen für ihre Siebenjährigen, obwohl in Städten wie Frankfurt und Berlin fast jedes zweite Vorschulkind ein »Kind ohne deutschen Pass« ist. Pädagogen verwenden für diese Generation der überwiegend in Deutschland geborenen Kinder diesen umständlichen Begriff, um die Kinder nicht über den aufenthaltsrechtlichen Status ihrer Eltern zu definieren. Viele Eltern ausländischer Kinder im Vorschulalter sind selbst als »Gastarbeiterkinder« in der alten Bundesrepublik aufgewachsen. Von 1980 bis 1983 hat das Deutsche Jugendinstitut ihre Eltern, Einwanderer der ersten Generation, nach ihren Erfahrungen mit deutschen Kindergärten gefragt, und zwar, was damals ungewöhnlich war, in längeren muttersprachlich geführten Interviews. Es war überraschend, was man dadurch erfuhr. Niemand hatte damit gerechnet, dass diese Eltern, die auf die Erzieher oft verschlossen und unzugänglich wirkten, den deutschen Kindergarten derart uneingeschränkt positiv beurteilen würden. Ob sie aus Apulien, Mazedonien oder Izmir stammten – in den Gesprächen beschrieben sie den Kindergarten als diejenige Institution, die ihnen und ihren Kindern so freundlich und demokratisch entgegenkam wie keine andere in Deutschland. Sie waren beeindruckt vom Können deutscher Erzieherinnen, deren Arbeit sie mit Anerkennung beobachteten. Überraschend war auch für viele Erzieherinnen, wie die Eltern über ihre Familiengeschichte reflektierten. Die Erzieherinnen hatten bis dahin meist nur die biographischen Eckdaten der Kinder gekannt – das häufige Hin und Her zwischen »Heimatland« und »Gastland« – und daraus ein Urteil abgeleitet über Beziehungslosigkeit und psychologische Ahnungslosigkeit der Eltern. Aus den muttersprachlichen Interviews erfuhren sie, wie die Eltern unter den Trennungen von ihren Kindern litten und von den Problemen ihrer Kinder wussten, aber keine Alternative fanden.[4]

Zwanzig Jahre später lagen für die Eltern der Generation »Gastarbeiterkinder« ihre Kindheitserlebnisse nicht so weit zurück, dass sie davon abstrahierend gleich in den Diskurs über

Bildungsziele für die nächste Generation einsteigen konnten. Immer wieder kamen sie in Weltwissen-Gesprächen auf ihre eigene Kindheit zurück, auf eine im Rückblick oft verklärte Kindheit bei den Großeltern in einer türkischen Vorstadt oder im ligurischen Dorf, und auf den Bruch durch die Schulzeit in Deutschland, unter einem Dach lebend mit Eltern, die ihnen fremd waren und die kaum Zeit für sie hatten. Die Erinnerung an ein Gefühl der Machtlosigkeit, nicht nur in der deutschen Umwelt, sondern auch innerhalb der türkischen Erziehungskultur, war diesen Eltern noch sehr nah. »Ein siebenjähriges Kind muss seine Rechte kennen«, »Ein siebenjähriges Kind muss wissen, dass der Lehrer einen nie schlagen darf«, diese Botschaften der Selbstbehauptung waren ihnen wichtig.

Die Analphabetin Fatma Orman wurde in ihrem Leben selten nach ihrer Meinung gefragt, und nach 25 Jahren in Frankfurt am Main spricht sie nur einige Worte Deutsch. Aysel Gülman, Studentin der Pädagogik, hörte ihrer leisen Erzählung zu.

Fatma Orman war selbst fast noch ein Kind, als sie in der Türkei verheiratet und nach Deutschland gebracht wurde. Welten trennen diese Mutter von sechs Kindern von dem Diskurs unserer Weltwissen-Recherche. Welche Leistung bedeutet es da, die Selbstgewissheit aufzubauen, die Fatma Orman allen Kindern, vor allem ihrer Tochter, von Herzen wünscht.

Mit weniger sanfter Stimme kritisiert eine indische Familie die deutsche Erziehungskultur. Keto und Cecilia DeMelo besitzen einen Kiosk am Frankfurter Südbahnhof, sie sind aufstiegsorientiert, und sie haben hohe Bildungserwartungen für ihre Kinder. Mit ungeduldiger Enttäuschung kritisieren sie die deutsche Schule und Erziehungsmentalität. Ihr halbes Leben haben beide in Frankfurt verbracht, und gern würden sie ihre Bewunderung für Deutschland aufrechterhalten. Aber was sie als Nachlässigkeit im Umgang mit Kindern wahrnehmen, sowohl in den Schulen ihrer Kinder wie im Verhalten der deutschen und ausländischen Eltern an ihrem Kiosk, darin sehen sie ein Zeichen für Abstieg in Deutschland, und es beunruhigt sie. Das Gespräch fand zwei Jahre vor der Diskussion über die Erteilung von Green Cards für indische IT-Spezialisten statt. In einigen Aussagen nahmen die Eltern DeMelo diese Diskussion damals schon vorweg. Aber auch das Ehepaar DeMelo hat, obwohl beide fließend Deutsch und Englisch sprechen, die Erfahrung gemacht, dass man ihnen bei Elternabenden in Schule, Kindergarten und Kirche nicht zugehört hat.

Selma sollte sich ein Spiel ausdenken müssen
Gespräch mit Fatma Orman, 47 Jahre, Analphabetin

Seit 25 Jahren lebt sie mit ihrem Mann und ihren sechs Kindern in Deutschland. Sie stammt aus dem Osten der Türkei. Nach dem Tod ihrer Mutter musste sie mit 14 Jahren heiraten, weil ihr Vater die zehn Kinder nicht ernähren konnte. Aysel Gülmez, ihre Nachbarin, hat mit ihr über das Weltwissen gesprochen, das sie ihrer sechsjährigen Tochter Selma wünscht.

»Schau, Aysel, die Arbeit hat mich nur alt gemacht. Selma ist heute sechs Jahre alt, und ich will nicht, dass sie im Leben so hart arbeiten muß. Obwohl ... vielleicht wäre es für eine gewisse Zeit nicht schlecht, dann lernt sie die Technik besser schätzen. Wir Frauen haben immer viel gearbeitet. Wir hatten doch nie Ruhe. Auf dem Feld haben wir Weizen angebaut, alles mit der Hand, und zu Hause haben wir den Weizen zu Mehl gemahlen. Für die Kühe mussten wir Heu ernten. Um vier Uhr morgens mussten wir aufstehen, Ayran (türkischen Joghurt) machen, die

Kühe melken und sauber machen, die Ziegen und Schafe auf die Weiden bringen und den Stall sauber machen. Und dann bereiteten wir das Frühstück vor. Brot selbst gebacken, die Wäsche wurde mit der Hand gewaschen, und wir haben oft ein paarmal am Tag am Brunnen Wasser geholt.

Für meine Kinder heute kann nichts schnell genug gehen. Heute geht jedes Kind in den Supermarkt und kauft ein, was es essen möchte, schiebt es in den Ofen und hat im Nu was zu essen. Ja, es wäre wirklich nicht schlecht, wenn die Kinder auch mal ihr Essen selbst machen müßten, dann würden sie alles mehr schätzen.«

Als du geheiratet hast, warst du selbst noch ein Kind.

»Nach dem Tod meiner Mutter wollte mein Vater, dass ich Bülent heirate. Mein Vater sagte, dass jemand nächste Woche zu uns käme und Interesse an mir habe. Ich wusste nicht, was mein Vater damit meinte. Als mein zukünftiger Mann uns besuchte, sah ich ihn das erste Mal durch ein kleines Fensterloch. Ich wollte ihn nicht heiraten. Ich habe viel geweint und immer wieder gesagt, dass ich ihn nicht will. Aber was ich sagte, zählte ja nicht. In unserem ersten Ehejahr war ich schon schwanger. Ich habe anfangs nicht gemerkt, dass ich schwanger bin; meine Schwiegermutter hat es mir gesagt, weil ich immer brechen musste. Aufklärung, wie der Körper funktioniert und wie erwachsene Frauen Sexualität und Liebe empfinden und erleben, habe ich nie erfahren. Zu groß ist die Scham in der Mutter-Tochter-Beziehung. Dennoch wussten viele trotz der Verschwiegenheit der Mutter über die Sexualität und Zeugung von Kindern Bescheid. Wir lernten es am Beispiel der Tiere und hörten den Gesprächen der erwachsenen Frauen zu.

Als ich mein erstes Kind bekam, war ich nachts allein zu Hause, und ich habe mich geschämt, andere Frauen zu rufen. Ich hatte so viel Scham damals vor anderen Frauen. In der neuen Familie mußte ich viel arbeiten: Feldarbeit, die Tiere, Haushalt, Backen. Heute würde ich nicht wollen, dass meine Kinder so früh heiraten. Ich hatte doch kaum eine Kindheit. Nein, meine Kinder sollen Spielzeug besitzen, sollen draußen mit anderen Kindern spielen und viel von der Welt sehen, bevor sie heiraten.«

Wie machst du es mit deinen eigenen Kindern, klärst du sie auf?

»Meine ersten drei Kinder habe ich nicht aufgeklärt, weil ich von morgens um vier bis spät in die Nacht hinein gearbeitet habe. Ich hatte keine Gelegenheit, mir darüber Gedanken zu machen. Heute denke ich ganz anders darüber. Ich sehe es als meine Pflicht, meine Kinder aufzuklären, obwohl es mir anfangs sehr schwer gefallen ist. Aber in den Schulen heute und hier lernen die Kinder, wie ihr Körper funktioniert. Selma hat mich vor kurzem gefragt, wie Babys entstehen. Ich glaube, dass sie mich das gefragt hat, weil Erkan, ihr älterer Bruder, derzeit in der Schule das Thema Sexualerziehung hat und Selma wahrscheinlich irgendwelche Bilder gesehen hat. Ich habe dann die Mappe von Erkan hervorgeholt und versucht, es ihr so gut wie möglich zu erklären. Vielleicht war es bei Selma noch viel zu früh, aber was kann ich dafür, wenn sie mir Fragen stellt.«

Wie hast du als Kind gespielt, und welche Spiele wünschst du deinen Kindern heute?

»Wir hatten verschiedene Spiele, die wir uns selbst ausgedacht haben. Wir haben zum Beispiel ›Cel Cubuk‹ (Stockspiel) gespielt. Dann haben wir noch ›Bes-Tas‹ (5-Steine-Spiel) gespielt. Manchmal spiele ich Bes-Tas mit meinen Kindern, aber selten, weil sie lieber mit anderen Sachen spielen. In den ersten Jahren in Deutschland hatten meine Kinder nicht viel Spielzeug: Da haben sie sich noch eigene Spiele ausgedacht. Aber heute besitzt fast jedes Kind einen Gameboy und spielt lieber allein. Ich glaube, dass ich daran nichts ändern kann. So ist es vielleicht im Leben: Die einen hatten wenig Spielzeug, und die nächste Generation hat zuviel davon. Mir wäre es recht, wenn Selma sich mal ein eigenes Spiel ausdenkt, dann merkt sie wenigstens, wie schwer das ist. Meine älteren Kinder haben sich in der Türkei noch eigene Spiele ausdenken müssen.«

Du bist Analphabetin? Wie kam das?

»Meine Mutter war Analphabetin und auch mein Vater, da war klar, dass ich nicht die Schule besuchen durfte. Ich habe meine Eltern oft angebettelt, dass sie mich doch in die Schule schicken, aber umsonst. Dass ich Analphabetin bin, hat auch Folgen für meine Kinder. Ich kann ihnen ja nicht einmal die Hausaufgaben nachsehen, geschweige denn etwas erklären. Mein Mann kann auch nicht lesen und schreiben, deshalb kommen meine Kinder so oft zu dir. In den ersten paar Jahren, als ich in Deutschland war, konnte ich nicht einmal allein Bus fahren, ich wusste nicht, in welchen Bus ich einsteigen sollte. Deshalb musste mein ältester Sohn überallhin mit. Er ist mit zum Arzt und hat übersetzt. Er ist mit einkaufen gekommen und hat mir die Preise vorgelesen, ist mit an die Schulen gegangen und hat übersetzt, wenn wieder eines meiner Kinder Probleme in der Schule hatte. Ich muss sagen, dass er dadurch sehr selbständig geworden ist. Ich finde, dass es sehr sinnvoll ist, wenn man Kindern früh genug solche Aufgaben gibt, dann werden sie viel stärker. Zum Beispiel, dass die Kinder irgendetwas übersetzen müssen, oder mit einkaufen gehen und gemeinsam mit der Mutter ausrechnen müssen, ob das Geld ausreicht und was man alles einkaufen kann, die Telefonrechnung überweisen, auf andere Geschwister aufpassen.«

Was würdest du Selma in ihrem Alter wünschen? Was sollte sie wissen und erlebt haben?

»Als erstes würde ich ihr wünschen, dass sie sich eine eigene Meinung bildet, die dann auch von den Eltern akzeptiert wird. Ich durfte als Kind nichts sagen, es zählte ja sowieso nicht. Nicht einmal zu meiner eigenen Hochzeit wurde ich gefragt. Nein, Selma soll nicht so dumm sein wie ihre Mutter und sich durchsetzen können. Ich würde aber auch wollen, dass sie eine gute Frau wird, das heißt, sie muss auch gut kochen und backen können. Darum müssen meine Kinder immer in der Küche mithelfen. Selma zum Beispiel kann schon Gömbe (kurdisches Brot) backen und spülen. In der Türkei sagte man mir immer, eine gute Frau ist eine, die ihre Gäste freundlich empfängt, den Kindern eine gute Mutter ist, dem Mann seinen Willen läßt, sich nicht streitet, nicht lästert, fleißig und sauber ist, Süßspeisen kochen kann und keinen Anlaß gibt, dass über sie gesprochen wird. Meine Kinder heute müssen das alles gar nicht erfüllen. Sie sollen lieber lang genug spielen, viele Freunde haben und schreiben und lesen können. Aber zu ihren Freunden müssen sie gut sein, zwar sich nicht alles gefallen lassen, aber nicht egoistisch handeln, und nachgeben, wenn sie im Unrecht sind. Ich würde Selma wünschen, dass sie an unserer Kultur, an Traditionen, Sitten und unserer Religion festhält. Obwohl ich in Deutschland lebe, halte ich auch an unseren Sitten und unserer Religion fest. Ich würde mir wünschen, dass Selma und meine anderen Kinder auch noch nach meinem Tod unsere Religion praktizieren. Ich habe den Kindern immer von klein auf erzählt, an was wir glauben und was uns wichtig ist. Wenn wir in der Türkei Urlaub machen, besuchen wir unsere heiligen Stätten dort und bringen heiliges Wasser, Erde und Steine nach Frankfurt mit, die helfen vor bösen Geistern und vor Krankheiten. Wenn eines meiner Kinder krank wird, bete ich für Gesundheit, hole das heilige Wasser, tue heilige Erde rein und gebe es ihnen zum Trinken. Mit dem heiligen Stein gehe ich über die kranke Stelle. Meine Kinder wehren sich nicht dagegen, weil sie so aufgewachsen sind.«

In Deutschland haben die Kinder kein general knowledge
Gespräch mit Keto DeMelo und Cecilia DeMelo, indische Kioskbesitzer

Seit 30 Jahren leben sie in Frankfurt-Hoechst. Beim Gespräch dabei war auch die Tochter Serena DeMelo, sieben Jahre, 1. Klasse. Die 15jährige Tochter Melanie (8. Klasse Gesamtschule) und die 19jährige Tochter Lourdes waren beim Gespräch nicht anwesend. Lourdes ist von Geburt an blind und lernt Horn und Schlagzeug in einem Musikinternat für blinde Kinder in München.

VATER: »Unsere Kindheit in Goa war anders. Wir waren arm dran in Goa. Was hier in Deutschland heute ist, die ersten zehn, zwölf Jahre für die Kinder, das ist zu lasch. Und dann plötzlich im Gymnasium wird es hart und schwer mit den Leistungen. Das ist dann zu plötzlich für die Kinder! Die Cousinen von der Serena in England, die sind besser dran, die können mehr, von klein an. In History, und in Mathematik, da haben wir gestaunt! Die Kinder zeigen uns Bücher, das haben unsere nie gesehen, wir hätten es selbst nicht gekonnt. Acht mal zwei ist sechzehn ... das sitzt im Kopf bei der Cousine mit fünf Jahren.

Nur Computer, das ist nichts! Kopfrechnen können, auswendig lernen, das ist immer noch wichtig.

Unsere Kinder bekommen nur ein paar Minuten Hausaufgaben auf. Nie etwas wiederholen, das ist zu wenig! Auch Melanie, sie ist in der 8. Klasse, wenn du dich umdrehst, ist sie schon fertig. Und dann später, ganz plötzlich, wird es hart. Für ein ausländisches Kind ist das zu schwer. Viele Nachbarn von uns, Ausländer, schicken ihre Kinder jetzt zurück nach Hause in die Schule. Von unseren Bekannten, wer da besser verdient, die schicken ihre Kinder nach England. Oder nach Indien, nach Goa, da vertrauen sie der Schule mehr.«

MUTTER: »Wir sagen manchmal etwas auf Elternabenden, haben es jedenfalls versucht. Wie wir uns Schule denken. Aber da kommst du nicht durch. Zweieinhalb Stunden sitzt man da, und nur über den nächsten Ausflug wird gesprochen.«

VATER: »Ich bin seit 30 Jahren hier in Hoechst. Ich finde es traurig, was aus Deutschland geworden ist. Alle Eltern müssen neuerdings putzen im Kindergarten, und in der Schule, die Stadt hat kein Geld mehr für die Putzfrauen. Dass die Eltern putzen ist vielleicht nicht so schlimm, es schadet nichts, wir helfen gern. Aber wer hätte das gedacht vor zwanzig Jahren, wie so vieles hier bergab gegangen ist! Wenn ich Deutsch könnte, ich würde ein Buch schreiben. Ich war so stolz auf Deutschland! Und jetzt: Viele meiner deutschen Kollegen, die leben unter der Armutsgrenze. Das tut mir weh zu sehen. Wer hätte das gedacht! Mein Nachbar ist bei Siemens: Die schicken jetzt alles, was mit Computern ist, nach Indien. Ich sehe zu Hause bei uns in Goa: Indische Kinder sind sehr klar im Kopf, haben die modernsten Visionen im Kopf. Ich hab vor ein paar Jahren die Lehrerin von Melanie mitgenommen nach Indien. Die Lehrerin hat hier gesammelt, Bleistifte, Filzstifte, und alles als Spende mitgenommen. Ich habe ihr viele Schulen gezeigt, und sie hat überall ein bißchen Unterricht gehalten. Das hat ihr so gefallen! Diese Kinder, so frisch, so clever! hat sie gesagt. Wenn Sie das auch interessiert, die sieben Jahre alten Kinder: Kommen Sie mit uns nach Indien im Sommer! Ich zeige Ihnen alle Schulen bei uns, die Schule am Strand, die Missionarsschule und die Schule im richtigen Betonhaus. Kommen Sie mit, schauen Sie, wie unsere Kinder anders sind!

Hier in Deutschland sind die Kinder, so sagt man bei uns, wie heiß gebadet. Die Mentalität... ich sehe es am Kiosk. ›Ich will ein Eis!‹ – sofort kaufen die Eltern. Unsere Kinder kriegen Eis nur im Sommer, und nur einmal am Tag. Am frechsten sind die ausländischen Kinder. Die haben mehr Temperament, aber viele haben Eltern ohne Augen. Sie lassen die Kinder laufen wie nackt. Sie kümmern sich nicht um sie, kaufen ihnen nur viel. Ihre Kinder wissen nichts, können gar nichts. Ich sorge dafür, dass unsere Kinder nicht zuviel auf der Straße sind. Musikunterricht bekommt Serena (er zeigt auf ein Keyboard, das mit einer weißen Spitzendecke abgedeckt ist), aber das kostet mich viel Geld. Die Lehrerin kommt ins Haus. Eine Mark in der Minute nimmt sie dafür.

Zu Hause bei uns in Goa können Kinder noch viel bei der Arbeit zuschauen. Und sie sehen, wie alles anders wird durch die Arbeit. Jetzt ist in Goa Strom da, Kühlschränke, jetzt ist alles da. Jetzt können dort Fischstäbchen eingefroren werden. Das hat sich erst in zwei Jahrzehnten so entwickelt. Und in Deutschland ist es in dieser Zeit so bergab gegangen. Da siehst du, Gott ist nicht tot. Alles dreht sich! In Goa damals, als ich Cecilia geheiratet habe, hat sie ein Radio mitgebracht, das war alles. Jetzt hat jeder dort TV, Video, Auto, zwei Mofas vor der Tür. Aber die Kinder in Goa sind noch nicht so bequem. Bequem, das meine ich so: Hier in Deutschland haben die Kinder so wenig, wie sagt man, *general knowledge*. Sie suchen sich selbst kein Wissen. Fernsehen ist ihnen genug.

In Indien ist das sehr anders. Wir in Goa sind meist katholisch. Viel zu lernen war immer wichtig. Mein Vater war Buchhalter. Wir waren sechs Kinder. Alle fünf Geschwister habe ich nach Deutschland gebracht, jetzt leben schon 42 aus meiner Familie hier.

Nochmal: Hier in Hoechst haben die Kinder wenig *general knowledge*. Ich wusste mit zehn Jahren, wer Hitler war. Hier leben sie nahe bei den Hoechster Farbwerken und kennen nicht einmal die Fabrik! Die Kinder hier in Hoechst, die kennen nicht mal die Farbwerke! Null! Die Serena war mit ihrem Kindergarten nicht ein einziges Mal im Frankfurter Zoo! Soviel Steuergeld zahlt die Stadt Frankfurt für den Zoo, und dann führen sie die Kinder nicht einmal hin. Das erschreckt uns. Und nichts von Religion, keine Gebete. Das Vaterunser kennen sie nicht!«

SERENA: »Doch, der Kevin hat es mal in Religion aufgesagt, der kann das!«

MUTTER: »Aber du kannst es nicht. In der Kirche schaust du herum, wenn wir das Vaterunser beten.«

SERENA: »Ich habe gesehen, du machst die Hände anders (zeigt geöffnet aufeinander gelegte Hände). Die anderen machen so...« (faltet die Hände).

VATER: »Na und? Da legt Gott das Brot rein. Unser täglich Brot. Kommt drauf an, was man betet.«

MUTTER: »Wir haben gefragt beim Kommunionsunterricht: Wie sollen wir die Serena vorbereiten, was sollen wir mit den Kindern lernen? Da haben alle Eltern die Hand gehoben, alle Eltern, und haben gesagt: Das muss spielerisch sein. Alles muss immer spielerisch sein. Und dann können sie bei der Kommunion nicht das Vaterunser beten.«

VATER: »Die Melanie ist jetzt Altarmädchen. Wie sagt man, Ministrantin. Neulich hat sie am Altar Weihrauch gemacht und gelacht dabei! Ich sage zu ihr, lachen kannst du vorher, kannst du nachher, aber nicht in der Kirche. Der Pfarrer hat nichts gesagt! Die kleinen Kinder sind immer so laut in der Kirche, so laut! Aber niemand sagt etwas. Die alten Leute gucken nur böse. Vielleicht sagt man den Kindern etwas, und danach sind sie trotzdem wieder laut. Das ist nicht schlimm. Aber man muss es ihnen doch sagen. Wie wissen sie, wenn niemand ihnen etwas sagt!«

»Strahlende Intelligenz« im Vorschulalter. Und wie geht es weiter?

Zum Ende des »Jahrhunderts des Kindes« sprach aus den Diskursen über Kinder und Erziehung ein düsteres Bild vom Aufwachsen in Deutschland. Da war viel die Rede von der »Kinderfeindlichkeit« der Deutschen, als einem mangelnden Interesse an Kindern und als Intoleranz gegenüber ihren Lebensäußerungen. Sozialwissenschaftler sahen im Geburtenrückgang und in der steigenden Zahl von Kindern, die unterhalb der Armutsgrenze leben, Anzeichen von »struktureller Kinderfeindlichkeit«. Der 10. Kinder- und Jugendbericht der Bundesregierung forderte 1998 eine »Kultur des Aufwachsens«, die in Deutschland überhaupt erst entstehen müsste.[5]

Aus unseren Weltwissen-Gesprächen in Familien entstand oft ein anderes Bild. »So kann Aufwachsen heute aussehen, wenn alles gut geht.« Überraschende Einblicke in optimale Entwicklungsbedingungen für Kinder, gute Orte für das Aufwachsen von Kindern bei Eltern mit Energie, spontanen Ideen und beachtlichem Wissen über kindliche Entwicklung, das, abrufbereit, heute Allgemeinwissen geworden ist.

Bemerkenswert waren auch die Gespräche mit den »neuen Vätern«. Statistisch, wie man weiß, sind sie – die Väter, die ihre Berufstätigkeit durch Erziehungszeit unterbrechen, oder alleinerziehende Väter – unter den acht Millionen deutschen Vätern eine kleine Minderheit. Alleinerziehende Väter sind allerdings zur Zeit die am schnellsten wachsende Familienform in Deutschland, mit einem Zuwachs in den vergangenen vierzig Jahren um 250%.[6] Von niedrigem Niveau ausgehende Zuwachsraten wirken immer dramatisch, aber immerhin sind ein Fünftel aller Alleinerziehenden in Deutschland heute Männer. Für ihr tägliches Zusammenleben mit den Kindern gibt es wenig Routinen, kein Drehbuch, kein Verhaltensskript. »Bemuttern« – aber was ist »Bevatern«? Das gibt auch Freiheit. Diese Väter wollen sich nichts vorschreiben lassen. Gegenüber der Weltwissen-Liste waren sie kritischer als die Mütter. Die »neuen Väter« gelten als unkonventioneller im Umgang mit den Kindern als die didaktischeren Mütter. Sie setzen im Spiel mit dem Kind weniger Spielzeug ein, sie spielen körperbetonter und rasanter, sie muten den Kindern kühnere Aufgaben zu, stehen mit Kindern länger Frustrationen durch, haben mehr Mut zur Improvisation. Aus den Gesprächen mit ihnen wurde deutlich, was Kindern entgeht, deren Väter den Anschluss an ihre Kindheit nicht finden, die im Leben ihrer Kinder nur eine Tangente bleiben.

Zum Schluss dieses Interview-Kapitels werden zwei weltwissende Siebenjährige in ihren Familien vorgestellt: Fredi und Sabrina. Nicht in privilegierten Familien wachsen diese Kinder auf, aber in vergleichsweise intakten. Beide Siebenjährige und ihre Geschwister sind der Mittelpunkt im Leben ihrer Eltern. Die Eltern wirken nicht übertrieben ehrgeizig, aber nah interessiert an allen Fortschritten ihrer Kinder, erstaunt über ihre Fähigkeiten, auf die sie ihre Entwicklungsanregungen zuschneiden. Die Eigenarten ihrer Kinder schilderten sie respektvoll und detailreich, und für diese Beobachtungen haben sie eine differenzierte Sprache. Die Frage nach dem Weltwissen war ihnen vertraut, es waren Gespräche in eigener Sache. Über Bildungsangebote in frühen Jahren schienen beide Familien gut informiert.

Wie es mit diesen beiden weltwissenden Siebenjährigen weiterging, welches Schicksal ihr Weltwissen in der Grundschule erfuhr, erfragten wir drei Jahre später.

Ich bin der einzige Siebenjährige in unserer Familie

Familie Ch. lebt in Frankfurt. Der Vater Jürgen ist arbeitslos. Die Mutter Magda arbeitet als Nachtschwester. Sie haben vier Kinder, die älteste Tochter ist schon ausgezogen, Ben, 15 Jahre, und Martin, 13 Jahre, besuchen eine Gesamtschule. Wegen ihrer schlechten Schulleistungen stehen sie ständig auf der Kippe zur Überweisung auf die Hauptschule. Der siebenjährige Fredi, ein zartes, zurückhaltendes Kind, geht seit einigen Wochen in die 1. Klasse.

Die Familie kannte schon die Weltwissen-Liste, und alle freuten sich auf das Gespräch. Martin gab sich große Mühe, das Mikrophon so zu platzieren, dass man auf der Aufnahme alle Familienmitglieder gut hören konnte, aber Fredi, die Hauptperson, am besten. (Fredi: »Ich bin der einzige Siebenjährige in unserer Familie!«) Anfangs redeten alle viel durcheinander. Scheinbar unbelastet von der Geschichte ihrer schulischen

Misserfolge war Lernen und Wissen ein Thema, auf das die beiden älteren Brüder, hochaufgeschossene Jugendliche voll rastloser Energie, begeistert ansprangen. Beide erzählten von ihren Bildungserinnerungen aus Krippe und Kindergarten. Ben beschrieb seine Erfahrungen beim Lernen eines Musikinstruments. »Die Gitarre: ich hab's leider aufgegeben. Der Reißverschluss von der Tasche hat immer geklemmt. Und dann kam ein Stück mit zwei Kreuzen. Das war zu viel. Ich war zu bequem. Du hättest mich mehr zwingen sollen, Mama!«

Martin hatte es in der Grundschulzeit mit mehreren Sportvereinen versucht, aus denen er nach kurzer Zeit herausgefallen war. »Wegen meinem schlechten Sozialverhalten«, berichtete er sachlich, wie Erwachsene vielleicht sagen würden, »... wegen meinem schlechten Meniskus«. Beide debattierten untereinander und mit den Eltern über Sinn und Zweck einzelner Anregungen auf der Liste. (Der Vater: »Ein Kind sollte mal gefragt haben: Wie kommt das Salz ins Meer.« Martin: »Nee, Papa, das kannst du nicht verlangen!«) Martin versuchte, mit einer roten Socke darzustellen, wie man die Bildungsziele »... etwas in Pantomime darstellen« und »... einen Zaubertrick kennen« vielleicht in einer einzigen Aktion vereinen könnte. Fredi war stiller, aber er verfolgte das Durcheinander mit Behagen. Er wusste, irgendwann würde er drankommen, er konnte warten. Nachdem die Liste mehrmals durch alle Hände gegangen war, war es soweit.

Fredi, jetzt möchte ich etwas mit dir versuchen. Diese Liste, was man mit sieben Jahren schon alles gesehen hat oder weiß, oder noch nicht gesehen hat: Ich frag jetzt mal einen echten Siebenjährigen ein paar Sachen von dieser Liste. Zum Beispiel: sich begrüßen. Was kennst du für Formen, sich zu begrüßen?

FREDI: Also ich sag »Hallo«. Oder »Guten Tag«. »Tschüs« sage ich, und »Auf Wiedersehen«. Zu meinen Freunden sage ich »Ciao« und »Hi«.

Weißt du, wie man sich in anderen Ländern anders begrüßt?
FREDI: Nein. Doch: in Italien!
Wie geht das da?
FREDI: »Ciao bella«.
(Alle lachen.)
Noch eine Frage. Weißt du, was ein Zungenbrecher ist? Was könnte das sein? Nein, nicht du, Martin, der Fredi.
FREDI: Einer, der Zungen kaputtmacht …?
MARTIN: Fischers Fritz fischt frische Fische, Fredi! Das kennst du doch!
BEN: Wir haben doch mal selbst einen gemacht! »Der Whiskymixer mixt Whisky.«
FREDI: Ach so. Das kenne ich. »Brautkleid bleibt Brautkleid!«
Die Sache kennst du. Nur das Wort nicht. Weißt du, was ein Katalysator ist?
FREDI: — Nein.
Ein Kat?
FREDI: Ach so, ein Kat. Dass die Autos nicht stinken!
Bravo. Und warum sollen sie nicht stinken?
FREDI: Weil das, also, da kommen zu viel Abgase. Dann kriegen die Bäume das ab, und das ist nicht gut.
Nächste Frage. In einem Museum, da warst du schon mal?
FREDI: Im Postmuseum. Da sind so riesengroße Säcke. Und Züge.
Wie hat man denn früher, als es noch keine Züge gab, die Briefe geschickt?
FREDI: Mit dem Fahrrad?
Zum Beispiel. Und weißt du, wozu man ein Museum hat? Es gibt die Post, da kann man einen Brief abschicken. Und es gibt ein Postmuseum. Was macht man da?
FREDI: Da sind noch Briefkästen und alte Motorräder, Kutschen, alte Autos.

Wozu stellt man die da hin? Die fahren ja nicht mehr. Warum baut man für die ein eigenes Haus?
FREDI: Zum Angucken. Ich kenne auch noch das Filmmuseum. Da ist ein fliegender Teppich.
MARTIN: Und dein Lieblingsmuseum, das mit den Knochen!
Einen Beruf, den man früher gemacht hat, den es jetzt nicht mehr gibt, kennst du so einen Beruf?
FREDI: Eine Arbeit? ... Ritter ... und, wie heißt das ... Piraten ... Aber, neumodische Piraten gibt es aber auch.
Weißt du, was eine Sonnenuhr ist?
FREDI: ... Nein ... Aber ich weiß, was eine Sanduhr ist. Wir haben da eine im Bad. Das geht so, dann so, dann so, dann so. Da ist Sand drin in verschiedenen Farben. Und da kann man so rum drehn. Und dann fällt das, dann fließt das da durch, dann ist die Zeit abgelaufen. Zum Beispiel wie, wie, wie ... bis die Zeit zum Zähneputzen abgelaufen ist...

Während unserem kurzen Zwiegespräch über sein Weltwissen ließ sich Fredi Zeit mit seinen Antworten. Wenn er nach innen blickte, um ein Gedicht zu erinnern oder ein Ereignis aus seiner Kleinkindzeit, saßen seine Brüder auf dem Sprung und konnten die Spannung kaum ertragen. Fredi schien zu wissen, dass seine draufgängerischen Brüder gerade sein sanftes Zögern unwiderstehlich fanden. Nach unserem etwa viertelstündigen Gespräch über Fredis Weltwissen überboten sich die Geschwister noch mit Beispielen für Fredis Klugheit, und Martin brachte eine Mappe von Bildern herbei, die Fredi während der Kindergartenzeit gemalt hatte, lebendige und sicher gestaltete Blätter. Martin, der offensichtlich gegenüber dem jüngeren Bruder gern in der Gestalt des Lehrers auftritt: »Da habe ich ihm eine Eins darauf gegeben: das Märchen von den Sterntalern. Hier: wie er die Sterne beim Herunterfallen zu Gold werden lässt! Allein schon die Idee!« Und Ben: »So gut kann das kaum einer in meiner Klasse!«

Würde sich das vitale Tempo und intelligente Durcheinander dieses Familienlebens in Schulerfolg übersetzen, zumindest bei diesem vierten Kind, dem von allen Familienmitgliedern auf Händen getragenen Fredi? Fredis zarte Intelligenz sieht man nicht auf den ersten Blick, aber man kann vermuten, dass er aus einer Familie kommt, die am Rande des Sozialhilfeniveaus lebt. Was, wenn nicht vor allem der Status der Eltern, bewegt Lehrer in einer Klasse mit 28 Kindern zum genaueren Hinschauen auf ein stilles, äußerlich unscheinbares Kind? Würde ihm sein Weltwissen in der Schule nützen?

Sie will allen Dingen auf den Grund gehen.
Gespräch mit der Mutter Christl V. über die siebenjährige Sabrina

Christl (35 Jahre) war vor der Geburt von Sabrina Rechtsanwaltsgehilfin. Seit Sabrina auf der Welt ist, widmet sie sich der Familie (das jüngere Kind Markus ist fünf Jahre alt). Ihr Mann arbeitet in einer pharmazeutischen Firma. Vor fünf Jahren ist die Familie in ein oberbayerisches Dorf gezogen. Als Ortsfremde hat die Mutter schnell Kontakte geknüpft. Sie singt im Kirchenchor und engagiert sich als Elternbeiratsvorsitzende seit drei Jahren für die Belange des Kindergartens im Ort. Ihre Nachbarin Irmgard Burtscher, Mitarbeiterin in der Weltwissen-Recherche, sprach mit ihr über das Weltwissen der Tochter. Die Weltwissen-Liste hatte die Mutter gelesen und sich mit schriftlichen Anmerkungen auf das Gespräch vorbereitet.

»Sabrina hüpft zur Zeit gerne Seil, alle Varianten, die mit Seilhüpfen zu tun haben. Dann fährt sie Rollerblades, radeln tut sie gern, Kassetten hören, Kelly-Family, voll Fan von den Kellys oder auch Kinderlieder singen. Dann liest sie jetzt ganz nett schon für sich so Bücher, einfache Bücher. Und Handarbeiten, das ist ihr neuester Trend. Jetzt hat sie in der Schule sticken gelernt, und daheim will sie das nun auch machen. Meine Knöpfe näht sie mir an, ich brauch da nichts mehr zu tun. Und kochen, backen, da ist sie immer dabei. Das hat sie immer schon mitgemacht, von klein auf, seit sie sitzen kann, ist sie dabei. Früher hat sie mehr mit Puppen gespielt, und Puzzles hat sie von klein auf gerne gemacht, und diese Vorschulspiele, Lük-Kasten, aber als sie ganz klein war, vor allem Puzzles.«

Was will sie in letzter Zeit wissen, welche Fragen stellt sie?

»Sie will allen Dingen auf den Grund gehen. Wo kommt was her? Warum ist das so? Aus was ist der Himmel? Wie groß ist der? Oder: wie hat Gott Adam und Eva gemacht? Fragen über Fragen, immerzu, da tu ich mir mittlerweile wirklich schwer. Fragen, wo man als Erwachsener auch nicht gleich die Antworten weiß. Und was Erwachsene reden, das will sie immer alles hören. Sie hört immer zu, das ist mir oft gar nicht recht. Ich sag, das geht sie jetzt eigentlich gar nichts an. Ich neig dazu, dass ich dann sag: ›Spiel einmal, geh weiter, das ist jetzt für Erwachsene.‹ Erwachsene reden oft über Sachen, die braucht sie einfach noch nicht zu hören. Aber sie lässt sich nicht abschütteln *(lacht)*.

Mit zehn Monaten ist sie perfekt gelaufen, das war schon einmal das erste, wo ich total erstaunt war. Weil ich mir gedacht habe, vor einem Jahr laufen sie nicht. Dann mit eineinhalb hat sie die einfachen Puzzles perfekt können. Von ganz allein, diese Holzpuzzles, zack, zack reingesetzt. Und dann, was mich auch immer gewundert hat, das war bei meinem Sohn auch, als ganz Kleine hat sie schon so gut zuhören können. Sie hat sich als Ein-

einhalbjährige, Zweijährige neben mich hinsetzen können, und ich hab was vorgelesen. Also schon konzentriertes Zuhören. Kinder springen ja dann oft davon. Das ist uns aufgefallen. Was auch wieder ein Fortschritt war, als sie dann Fahrrad fahren konnte. Und wie sie sauber war. Das war ein bisschen ein Problem. Sie war erst mit viereinhalb sauber. Da war sie etwas später dran. Aber wir haben halt gewartet. Was bei ihr auch ein wichtiger Punkt war, das war, als wir merkten, sie hat jetzt mehr Selbstvertrauen. Sie traut sich jetzt endlich mehr allein zu. Also das war bei der Sabrina lang gar nicht. Immer nur mit mir und in meiner Nähe, nichts allein, nicht einmal zu einer Freundin. Da habe ich sie hinbringen müssen.

Was uns auch wirklich gewundert hat, sie hat mit sechs Jahren Schach gespielt. Das hat ihr der Onkel gezeigt. Er hat ihr auch eins geschenkt. Wenn der Onkel da ist, dann wird Schach gespielt. Sie überlegt schon richtig. Ich kenn mich da ja nicht aus, ich kann kein Schach, aber mein Mann sagt auch, sie denkt schon weiter. Ich hab mir gedacht, Schach, was soll das? Das kann doch die Sabrina noch gar nicht. Dann hat man ihr das erklärt und sie hat sich interessiert.«

Dieses Seilhüpfen beobachte ich auch, wenn ich aus der Küche hinausschaue, sie hat einen Eifer, bis zur Perfektion.

»Ja, auch bei der Hausaufgabe, wenn etwas nicht so hinhaut. Sie verlangt von sich Perfektion, und ich sag immer: ›Sabrina, das kannst du noch gar nicht können, dann bräuchtest du gar nicht mehr in die Schule zu gehen.‹ Oder wenn ich was male: ›Du malst viel schöner als ich‹, dann sag ich: ›Mei, Sabrina, ich hab mit sieben auch so gemalt wie du.‹ Die Lehrerin hat schon gesagt, man soll sie lieber bremsen. Sie hat so einen Ehrgeiz. Dann wird sie auch stocknarrisch, traurig auch und verzweifelt, wenn es nicht gleich hinhaut. Da übt sie dann halt, wie beim Seilhüpfen, bis es klappt. In der Früh vor dem Schulegehen, noch schnell *(lacht)*. Ich glaube, jetzt gibt es keine Steigerung mehr, rückwärts, vorwärts. Sie hat das Seilhüpfen innerhalb einer Woche gelernt. Sie hat ja bei Null angefangen. Sie hat das überhaupt nicht können und dann nur noch: ›Mama, schwingen, schwingen‹.

Wenn du die Entwicklung von Sabrina beobachtest, dann hat sie ja immer wieder Entwicklungsanreize bekommen, von dir zum Beispiel, wenn du sagst, sie hat dir immer schon gerne zugehört. Du hast dir Zeit genommen und hast ihr viel erzählt oder vorgelesen. Kannst du dich an andere Entwicklungsanreize für Sabrina erinnern, aus dem Kindergarten, dem Dorf, von Freundinnen?

»Ich habe, das werde ich nie vergessen, verzweifelt versucht, Sabrina zu zeigen, wie man auf einer Schaukel selbst Schwung bekommt, ohne dass ich sie anschupfe. Und dann habe ich gesagt: ›Füße vor, Füße zurück‹. Es ging nicht, sie hat da nichts angenommen. Dann kam die kleine Maria, die ist grad eineinhalb Jahre älter, und plötzlich konnte meine Tochter schaukeln. Ich habe festgestellt, wenn eine Freundin was sagt, dann sitzt es.

Da gibt es viel, wo ich sehe, sie nehmen von den Freundinnen mehr an als von mir oder vom Papa. Auch beim Basteln, da verstehen sie es oft viel schneller, als wenn ein Erwachsener es ihnen erklärt.

Etwas vorgelesen bekommen mag sie heute noch gern. Obwohl, ich möchte sie animieren, dass sie selber mehr liest. Sie hat zwei Bücher, und die kann sie auswendig. Die liest sie flüssig, und das strengt sie nicht mehr groß an. Jetzt will ich sie dazu bringen, dass sie ein anderes Buch hernimmt. Da sagt sie: ›Das kann ich nicht.‹ Da muss sie sich ja wieder anstrengen, da liest sie nicht mehr flüssig, sie will aber immer flüssig lesen. Auch bei der Hausaufgabe, da dichtet sie dann. Sie will flüssig lesen. Sinngemäß stimmt es dann zwar, aber ich sag dann: ›Sabrina, du musst das lesen, was dasteht, und zwar Buchstabe für Buchstabe.‹

Sie will sofort perfekt und flüssig lesen können. Das liest sie dann abends Markus vor im Bett.«

Wie war es, als du selbst in die Schule gekommen bist, und wenn du dich jetzt mit Sabrina vergleichst? Wissen die Kinder heute mehr?

»Auf jeden Fall, ich denke mir das so oft. Die Kinder sind ja heute so fit. Da machen natürlich auch die Medien etwas aus. Und ich glaube, die Eltern beschäftigen sich einfach mehr mit ihnen ... Alle vielleicht nicht, also ich kann nur von mir sagen, ich gebe mich mit meinen Kindern mehr ab, als meine Mama sich mit uns abgegeben hat. Da sind natürlich auch die Umstände andere, meine Mama hat vier Kinder gehabt, ich habe bloß zwei. Und die Kinder sehen heute viel mehr, man macht Ausflüge, man geht in Museen. Wenn es ihnen nicht gefallen würde, täte man es nicht. Sie sind so wissbegierig.

Wenn ich denke, die Kinder fahren heute schon allein U-Bahn. Auch was sie mit dem Computer können, Sabrina fährt mit der Maus herum, also da habe ich jetzt als Erwachsene erst damit angefangen. Sabrina macht mit dem Computer Lernspiele, keinen Schmarren, wir sind gegen so brutale Spiele. Es gibt ja so altersgerechte Spiele, wo die Geschicklichkeit gefordert ist, Mitdenken und Logik. Sie fragt, ob sie darf, dann schaltet sie den selber ein und startet das Programm. Das kann ich nicht, ich wüsste nicht einmal, wie das geht.«

Welche Erfahrungen würdest du allen Siebenjährigen wünschen?

»Erwachsene, die sich Zeit nehmen, die da sind, wenn man sie braucht. Gute Freunde, habe ich noch aufgeschrieben. Ein glückliches Familienleben, das wünsch ich wirklich allen Kindern, und das ist auf Grund der hohen Scheidungsraten ... Die Mutter muss berufstätig sein, muss einfach, weil es finanziell nicht anders geht. Das ist heute bei vielen Familien so. Und wenn ich dann von meiner Kindergärtnerin höre: ›Bei dir merkt man es einfach an den Kindern, da stimmt es in der Familie. Das ist ein glückliches Familienleben‹, dann macht mich das auch stolz. Also dann weiß ich, dass ich richtig fahre.«

Was kann eine Mutter ihrem Kind in den ersten sieben Jahren mitgeben?

Viel sich mit den Kindern beschäftigen, Körperkontakt, Aufmerksamkeit schenken, mit ihnen spielen, vorlesen, mit anderen Kindern zusammenbringen. Was für mich auch noch wichtig ist, die religiöse Hinführung. Und Geschwister, Geschwister sind wichtig.«

Wie ging es weiter?
Drei Jahre später heißt es in Sabrinas Abschlusszeugnis der 4. Grundschulklasse:
»Die kontaktfreudige und fröhliche Schülerin beteiligte sich mit großem Interesse am Unterrichtsgespräch. Schriftliche Arbeiten erledigte sie stets selbstständig, zügig und sorgfältig. Sabrina erfreute durch immer einwandfreies schulisches Verhalten. An der Arbeitsgemeinschaft Englisch nahm sie mit Erfolg teil.«

Aber in dem folgenden Notenzeugnis gibt es nicht die in Bayern für den Übergang ans Gymnasium erforderlichen zwei

Zweien in Deutsch, Mathematik oder Sachkunde. Mit einer Drei in Sachkunde waren die Würfel gefallen. Sabrina geht nun weiter zur Hauptschule.

Als Siebenjährige konnte Sabrina kochen, sticken, sie lernte schwimmen, freute sich auf den Blockflötenunterricht, las die ersten Bücher, spielte Schach, interessierte sich für alle Gespräche der Erwachsenen, und im Umgang mit ihren Hausaufgaben war sie eine kleine Perfektionistin. Viele ihrer Interessen haben sich durch die Grundschulzeit erhalten, wie Irmgard Burtscher in einem Folgeinterview nach drei Jahren von der Mutter erfuhr. Sabrina backt ganze Kuchenbleche, sie schwimmt heute »mehr unter Wasser als über Wasser«. Sie liest, »wenn ein Buch sie total fesselt«. Die Flöte »zieht sie raus, wenn Oma Geburtstag hat, oder zu Weihnachten«. Vor allem ist sie ungebremst neugierig, wissbegierig. »Alle Zusammenhänge will sie wissen, sie hinterfragt alles.«

Warum wird dieses Kind mit zehn Jahren nicht auf ein Gymnasium empfohlen? Und was fehlte bei den anderen 19 Kindern dieser Grundschulklasse, die ebenfalls nicht aufs Gymnasium wechseln durften? »Für Sabrina war das ein dermaßener Druck: Schafft sie noch den Zweier in Sachkunde, oder bleibt's beim Dreier. Aber sie hat es halt nicht gebracht. Es gab Tränen bei den Trennungen nach der vierten Klasse von denen, die den Übertritt geschafft haben.«

Die Eltern federn die Enttäuschung ab. Es gibt wieder Positives zu berichten: Sabrina ist jetzt in der fünften Hauptschulklasse Klassensprecherin geworden. Sie kann am Ort bleiben, muss nicht Fahrschülerin sein. Der neue Lehrer an der Hauptschule ist kompetent und entspannt, eine Erleichterung nach dem Stress der letzten Grundschulklasse. Die Klasse ist kleiner als am Gymnasium. Ihre Noten sind besser geworden. Sabrina sagt jetzt selbst: »Ich will gar nicht mehr aufs Gymmi.« In enger Freundschaft mit dem Nachbarskind auf einem Bauernhof interessiert sie sich nun für landwirtschaftliche Arbeiten. »Ich darf mit dem Gueldner fahren.« »Ich darf Bulldog mitfahren ... ich darf mit der Zange das Heu in den Silo transportieren.«

Drei Jahre nach dem Gespräch in Fredis Familie ein Telefongespräch mit seinem Vater. Die zweite Grundschulklasse hatte Fredi inzwischen wiederholen müssen. »Er war zu verträumt ... ließ sich zu leicht ablenken ... war mit seinen Gedanken woanders...«, habe die Lehrerin gesagt. Zwei Psychologinnen waren eingeschaltet worden. Die erste stellte »überdurchschnittliche Intelligenz« fest. Die zweite »hat ihn runtergestuft. Ein Symptom ... ADS (Attention Deficit Syndrome) ...«. Fredi wurde ein Medikament verschrieben, Ritalin. Der Vater hat es hingenommen. »Ich bin ähnlich wie der Fredi und habe mich durchgelebt, so wie ich bin, ohne Medikament. Aber der Fredi wirkt jetzt weniger ängstlich. Vorher war er langsamer, und eigentlich ein Einzelgänger.« Malt er noch? Nein. »Aber philosophieren mit mir, das ist immer noch seine Lieblingsbeschäftigung.«

Zwei weltwissende Siebenjährige: Fredi und Sabrina gehören nicht zu den Kindern, von denen die Grundschullehrer sagen, dass die Eltern sie ihnen »zum Erziehen abgeben«. Und »wissensfrei« sind sie auch nicht in der ersten Klasse angekommen, das haben wir gesehen.

Kann man sagen, dass Fredi und Sabrina an der Schule gescheitert sind? Wie wichtig soll man ihren Schulerfolg nehmen? Intelligenz und Schulerfolg haben nicht viel miteinander zu tun, sagt man in solchen Fällen zum Trost, und bei beiden Kindern scheint es sich wieder bestätigt zu haben. Aber macht man es sich damit zu leicht? Selbstachtung und Schulerfolg, wie eng hängt für Kinder beides zusammen. Nicht nur für die Kinder. Die Gründerin des Head Start Programms, des großen vorschulischen Förderprogramms in den USA, Avima Lombard, sagte es im Interview so: »Schulleistungen sind doch nicht so wichtig, sagen die Erwachsenen beschwichtigend. Aber wie wichtig sie selbst die Schule nehmen, wird immer dann deutlich, wenn sie ein Kind charakterisieren. In keiner Beschreibung eines Kindes wird seine Schulleistung ausgelassen. ›Sozial hat sie keine Probleme. Aber in der Schule tut sie sich eher schwer...‹ Oder: ›In der Schule läuft von den Leistungen her alles glatt. Aber er ist kontaktscheu.‹«

Die Schule, wie sie ist, in einem bayerischen Dorf, in einer norddeutschen Großstadt, hat diese beiden erwartungsvollen Siebenjährigen nicht so ermutigt, dass die Schule sie nach ihren eigenen Maßstäben für eine höhere Schulform »weiterempfehlen« konnte. Diese Schulen haben sich nicht als das Milieu bewährt, das die Weltwissenentwicklung dieser Kinder erfolgreich gesteigert hat. Ist es naiv, das von der Schule erwartet zu haben? Schule ist nicht die Verlängerung des Kindergartens. Spätestens nach zwei Grundschulklassen setzen Zeittakt, Fächerkanon, Konkurrenz ein. Manche Kinder können damit umgehen, können extern gesteuerte, sachfremde Fähigkeiten entwickeln, und sie lernen gewandt zu wechseln zwischen ihrem Schulwissen und ihrem Weltwissen. Fredi und Sabrina gehören nicht zu diesen Kindern. Ihr vorschulisches Weltwissen ist von der Schule nicht hoch geachtet worden, und es ist in der Konkurrenz unterlegen. Diese Ernüchterung muss man mitdenken, wenn man sich begeistert für das Potenzial von Fünfjährigen, für ihre »strahlende Intelligenz«.

Das Weltwissen der Zehnjährigen muss erst noch erforscht

werden. Bei Fredi und Sabrina steht darin ein Bremsklotz, die Schule. Was in der Vorschulzeit begeistertes Forschen und eigenes Interesse war, hat in der segmentierten und extern gesteuerten Wissenswelt der Schule wenig Bedeutung. Sabrinas Leistungen beim Heuaufladen sind ebensowenig schulrelevant wie Fredis Philosophieren mit dem Vater. Das ist schwer mit anzusehen.

»Wüchsen die Kinder fort, wie sie sich andeuten, wir hätten lauter Genies« (Goethe). Sie wachsen nicht so fort. Das Potenzial ist in frühen Lebensjahren verschwenderisch, aber nicht alle Versprechen der Natur werden eingelöst. In der Pubertät werden Millionen Synapsen eingeschmolzen, das menschliche Gehirn kann sie nicht alle brauchen. Der Erfinder Artur Fischer weist die Schuld der Schule zu: »Kinder stecken voller Ideen. Aber nach ein paar Schuljahren ist es vorbei damit, weil man sie in ein Korsett presst, das ihnen nicht liegt.«

Führt aber die Schule nur aus und verstärkt, was jeder irgendwann im Leben erfährt: enttäuscht werden, zurückstecken, die Flügel einziehen müssen? Der italienische Schriftsteller Giorgio Manganelli erinnerte im Leitartikel einer italienischen Zeitung zum Beginn des Schuljahrs 1980 an Pinocchio, der der Schule entkommen und lieber weiter mit der sprechenden Grille Schmetterlinge fangen wollte. Hat Pinocchio Recht? fragt Manganelli. »Dass Pinocchio Recht hat, fühlen wir im Innersten. Aber Leben heißt nicht Recht behalten, sondern Unrecht … Wenn die Schule die lebendigste Wissbegier der kindlichen Seele durch Langeweile erstickt, so ist vielleicht gerade das ihre Aufgabe: den unbefangen fröhlich Heranwachsenden an die Enttäuschungen des Lebens heranzuführen. Alle in der Schule gehäuften Missstände bilden wie zufällig eine tiefe und mühevolle Erfahrung. Diese Pflicht-Strecke betritt das Kind mit der ihm eigenen dramatischen Intensität, um es auf eine schwer fassbare Weise verletzt zu verlassen – gewappnet für alle Verletzungen der folgenden Jahre... Und die unvergesslich lange Mühsal der Schule wird eins mit der langen Mühsal des Lebens.«[7]

Um resignative Einschätzungen der Schule kommt man auch in anderen Ländern nicht herum. Japan gestaltet die Kindheit als ein Lernparadies, aber nach Jahren des fröhlichsten Wissensaufbaus in der Kindheit werden die Schüler spätestens ab dem Alter von zehn Jahren durch das enge Nadelöhr einer rigiden Paukschule gepresst. Man nimmt es hin, als sei die Welt, so wie sie ist, nicht gut genug ausgestattet, als müssten alle überschwänglichen kindlichen Erwartungen ans Können und Entdecken auf ein diszipliniertes Maß zurückgeschraubt werden. Aber wir werden in der Wissensgesellschaft, auf die wir zugehen, mehr von der Schule erwarten wollen als Desillusionierung und die Ausbildung von resignativem Realitätssinn.

Wenn gesteigertes Weltwissen in der Kindheit nicht notwendig durch Schulerfolg belohnt wird – macht dieses Wissen wenigstens glücklich? »Zuwachs an Kenntnis ist Zuwachs an Unruhe«, sagt Goethe in *Dichtung und Wahrheit*, und er nennt es dort bereits »ein altes Wort«.[8]

Ruhe, Unruhe: In den folgenden Bildungsminiaturen, meinen eigenen Vorschlägen für Bildungsgelegenheiten in frühen Jahren, wünsche ich Kindern beides. Beunruhigende Erlebnisse in der Begegnung mit vielem, das größer ist als man selbst. Und die beruhigende Einsicht, für die die Erwachsenen zuständig sind: dass man mit dieser Erfahrung nicht allein ist, und dass das letzte Wort noch nicht gesprochen ist.

III
Bildungsminiaturen

Das Ich-als-Kind-Buch

Kindheit ist Zukunft, vor allem in westlichen Gesellschaften. »Wenn ich groß bin...« lautet die Verheißung. Das Beste kommt erst noch. Wenn dieser Motor auf hohen Touren gefahren wird, wenn immer nur nach vorn gedacht wird – demnächst! mehr! –, wird es atemlos, ist man allen Veränderungen ausgeliefert. Als sei das Neue das Stärkere, das von vornherein Bessere.

Zeit ist nicht nur Zukunft. Gelebte Zeit, das Gewesene ist wert, erinnert zu werden. Ich, meine unverwechselbaren Erlebnisse, sind es wert, erinnert zu werden. Sie brauchen einen anerkannten Ort in meinem Weltwissen, Raum in diesem Gebäude.

Die Kunst des Gedächtnisses zu kultivieren ist etwas anderes als der sportliche Spaß am Auswendiglernen. Man kann es mit Kindern üben: Sprich, Erinnerung. Die Erinnerungen aufsuchen, »to revisit the memories« nennt man es in England. Es hilft Kindern, an ihrer Lebensgeschichte, an ihrer Selbsterzählung, zu bauen.

Jedes Kind sollte etwas haben wie ein »Ich-als-Kind«-Buch. Mit Fotos, mit kleinen Eintragungen über Fragen, Bemerkungen, Wünsche. Sie lieben es, vertiefen sich gerührt und kopfschüttelnd in Zeugnisse über ihre Weltsicht von vor noch nicht langer Zeit.

Diese Niederschrift der Erwachsenen, ihr Blick zum Kind, die Aufmerksamkeit der anderen gegenüber der eigenen Entwicklung wird allmählich zur eigenen. Der Blick der Erwachsenen auf das Kind lenkt die Introspektion, er verwandelt sich allmählich in Selbstreflexion. Wiederkehren kann das später im

Blick auf die eigene Familie. Und vielleicht wird dieser Blick, den man auf sich ruhen fühlte – gleichgültig, aufmerksam oder ängstlich –, zurückgelenkt auf die Gesellschaft als Ganzes.

»*Abunai*«, gefährlich! – rufen japanische Mütter häufig, wenn das Kleinkind sich aus ihrem unmittelbaren Gesichtsfeld entfernt. Dieses mütterliche *Abunai!* schlägt dem westlichen Beobachter als eine lebenslange Ängstlichkeit, als Warnung vor Abweichungen aus vielen dramatischen Alarmmeldungen der japanischen Öffentlichkeit entgegen.

Eine der bekanntesten – offensichtlich faszinierenden und zugleich an ein Tabu rührenden – Anregungen des großen italienischen Pädagogen Loris Malaguzzi war es, in den Krippen von Reggio Emilia in Augenhöhe der Krabbelkinder Spiegel anzubringen. In aller Ruhe, immer wieder, mit all ihrem Lerneifer, aller Aufmerksamkeit sollten schon die Kleinsten sich mit ihrer eigenen Erscheinung beschäftigen dürfen, sich von außen wahrnehmen, sich so zu sehen versuchen, wie die anderen sie sehen. Das Krabbelkind, ein Narziss? Damals war das ein Tabu. Nicht nur aus Gründen der Armut gab es in katholischen bäuerlichen Familien für Kinder keine Spiegel. »Nur die Mutter hatte einen in der Schublade. Zwanzig mal dreißig Zentimeter groß. Zum Richten: ob die Schleife an der Schürze gerade ist. Damit bei den Kindern keine Eitelkeit aufkommt.«[1]

Vorsätzliches oder verlegenes Wegschauen der Erwachsenen kann in Kindern Formunsicherheit erzeugen. Das Kind braucht die Spiegelung in Blick und Kommentar der Erwachsenen. Und es braucht auch den sichtbaren Beweis, etwas wie eine Dokumentation seiner Entwicklungsschritte. Mehr noch als die Striche am Türpfosten mit Maß und Datum seines Körperwachstums.

Das Ich-als-Kind-Buch

Ein Buch nur über dich. Warum die Ehre? Weil du ein Kind bist. Dieser Status ist etwas Besonderes, nicht nur Wartestand oder Durchgangsstadium. Einzigartig trägt er seine Schönheit aus sich selbst. Warum soll man sie dem Kind nicht gelegentlich auch ins Bewusstsein rufen? Manche Nationen (Japan, Türkei) haben einen nationalen »Tag des Kindes«. Davon wird man sich vermutlich nicht mehr versprechen als vom deutschen Muttertag. Und doch sollte die Wertschätzung der Lebensform Kindheit auch sichtbar werden. Der Direktor eines Altersheims ergänzte unsere Liste um die Empfehlung: »Ein Kind muss auch Kind sein können. Einfach nur so.«

Ein anderer Gesprächspartner, Personalchef eines Schweizer Unternehmens, ging noch weiter. Jedes Kind, meinte er, sollte den »Stolz, Kind zu sein« erfahren haben.

Man muss alle Eltern bitten, ein solches Buch für ihr Kind anzulegen und es an einem besonderen Ort aufzubewahren. Auch das hebt seine Bedeutung, die Würde des Gewesenen. In Japan, einem erdbebengefährdeten Land, steht in jedem Kindergarten ein Safe. Was darin aufbewahrt wird? »Unsere Tagebücher über die Kinder«.

In der Wissensgesellschaft, im Wirbel der Informationen, des schnell veraltenden Wissens, müssen im Kind Gedächtnisstützen eingezogen werden. Als lebensgeschichtliches Wissen haben die Aufzeichnungen im Ich-als-Kind-Buch kein Verfallsdatum. Sie sind eine Substanz, die mit dem Alter allenfalls die Färbung wechselt.

Bisher wurde Familiengeschichte fast nur aus weiblicher Perspektive vermittelt. Mütter erinnern sich an Einzelheiten aus der Kindheit ihrer Kinder und können sie zeitlich genauer zuordnen. Die Mütter sind die Leiterinnen des Familien-Museums. Vätern, nicht erst den Großvätern, sollte das Erinnern, ihr Beitrag zur Erinnerungskraft ihrer Kinder ebenso wichtig sein. Man kann sich die Aufgaben teilen: Einer übernimmt gelegentlich eine Aufnahme auf Tonkassette: Eine halbe Stunde läuft sie mit, während das Kind beim Legobauen vor sich hin singt, oder man zeichnet die Unterhaltung auf, während die Geschwister den Hamsterkäfig neu einrichten.

Erinnerungsfähigkeit ist die Voraussetzung jeden Lernens. »An diesen Nachmittag werde ich mich noch lange erinnern«, kann man dem Kind sagen, nebenher, beiläufig. Oder: An die Rettung aus dieser Gefahr ... an dieses Bild ... wirst du dich vielleicht dein Leben lang erinnern.

Jeder Mensch sollte im Leben einmal fünfzehn Minuten lang berühmt gewesen sein, hat Andy Warhol gefordert. Stell dir vor, du bist berühmt, sagte Peter Loewy zu seinen Schülern in einer Schule für verhaltensauffällige Kinder. Und setze dich auf diesen Stuhl so, wie du für die Zeitung fotografiert werden möchtest. Kein Schnappschuss, ein Portrait soll es werden! Eine Haltung einnehmen können, so wie man sein will und gesehen werden will, als Inbild seiner selbst.

Jedes Siebenjährige sollte ein Ich-als-Kind-Buch haben.
Es sollte ein berühmtes Selbstportrait gesehen haben.
Es sollte sein Selbstportrait gemalt und gerahmt haben.
Vielleicht auf Goldgrund.

Die Dinge

*Aber ich werde nie vergessen,
was mir die Dinge beigebracht haben.*
Pier Paolo Pasolini

Der Alltag ist der wichtigste Lernort des Lebens, und die Dinge darin sind wichtige Lehrmeister. Zum Ding gehören die Gesten, die es erfordert, jede Hantierung bringt uns den Anderen, Größeren ein Stück näher, die es schon können, die den Umgang damit kultiviert haben. In seiner Ingebrauchnahme erschließt sich der Sinn des Dings. Jede Hantierung mit einer Sache hinterlässt Spuren im Körpergedächtnis. Die Gegenstände sind für das Kind mehr als bloße »Übergangsobjekte«, sondern sie sind Anker, Ruder, Fernglas auf dem Weg zur Welt. Oder treue Weggefährten.[2]

In vielen Kindheitserinnerungen gibt es belebte Dinge. Ehrfurcht vor dem Ding, seiner erhabenen Unzugänglichkeit bei Rilke, sein Wunsch, die Dinge in Schutz zu nehmen vor Lärm, vor dem ungeschickten Zugriff, der Ignoranz und Unbeholfenheit der Erwachsenen. Kind und Ding leben bei ihm in Wohngemeinschaft.

Wie Dinge ein Kind trösten können, allein durch die in ihnen vergegenständlichte menschliche Sorgfalt, durch ihre solide Präsenz, beschreibt William Maxwell in dem Roman *They came like Swallows*. Nach einem einsamen, ängstlichen Weg zum Einkaufsladen, bedroht von gleichaltrigen Kindern und von bösen Phantasien gehetzt, erfährt das Kind beim Eintritt in den Laden wieder Sicherheit. Nicht die anwesenden Menschen geben ihm dieses Gefühl, sondern die Präsenz menschlicher Fürsorge in den Dingen. Dankbarkeit empfindet der Achtjährige gegenüber allem, was da sachgerecht verpackt ist, sicher versammelt in Kisten, gestützt von Regalen, mit beruhigender Selbstverständlichkeit aneinander gelehnt. *Everything was so substantial.*[3]

Die in Dingen vergegenständlichte Arbeit, Pflege, Sorgfalt empfinden manchmal ähnlich die Kranken. Wohltuend ein fachgerecht gepolsterter Sessel, ein schimmernd polierter Kaffeelöffel.

Christoph Ransmayr beschreibt in einer Erzählung über eine Himalaya-Wanderung die jähe Bestürzung, die nach tagelangem einsamem Fußmarsch in der Schneeweite ein unerwartet gefundenes »Artefakt« auslöste: die Spuren, die ein *Mensch* in einem Gegenstand hinterlassen hatte.

In die Pflege der Dinge, und in die Nähe zu den Dingen, werden Kinder in verschiedenen Kulturen und Epochen unterschiedlich eingeführt. Mitgefühl mit Gegenständen wird auch im modernen Japan angeregt: Du tust dem Tisch weh, wenn du so auf ihn schlägst! sagt die Mutter beim Trotzanfall der Dreijährigen. Der Gebrauchsgegenstand, der einem lange »zur Hand gegangen ist«, Brille, Nähnadel oder Pinsel, wird zum Tempel gebracht und erhält mit einem kleinen Ritual ein Begräbnis zum Dank.

In vielen Gesprächen zum Weltwissen kam die Sorge zur Sprache: Wie kann man dem Kind helfen, in der Übermacht toter Waren seine Verbundenheit mit einem wertvollen, unverwechselbaren Ding aufzubauen? Etwas überdauern lassen wollen: Wie diesen Wunsch wachrufen, und die Empfänglichkeit für das, was überdauert hat?

Jeux dramatiques ist ein Weg. »Jeux dramatiques« ist mehr als ein neues Kunstwort für das, was man im Kindergarten bisher Rollenspiel genannt hat. Es unterscheidet sich auch vom herkömmlichen Theaterspiel mit Kindern. Es ist vielmehr ein vom Erwachsenen angeregtes Spiel, in dem die Kinder nicht Rollen darstellen, die sie einem Publikum vorspielen. Sondern jedes

Kind wird durch eine von der Erzieherin vorgetragene Erzählung angeregt, ein Ding, ein Lebewesen, ein Phänomen zu wählen, zu dem es sich im Spiel verwandeln will. Eine Farbe, ein Busch, ein Stein kann das sein, der zuschauende Hund am Rande des Geschehens, der Schnee auf dem Dach, ein saures Bonbon, ein Schwert, ein blauer Schatten. Transparente Tücher helfen dem Kind bei seiner Verwandlung, darüber hinaus gibt es keine Requisiten oder Masken. Den Kindern, mit ihrem noch geringeren Abstand zu Sprache, Charakter und Temperatur der Dinge, fällt diese Verwandlung leichter als den Erwachsenen. Als Kind hört man das Laub flüstern und den Wald schweigen. Und manche Dinge werfen lebende Schatten. Wenn man selbst einmal ein Ding gewesen ist, kennt man die Welt von innen, wird man vielleicht weniger willenlos hin und her gezogen von den vielen Waren.

Muss uns der »Schwund der Dinge«[4], die zunehmende Virtualisierung der gegenständlichen Welt mit Blick auf die Kinder beunruhigen? Dass längst die meisten Gegenstände fern von der Anschauung des Kindes produziert werden, damit hat man zu leben gelernt. Aber unsere Gesprächspartner jeden Alters und aller Schichten kamen immer wieder darauf zu sprechen: die von den vielen Gegenständen belagerten Kinder, die sich langweilen, die sich nicht mehr freuen können. Bei Oscar Wilde ist das der Zyniker, der den Preis von tausend Dingen kennt, aber nicht den Wert von einem einzigen.

Im Ansturm der Dinge muss das Kind seine eigenen finden. *Property*, Eigenes, Eigentum, ist ein gattungsgeschichtlich spät entstandenes Konzept. Eigenes, Eigentum, ist auch, was man weitergeben möchte, nicht gleich konsumieren, sondern aufbewahren für später. Meins, und künftig vielleicht *für die Meinen*. Nicht weil das Ding später mehr wert sein wird. Sondern um die

Gegenwart höher zu schätzen, in Vorahnung von Zukunft und Vorfreude auf Rollenwechsel. Das Kinderzimmer, die Schublade kann auch ein Zukunftsmuseum sein.

Nicht alle Eltern haben vielleicht diesen Optimismus für solche Zukunftspflege. Aber das Gastkind kann in einer anderen Familie etwas davon erleben. Und dieses Kind kann im Kindergarten etwas davon übertragen.

Was ist wichtiger, die Pflege der Dinge oder die der menschlichen Beziehungen? In Gerhard Botts Film *Erziehung zum Ungehorsam* (1968) war ein Anblick dem Publikum der alten Bundesrepublik besonders unerträglich: die nackten Füße einer Sechsjährigen auf der Klaviertastatur. Das war Teil eines Rollenspiels, in dem sich Kinder gegen eine erwachsene »Meckertante«, dargestellt von der Bezugsperson des Kinderladens, auflehnten. Nicht geheuer mag es auch der Bezugsperson geworden sein, als das Spiel diese Richtung einschlug. Aber wichtiger war damals, dass Kinder es wagten, sich gegen eine Meckertante aufzulehnen. Das war zu üben, daran durften Klaviertasten zerbrechen. Gefühlswert ging über Sachwert.

In den 50er Jahren hatte jedes Ding »seinen« Platz. Das schöne Händchen war zu geben. Aus dieser Konvention mussten die Dinge befreit werden, neu angeeignet, jedes nach seiner Façon. Dass die linke Hand eines Kindes ebenso schön ist wie seine rechte, ist heute kein Thema mehr. Aber es war ein befreiender Schritt, auf den viele Erzieher in den Kindergärten der 70er Jahre stolz waren: Nicht mehr sie waren es, die morgens den Kindern das Material zuteilten, die Kinder durften selbst in die Regale fassen.

Solange das Ding eine Verlängerung des Selbst ist, liebt man es inniger, und es fällt schwer, abzugeben, zu teilen. Man muss es lebenslang üben. Eine Klasse hat als Gemeinschaftseigentum eine Swatch-Uhr gekauft. Jedes Kind darf sie abwechselnd ein paar Tage mit nach Hause nehmen.

Guter Dinge sein.

Man sollte Kindern nicht nur sagen: Sei vorsichtig damit. Das war teuer. Sondern auch: Sei vorsichtig damit. Das hab ich gern.

Jedes Kind sollte einmal im Spiel ein Ding gewesen sein.
Es sollte einen Gegenstand auswählen zum Aufbewahren für die eigenen Kinder.
Es sollte einen Gegenstand repariert haben.
Es sollte ein Beispiel kennen für den Unterschied zwischen dem Gebrauchswert und dem Gefühlswert von Dingen.

Weltverbesserer

Wie erfährt ein Kind die Wirkung, die es auf andere ausübt? Durch sein bloßes Dasein? Seine Integrationskraft innerhalb einer Familie?

»Präsenz zeigen« – das üben heute *outplacement*-Berater mit ihren von Arbeitslosigkeit bedrohten Klienten und Klientinnen. Wenn ein Betrieb kippt, darf man sich nach der Entlassung nicht verstecken. Man muss sichtbar bleiben, wahrgenommen werden wollen.

Präsenz erfahren: Ein Kind muss seine eigene Anwesenheit als positiven Beitrag erlebt haben, das Lebensgefühl der anderen steigernd. Ich, das Kind, die Kurze, die Analphabetin tröste einen Erwachsenen, gebe ihm Kraft. Erstaunlich! Meine kleine Hand in seine geschoben tut ihm deutlich wohl. Kaum zu glauben.

Ein Gang durch die Läden der Innenstadt von Rom. In den Erdgeschossen der unvergleichlichen Gebäude die Boutiquen der internationalen Firmen, mit der gleichen Ware und Ausstattung wie in allen anderen Großstädten der Welt. Die Endlosmusik die gleiche wie in Amsterdam oder Wien, die Verkäuferinnen in Gestalt und Haltungen ihren Kolleginnen in Barcelona oder Brüssel ähnlich. Rom, bald nur noch ein weiterer Standort im globalen Dorf? Da saß an einem Tischchen neben dem Pulloverregal eine Achtjährige, am späten Nachmittag machte sie dort ihre Hausaufgaben. Und unversehens hatte der Raum Tiefe und Gegenwart durch die Wirklichkeit dieses Schulkindes. Man war wieder in Italien, und in der Verkäuferin gewahrte man die kompetente junge Mutter. Nach Kassenschluss würden die beiden den Bus besteigen und dann mit Schultasche und Einkaufstüten den Lift im Apartmenthaus, das in der Vorstellung nun ein unverwechselbar römisches war.

Die eigene Anwesenheit als positiven Beitrag erlebt haben – das muss man deshalb ins Bewusstsein rufen, weil ein Kind oft genug das Gegenteil davon erfährt. Es ist inzwischen längst akzeptiert, dass man Kindern zumuten kann mit anzuhören, wie anstrengend sie sind, und dass sie »nerven«. Es gehört zu ihrer modernen Überlebensfähigkeit, dass sie das aushalten oder überhören und wegstecken können. Es ist ja nicht bös gemeint, signalisiert man ihnen zugleich (meistens). Sie dürfen gern im Gegenzug sagen, dass ihnen die Erwachsenen lästig sind.

Weniger bewusst ist, wieviel latente Kinderfeindlichkeit in vermeintlich fortschrittlichen pädagogischen Diskursen stecken kann. Zum Beispiel in der Klage über die »miserable Erzieher-Kind-Relation« oder über die »unzumutbare Gruppengröße«. In den 70er und 80er Jahren wurden üblicherweise auf Demonstrationen der Erzieher-Gewerkschaften die Eltern und die Kinder mitgenommen. Da wurde dann solidarisch mit den Erziehern vor dem Rathaus protestiert gegen die Zumutung, weitere Kinder in die Gruppe aufzunehmen. Der Subtext dieser Transparente in Kinderhand? Jedes Kind mehr ist eine zusätzliche Belastung. Heißt das: Ich bin auch eine Belastung? Ohne mich hätten die Erzieherinnen, oder die anderen Kinder, es besser? Eine fremdenfeindliche Logik ist das auch: Jeder, der dazukommt, von außen kommt, ist nicht willkommen, wird jedem von uns etwas wegnehmen. Und den Müttern wurde signalisiert: Je früher ihr euer Kind aus dem Kindergarten holt, umso rücksichtsvoller seid ihr. Da gab es Mütter von der schlechten Art, so deutete die Erzieherin an, die holten ihr Kind grundsätzlich erst im letzten Moment ... oder sie schickten das Kind unausgeschlafen schon früh in den Kindergarten ... Je früher sie das Kind abholte, desto rücksichtsvoller also die Mutter. Aber wie kann ein Kind ein Haus als *seinen* Ort erleben, in dem vor allem seine *Ab-*

wesenheit mit Dank und Lob bedacht wird? Welche Haltung zur Öffentlichkeit wird da aufgebaut – mein positiver Beitrag ist es, dort nicht bemerkbar zu sein, abwesend?

Die Anwesenheit jedes Kindes im Kindergarten muss ausdrücklich Anerkennung finden, und dafür muss es eine tägliche Form geben. Vor aller Leistung, vor allem Wohlverhalten erst einmal das: die Anwesenheit des Kindes, seine Präsenz, mit Zustimmung aufrufen.

»Da hast du uns gefehlt.«

»Da wirst du uns fehlen.«

Und die Präsenz in der Familie:

»Omi sagt, wenn sie einen Nachmittag mit dir zusammen war, fühlt sich ihr Gesicht hinterher anders an.«

»Wenn du nicht wärst, hätten wir nie Roman und seine Familie kennen gelernt!«

Jedes Kind sollte sich als einen unwillkürlichen Weltverbesserer erlebt haben.

Heimweh in Teneriffa

> *Fünfziger Jahre in München. Die Buben spielen an der Isar. Ignaz fehlt heute. Etwas später erscheint er, aber er bleibt steif stehen in einiger Entfernung: im weißen Hemd und in gebügelten kurzen Hosen.*
> *Die Buben: Ignaz! Was ist, kimmst net?*
> *Ignaz (mürrisch):*
> *I muaß nach Rimini.*
> (Nach Sigi Sommer, Kolumnist der Münchner Abendzeitung)

> *Wer sein Kind liebt, schickt es auf Reisen.*
> Japanisches Sprichwort

Heimweh ist ein Schmerz der schlimmsten Art. Obwohl die Eltern, die Geschwister in Teneriffa doch dabei sind: Von woher hat es das Kind angefallen, dieses Gefühl der Schwäche, der Verlassenheit, diese Appetitlosigkeit, die Trübung aller Lebensgeister? Heimweh nach dem Igel im Garten, nach dem eigenen Schälchen für die Cornflakes. Nach dem Brummen vom Bus auf der Straße vor der Haustür und Heimweh nach der Kuhle im eigenen Bett.

Sind Kinder angelegt als sesshafte Wesen? Suchen sie instinktiv die Konvergenz von Ort und Selbst und erfahren deren Auflösung mit Verstimmung? Auf Urlaubsreisen, wo doch alles für Kinder animiert wird – manche Kinder springen nicht auf, sie bleiben weinerlich und kompliziert. Und wie sperren sich Kinder gegen Umzüge, und wie lange können sie trauern nach einem Umzug.

Ist das Heimweh vielleicht ein unvermeidlicher, ein notwendiger Schmerz, einer, den man kennen gelernt haben muss?

Manche Gesprächspartner sagten: ja. »Sonst kann man es doch bei einem anderen Kind nicht verstehen«, fasste es freundlich eine Schweizer Vierzehnjährige. Lässt überhaupt erst die Erfahrung von Heimweh das Zuhause, das Gewohnte zur Heimat werden?

In diesen mobilen Zeiten ist das Heimweh ein sperriger Begleiter. Ein unangenehmer Preis für Treue und Bindung. Aber: ohne Hafen keine Ausfahrt. Ein Kinderleben braucht wechselnde Perspektiven, aber ein Kinderleben braucht auch existentielle Koordinaten, das Woher und Wohin in der Zeit und das Wo und Wohin im Raum. Die geschichtliche Orientierung braucht das Kind für die Bindung in der globalen Gleichzeitigkeit. Ohne Vergangenheit keine Zukunft. Die räumliche Orientierung braucht das Kind für die Bindung im globalisierten Raum. Ohne zeit-räumliches Beheimatetsein keine Verantwortung.

Deshalb werden wir das Heimweh eines Kindes achten, es ihm nicht auszureden versuchen. Ein heimwehkrankes Kind fühlt sich elend schwach, aber die Stärke dieses Gefühls ist auch seine eigene Stärke.

Kein Weg wird am Familientourismus vorbeiführen. Ist nicht der Sozialismus auch deshalb zusammengebrochen, weil den Menschen, gerade auch den jungen Familien, das Reisen, ihre »Reisefreiheit« so wichtig war?

Mobil sind die Bürger geworden, weil sie müssen und weil sie es so wollen. Reiseinformationen stehen inzwischen an der Spitze des Interesses der Bevölkerung, noch vor Gesundheitstipps, und weit vor weltanschaulichen und politischen Themen, haben Meinungsumfragen in Deutschland[5] ermittelt.

Das Haus der Herkunft verlassen können, nicht aus Untreue und Beziehungslosigkeit, sondern aus einer unabhängig gewordenen Liebe zur Welt, ist ein buddhistisches Ziel der Selbstkultivierung. Die christliche und die islamische Pilgerreise sind Tribute an höherstehende Orte als dem der zufälligen eigenen Herkunft. Sie ehren durch die auf sich genommene Mühe des Wanderns (und des Heimwehs) diesen anderen Ort als einen erwählten. Das Reisen war immer auch eine Bildungsinstitution für die Kinder der Oberschichten. Auch im Kanon von Comenius hat es seinen Platz.

Die Globalisierung fordert den globalisierten Bürgern ab, ihre Heimat nicht mehr in einem nationalen Gehäuse, einer lokalen Landschaft zu suchen. Könnte man einen Anlass für Kriege aus der Welt schaffen, wenn das Heimatgefühl von Kindern nicht nur gebunden bliebe an das Territorium, auf dem sie zufälligerweise das Licht der Welt erblickt haben? Kann man Kindern zu einem postmodernen Heimatgefühl verhelfen, kann man ihnen, den neuen polyzentrischen Erdbewohnern, ein fliegendes Nest flechten? Die alte Emigrantenweisheit *ubi bene ibi patria*, dort wo es mir gut geht, da ist meine Heimat, wird dann zu einem universalen Ziel von Lebenskunst. Die Fähigkeit, sich selbst einen umfriedeten Raum zu schaffen, seine Heimat selbst erfinden zu können, würde so zu einem Teil des Weltwissens von Kindern.

Heimat verwandelt sich damit von einem vom Schicksal zugeteilten zu einem selbst gestalteten »guten Ort«. Wo immer die Meinen sind, zum Beispiel. Oder Heimat als: Flöte üben, Fahrrad fahren, auf einem Grasfleck in der Sonne liegen, für Freunde eine Mahlzeit kochen, überall auf der Welt. Buch und Leselampe: mein Zuhause, überall. Zwei Stunden in einer Sauna: bei sich selbst daheim.

Die Heimat, in die man nach der Erfahrung des Heimwehs zurückkehrt, ist nie mehr ganz die gleiche. Jetzt sieht das Kind sie mit anderen Augen, genießt das Gewohnte mit einem kleinen inneren Abstand, Vorbehalt. Ein bisschen kann man das ansprechen – für den nächsten Abschied, die nächste Reise, den nächsten Umzug. »Heidi« war ein klassischer Stoff für solche Gespräche.

Auch die eigene Familie, hat man sie einmal in anderem Zusammenhang erlebt, wird man anders wahrnehmen, vielleicht zum ersten Mal überhaupt als Familie. Und vielleicht wird man sich zum ersten Mal ein wenig schämen für den einen oder anderen – ja was? Verwandten? Angehörigen?

Und dann dieses Robinson-Erlebnis auf Reisen: Mit dem, was wir in unsere Koffer gepackt haben, müssen wir auskommen. Nicht alles, was uns fehlt, werden wir nachkaufen können. Wir müssen haushalten mit den Vorräten, improvisieren – welche Ausdehnung von Lebenserfahrung. »Wer sein Kind liebt, schickt es auf Reisen.«

Mit Kindern das Chamäleon betrachten, sein polyzentrisches Verwandlungsspiel, wie es die Signale seiner Umwelt aufnimmt, sich ihnen anverwandelt, und doch bleibt es, was es ist, ein Chamäleon! Sich einwohnen, sich in einem neuen Körbchen einrichten, wie macht man das, wie macht es der Hund? Wie geht es der Pflanze nach dem Umtopfen?

Heimat kann neu entstehen an verschiedenen Stellen dieser Welt. Vielleicht sogar in äußerlich ähnlichen Weltgegenden. Im Atlas blättern: In vielen Erdteilen wird man ähnlich warm oder ähnlich selten von der Sonne beschienen, wachsen ähnliche Nadelhölzer und Beeren, im Atlas, den Rocky Mountains, in den Alpen. Einheit und Vielfalt der Fomen: Die Schmetterlinge haben auf anderen Kontinenten fast das gleiche Muster wie am

Tegernsee, aber im Amazonas-Gebiet sind sie dreimal so groß. Heimaten für das Kind ausmalen, und mitbauen an einem tragbaren Heimatland.

Jedes Kind sollte ein Konzept von Heimweh haben.
Jedes Kind sollte die Überwindung von Heimweh erleben können, bei einem Übernachtungsausflug mit dem Kindergarten, auf einer Reise, nach einem Umzug.
Jedes Kind sollte einen Ort des guten Lebens als seine Heimat erkannt haben.

Fensterplatz

Irgendwann einmal bedeuten Kindern Fenster viel. Um etwas über die Kante zu schieben, das auf Nimmerwiedersehen verschwindet. Um mit sicherem Raum im Rücken und warmen Füßen ins Offene und Grenzenlose zu blicken. Oder um mit aller Kraft hinauszubrüllen, es mit der Öffentlichkeit draußen aufzunehmen.

Mit Kindern zusammen die Augen schweifen lassen. Nicht blicklos, aber absichtslos. »Nichts zu suchen war mein Sinn«. Auf der Straße vor dem Eiscafé zieht das Publikum vorbei. Der Wind treibt einen Pappbecher über das Straßenpflaster. Er trudelt um sich selbst und versucht zu den Geräuschen des Straßenverkehrs einen Tanz mit einem Stück Eierkarton. Eine verknäulte Papierserviette rollt an. Ehe sie sich einmischen kann, treibt ein Auto das Ensemble auseinander. Kinder und Erwachsene sehen anderes, sehen anders zu, aber immer wieder sollten sie sich aufmachen, gemeinsam Zuschauer zu sein.

Heute sehen Kinder, allein vor dem Bildschirm, nicht weniger Furchterregendes als früher im Kasperltheater. Aber ihre innere Bewegung teilt sich in Gesicht und Körperhaltung kaum noch mit. Sind die bewegten Bilder lebendiger geworden als ihre Betrachter?

Haben Eltern und Kind etwas wie einen Lieblingsort, von dem aus sie manchmal gemeinsam schauen? Etwas wie einen »Hochsitz«? Eine Bank, eine Brücke, einen Bootssteg?

Besonders geeignet ist der Fensterplatz. Vom Schoß meines Großvaters, sein Stuhl war vors Fenster gerückt zum, wie er es nannte, »Dämmerstündchen«, warteten wir, wie es dunkler wurde, das Zwielicht sich einstellte, und wie manchmal der Mond

Fensterplatz

Brülle ich zum Fenster raus,

klingt es stolz und herrlich,

laufen alle schnell davon –

bin ich so gefährlich?

aufging. »Und aus den Wiesen steiget/der weiße Nebel wunderbar«.

Kind am Fenster ist ein Motiv, das Fotografen lieben. Besonders wenn sie in fernen Städten fotografieren. Stummer Dialog: Du fremdes Kind am Fenster hast dein Leben noch vor dir, ich fremder Besucher hinter der Linse bin für dich ein interessanter Anblick. Unsere Blicke begegnen sich.

Aber auch Fotografien alter Menschen hinter einem Fenster können sie wie Urbilder ihrer selbst erscheinen lassen. Der Blick des Alters auf die Welt, auf zurückgenommene Erwartungen, überlagert von den vielen schon gesehenen Bildern.

Zu jüngeren Erwachsenen passt der Fensterplatz weniger. »Der schaut aus behaglichem Stübchen ruhig aufs Feld hinaus«, heißt es abschätzig über den kleinbürgerlichen der beiden jungen Männer in Eichendorffs Gedicht »Frühlingsfahrt«.

Kinder brauchen neben dem täglichen Medienfenster in die bewegten Bildlandschaften auch den wirklichen Fensterplatz. Im Kindergarten sollte ihnen gelegentlich aufgetragen werden, den Weltausschnitt vor ihrem Kinderzimmerfenster oder vor dem Badezimmerfenster den anderen Kindern zu beschreiben, als eine Übung des Nahsehens.

Der Fensterplatz ist gut für Kinder und für ältere Menschen, ideal für beide gemeinsam. Oder für den kinderlosen Onkel. Wenn seine Nichte ihn einmal in der Woche besucht, erzählt er, backen sie manchmal etwas zusammen, oder sie sieht fern. Und dann setzen sie sich nebeneinander ans Fenster und schauen in den Hof und auf den Rasen vom Nachbargarten. Und manchmal, leise, summt die Nichte eine Melodie.

Jedes Kind sollte den Weltausschnitt vor einem Fenster beschreiben können.
Jedes Kind sollte Unterschiede zwischen Beobachten, Zuschauen und Betrachten erlebt haben.

Aufgeräumt

Es brauchte nur einen freien Moment des Erwachsenen, und sein entschlossenes Hinblicken, schreibt Handke über seine in den Jahren des Zusammenlebens mit einem Kind zu »einem entgrenzten Kindergelände« gewordene Wohnung. Dann aber entfaltete sich »das harmonischste Muster in dem grässlichen Wirrwarr«. Seine, die Ordnungswut des Erwachsenen, erschien ihm danach eher wie ein »Gefuchtel in der Luftleere«.[7]

Aufräumen, den Dingen um es herum eine Ordnung geben, die den nächsten Erwachsenen auch gefällt – wenig ist so von Kind zu Kind verschieden wie das Bedürfnis danach, die Fähigkeit dazu, oder die Übereinstimmung seiner Vorstellungen mit denen der tonangebenden Erwachsenen. Geschwister aus kinderreichen Familien wissen, wie unterschiedlich sie in dieser Eigenschaft sind. Kinder, die als Einzelkinder mit ihren Ordnungsmustern den Erwachsenen allein gegenüberstehen, müssen erst recht erfahren können, dass es viele Spielarten von Ordnung gibt.

Die Ratschläge, wie das Nebeneinander unterschiedlicher Erwartungen an Ordnung und Unordnung – welches Ding an welche Stelle gehört, ob überhaupt jedes Ding an eine bestimmte Stelle gehört – zwischen Erwachsenen und Kindern ausgehandelt werden soll, füllen Regale der Ratgeberliteratur. Sie geben Aufschluss über die Sitten zwischen den Generationen, über ihre Erwartungen und gegenseitigen Rücksichten.

Wie Erwachsene und Kinder den Raum unter sich aufteilen, den öffentlichen und den privaten Raum, ist ein bisher unerforschter Indikator über die Stellung des Kindes in Familie und Gesellschaft. Jahrhundertelang mitten unter den Erwachsenen aufgewachsen, seit dem 20. Jahrhundert dann, zumindest in

Deutschland, mit dem Privileg oder mit der Ausgrenzung in einem eigenen Kinderzimmer bedacht, von wo aus es neuerdings allmählich wieder zur gesamten Wohnung zugelassen wird als einem für alle zugänglichen Freizeitgelände – was bleibt, ist die Spannung zwischen den kindlichen Gewohnheiten und den ästhetischen Vorstellungen der Erwachsenen, die von ihnen entweder als Ordnung durchgesetzt oder dem Frieden mit dem Kind zuliebe unterdrückt werden. Es ist ein täglicher Zivilisierungskampf, bei dem den ästhetischen Bedürfnissen der Erwachsenen, den selbst unter Mühen historisch und biographisch entstandenen, einiges zugemutet wird.

In den USA hat man in den vergangenen zwei Jahrzehnten beobachtet, dass Erwachsene sich auf Kosten der Kinder mehr Raum angeeignet haben. Vor allem im Eigenheim: Das Kellergeschoss, ehemals Reich der Heranwachsenden, geteilt allenfalls mit dem Hobby des Vaters, ist nun oft zum »Studio« für den anderen Elternteil in der Doppelverdienerfamilie geworden. Aber auch das Außengelände, einstmals Spielgelände der Kinder, wird mit Joggingpfaden und Shopping Malls bebaut, zu denen Kinder keinen freien Zutritt haben.

In asiatischen Ländern erscheint die Hochschätzung der Kinder vor allem als Hochschätzung des Lernens von Kindern. Dafür wird in den engen Wohnungen viel Raum zur Verfügung gestellt: 86% der vierzehnjährigen Schulkinder in Taipeh haben einen eigenen Schreibtisch, aber nur 58% in Michigan. Aber auch die körperliche Bewegung der Kinder scheint einer Gesellschaft wie der japanischen viel wert zu sein. Schulhöfe und Spielplätze sind, gemessen an den innerstädtischen Bodenpreisen von Tokio und anderen japanischen Großstädten, im Vergleich zu den westlichen deutlich großzügiger bemessen.[8]

Bleibt die Frage, wie »Ordnung« zum Bedürfnis wird. Und

was ist mit Aufräumen gemeint? Auf Reisen spürt man es bald: an welchen Stellen anderen Kulturen Ordnung wichtig ist und wo sie es lässiger dem Zufall, der Geschichte, dem »Gang der Dinge« überlassen. Islamische Kulturen sind toleranter gegenüber dem Alter, auch bei den Gegenständen des täglichen Gebrauchs. Wie unterschiedlich altern die Dinge. Es entsteht eine wohltuende historische Vielschichtigkeit der Alltagsgegenstände. Sie haben überlebt, haben ihre Geschichten.

Aus dem Abstand erscheint Deutschland überaufgeräumt, intolerant gegenüber Spuren des Alters. Intoleranz gegenüber Alter und Gebrauchsspuren korrespondiert mit Intoleranz gegenüber den Spuren von Kindheit.

Das ist noch nicht fertig, sagen Erwachsene entschuldigend, wenn sie durch ihre neue Wohnung, ihr neues Haus führen. Fertige Wohnungen sind eine Kampfansage an Kinder. »Unser Haus war jahrelang eine Baustelle. Wie mein Sohn das genossen hat!«, erinnerte sich eine Gesprächspartnerin in einem Weltwissen-Interview.

Abgeworfene Äste und nicht beseitigtes Laub im Garten gelten in Deutschland als Schlamperei. Im Wald, der an die Großstadt Frankfurt grenzt, musste die Kommunalverwaltung folgenden Aushang anbringen: »Dieser Wald ist nicht unordentlich oder ungepflegt. Unterholz und abgeworfene Äste werden aus ökologischen Gründen nicht entfernt.«

Ein Tag im Wald, zu dem neuerdings manche Kindergärten regelmäßig aufbrechen, hinterlässt bei den Kindern vielseitigere Vorstellungen von legitimer Ordnung. »Unkraut«: In manchen Sprachen, dem Japanischen, dem Arabischen, gibt es diesen Begriff nicht. Im Wald ist Materie und »Schmutz« nach anderen Gesetzen verteilt.

Räum dein Zimmer auf ist für Fünfjährige keine sinnvolle Aufforderung. *Räum ein* vielleicht eher. Die Lust, einen Kinderrucksack so lange ein- und auszuräumen, bis alles in den letzten Winkel verstaut ist... Das Puppenhaus neu einrichten. Ein System für die Sammlung ausdenken: Kartons, Tüten, Schubladen, Kästchen.

Man kann den Kindern das nur vorschlagen. Erwachsene haben heute keine Ordnungssysteme für die Zukunft, das müssten wir begriffen haben.

Lebenslang hat man es mit Menschen sehr unterschiedlicher Ordnungsbedürfnisse zu tun. Man sollte die eigenen kennen und sich mit ihnen einrichten können. Mit den Ordnungsmustern anderer Menschen soll man leben können. Die Erwachsenen können dem Kind ihre eigenen Ordnungsvorstellungen zeigen, als Bedürfnis, nicht als Gesetz. Dem Kind zeigen: Ich, was mich angeht, schlafe besser in einem Zimmer, in dem die Kleider nicht irgendwie herumliegen. Ich, was mich angeht, kann meine Arbeit nur gut machen, wenn die Dinge auf eine bestimmte Weise um mich herum angeordnet sind. Ein frisch bezogenes Bett, ein zierlich dekoriertes Sandwich, die nach dem Aufräumen geräumiger wirkende Garage – das sind Ordnungs-Erlebnisse, die Kindern angeboten werden müssen mit dem Vorbehalt, dass es freilich auch irgendwie anders geht. Dass andere Menschen ihre Ordnung woanders suchen. Damit Kinder später die anderen Ordnungssysteme von Mitmenschen oder von anderen Kulturen gelten lassen können, sie überhaupt erst erkennen können.

Wie Handke das harmonische Muster im grässlichen Wirrwarr der Tochter.

Weniger war mehr

Das Verlangen bringt die Dinge zum Blühen, während der Besitz sie verwelken läßt.
Marcel Proust, Tage der Freuden

In einem oberbayerischen Kindergarten kam die Idee auf, das Spielzeug eine Weile ausruhen zu lassen. Und sich selbst auszuruhen vom Spielzeug. Die Realisierung dieser Idee über einige Wochen wurde als das Projekt »Spielzeugfreier Kindergarten« bekannt und hat viele Nachahmer – auch in anderen Ländern, unter anderem in Südafrika – gefunden. Es traf auf ein verbreitetes Bedürfnis.

In einer Videobeobachtung sehen wir zuerst den Elternabend: Hat dieser radikale Schritt Sinn? Kann man es riskieren, werden die Kinder in ihrer Entwicklung zurückfallen, werden sie, unbeschäftigt, aufs Trockene gesetzt, nur auf sich selbst verwiesen, aggressiv? Werden sie vielleicht nach dem Experiment, von Entbehrungen traumatisiert, erst recht dem Konsum verfallen?

Und doch hat dieses Experiment auch für die Erwachsenen etwas Reizvolles. Und wenn sie nun einmal die ersten sind, die diese Idee umsetzen, dann kann man den Ausgang noch nicht wissen! Deshalb zum Schluss: einstimmig beschlossen.

Gespräche mit den Kindern. Auch ihnen leuchtet es ein: ihr Spielzeug eine Weile ausruhen lassen. Auch sie fühlen sich als Pioniere und sind stolz auf ein, wie sie der Spannung der Erwachsenen anmerken, offensichtlich ungewöhnliches Vorhaben. Plüschtiere, Plastikgeräte, Holzbausteine – viel Kindheitszubehör wird gemeinsam in den Keller getragen und sorgfältig verstaut. Fürsorglich werden die Puppen zugedeckt.

Am folgenden Tag die ersten zehn Minuten morgens im

»spielzeugfreien Kindergarten«. Schäbig sieht es jetzt aus, abgetretene Fußleisten, leere Wände, ärmlich das Mobiliar im Raum. Die Kinder, linkisch, verlegen, nichts zum Festhalten, zum ersten Mal sind sie sogar scheu vor der beobachtenden Kamera. Die Erzieher springen nicht ein, auch sie sind heute als Animatorinnen abgerüstet, ihr Verhalten spielzeugbefreit, sie sind wenig mehr als ihre bloße Anwesenheit. Unbehagliches Warten. Jeder Wartesaal hätte mehr zu bieten, was tut man in so einem leeren Raum? Auf den Tischen sitzend baumeln die Kinder mit den Beinen. Da: Ein Kind trägt heute einen Pullover mit interessantem Muster. Das Eis ist gebrochen, es kommt ein Vorschlag: Stühle zusammenstellen, Decke drüber, Häuser bauen.

Danach wurde täglich intensiver gespielt. Zunächst lauter, einige Tage für die Erwachsenen unerträglich laut, dann zunehmend komplexer: längere Spielsequenzen, mehr Gespräche und Zuhören, mehr Kontakte zwischen Jungen und Mädchen. Die Erzieher traten zurück. Sie vermissten während dieser Wochen am stärksten für sich selbst ihre eigene gewohnte Aktivität des Anleitens, des Bestimmens, ihre Kontrolle über die Zeit.

Nach zwei Wochen ein Elternabend. Überraschendes wird aus den Familien berichtet: Manche Kinder haben auch zu Hause das Spielzeug in den Wartestand geschickt. Einige Kinder schlafen länger und ruhiger. Eine schwierigere Esserin zeigt plötzlich Appetit. Einige Großeltern sind zum Elternabend mitgekommen. Ihren Enkeln sind sie in diesen Wochen nähergerückt: In ihrer Kindheit mit wenig Spielzeug lebte es sich ähnlich. Bisher hatten sie den Enkeln immer etwas gekauft, wenn sie ihnen eine Freude machen wollten. Nun konnten sie mit ihnen aus ihrem erinnerten Repertoire Spiele ohne Requisiten spielen.

Nach sechs Wochen, wie vereinbart, werden die Kinder gefragt, ob sie ihr Spielzeug wieder aus dem Keller holen wollen?

Ja, sie wollen. Aber nicht alles auf einmal. Und es gibt eine Gesprächsrunde, bei der alle eine Meinung haben zu der spielzeugfreien Zeit. Es soll in Abständen wiederholt werden. Vielleicht jedes Jahr einmal: »Wie die Bäume, die haben auch manchmal keine Blätter«.

Die Idee war entstanden vor dem Hintergrund eines Projekts zur Suchtprophylaxe. Das ist weniger abwegig, als es auf den ersten Blick scheint: Es ging den Sozialpädagogen um die Erfahrung des Genießens ohne äußere Reize, um innere Kraft und Unabhängigkeit.

Auf große Zustimmung stößt dieses Projekt, wo immer es vorgestellt wird. Es war überfällig. Im Kindergarten, im Elternhaus – wer kennt nicht den Ekel der Verzweiflung angesichts des aufgehäuften bunten Krams. Das meiste ist ständig im Wege, behindert Bewegung und Blick, und doch kann man es nicht leicht loswerden, es steckt Arbeit von anderen darin, es ist ein gut gemeintes Geschenk der Tante ... An andere Familien weiterzuschenken macht auch wenig Sinn, sie haben selbst zuviel davon: Halden von Kindheitszubehör, das Spiel oft weniger »zeugend« als verhindernd. Besitz-Inventare von Kindern – eine Siegener Gruppe von Kindheitsforschern hat sie in Serien erhoben[9] – sind erschütternd. Die Kinder, keineswegs nur Kinder aus wohlhabenden Familien, haben nicht nur viel, sie haben das meiste doppelt und dreifach – Fußbälle, Fahrräder, Skateboards, Tennisschläger, Rucksäcke. Die Dinge selbst sind meist alles andere als Schund. In diesem reichen Land sind sie in der Regel erträglich gestaltet, solide verarbeitet, vom TÜV auf Kindgerechtigkeit überprüft. Es ist nur mehr davon da, als je ein Kind brauchen kann. Wie im Märchen vom Reisbrei: Eltern und Kinder erleben sich als ohnmächtig zugedeckt. Vor allem unsere Gesprächspartner der älteren Generation waren erschreckt von den oft gelangweilten Kindern in den vollgekramten Kinderzimmern. Im Rückblick auf ihre eigene Kindheit leuchten dann Erinnerungen auf, an die Tannenzapfen, die im Spiel zu Puppen und Tieren wurden. An das Seifenkisten-Wagerl nach dem Krieg ... in der Erinnerung verklärte rare Spielgegenstände, die »noch etwas bedeuteten«.

Ballast abwerfen, Reduktion als Befreiung für die Sinne, dieses Bedürfnis hat längst die Jüngeren erfasst. Arte povera. Minimal Music. Die absolute Stille von John Cage: 4 Minuten 33 Sekunden als durchkomponierte Pause. Langsamkeit wird geübt. Fasten tut wohl. Grelle Farben werden in Kleidung und Wohnung vermieden. Reduzieren üben, möglichst zu mehreren, das macht es leichter. Das ist keine Ethik der Beschränkung, sondern eine neue Philosophie des Genusses. Reduzieren überflüssiger Körper- und Sinnesnahrung ist der Weg aller gesteigerten, auch der mystischen Erfahrung.[10]

In den Familien der Oberschichten, und in englischen Privatinternaten ebenso wie in den deutschen der Landschulheimbewegung, sind künstliche Verknappung und die Simulation von Mangel immer schon ein leitendes Erziehungsprinzip gewesen. Wer sich aufs Vorhandene, auf den Reichtum der Eltern als Erbe, als Status, verlassen hätte, wäre als Unternehmer später verloren gewesen. Und nun ist es mit der Wachstumsgewissheit der alten Bundesrepublik vorbei, und diese Einsicht trifft alle Schichten.

Von Null anfangen können, das braucht Kraft, und es erzeugt Kraft. Eigene.

Jedem Kind sollte in den ersten sieben Jahren Gelegenheit gegeben werden zu entdecken: Weniger war mehr.

Geburt

> *Verstand und Herz des Knaben waren von den Bildern, Szenen und Bräuchen dieses Lebens schon erfüllt, ehe er das erste Buch zu Gesicht bekam. Und wer weiß, wie früh schon die Entwicklung des Vernunftkörnchens in einem kindlichen Gehirn beginnt? Wie soll man die Entstehung der ersten Vorstellungen und Eindrücke in der Seele eines Kindes verfolgen?*
> *Vielleicht hatte das Kind schon damals, als es kaum die ersten Worte lallen, oder vielleicht noch früher, als es überhaupt noch nicht sprechen, ja nicht einmal gehen konnte, sondern alles nur mit jenem eindringlichen, stummen Kinderblick betrachtete, den die Erwachsenen als stumpf bezeichnen, die Bedeutung und den Zusammenhang der Dinge seiner Umwelt gesehen und erraten und dies nur weder sich selber noch den anderen zu Bewusstsein bringen können?*
>
> Iwan A. Gontscharow, Oblomov

Bis in die zweite Hälfte des 20. Jahrhunderts, des *Jahrhunderts des Kindes,* waren Säuglinge vielleicht die letzte Bevölkerungsgruppe, die gründlich missverstanden und benachteiligt, ja misshandelt wurde. Babys erschienen in Medizin, Psychologie und Geburtshilfepraxis als halb tierische, vormenschliche Wesen, denen man Empfindungsfähigkeit absprach. Ihr Gehirn sei noch unterentwickelt, ihr Erinnerungsvermögen nicht ausgebildet. Ihr Lächeln galt als »unecht«, ihre Schmerzäußerungen als bloße »Reflexe«, vorbewusst, seelenlos, inhaltslos.

Im ersten Semester Psychologie an der Universität München verdarb mir in der Einführungsvorlesung (Prof. Lückert, Wintersemester 1963) folgender Satz die Lust am weiteren Studium des Fachs: »Reizt man einen Säugling durch einen Nadelstich, kann man folgende Reaktionen gut beobachten: ...« (nämlich: zielloses Zappeln aller Gliedmaßen als »Reaktion« auf einen Schmerz, den ein Säugling – angeblich – noch nicht lokalisieren kann.)

Anfang des 20. Jahrhunderts gab es weltweit nicht mehr als eine Hand voll wissenschaftlicher Arbeiten zum Thema Neugeborene. In den 50er Jahren waren es etwa fünfhundert, in den 70er Jahren über zweitausend Bücher und Studien. Mittlerweile hat das weltweit gestiegene neurobiologische Interesse zu einer explosionsartigen Entwicklung der Säuglingsforschung geführt.

Die führenden Forscher singen heute ein Loblied auf die Neugeborenen. T. Berry Brazelton (Harvard) nennt sie »talentiert«, Hanus und Mechthild Papousek, die deutschen Pioniere der Säuglingsforschung, »frühreif«, und es ist üblich geworden, vom »kompetenten Säugling« (Martin Dornes) zu sprechen.[11]

Man weiß inzwischen, dass Säuglinge ständig Informationen aufnehmen, dass sie Erfahrungen machen, die sie erinnern, und dass sie deshalb aus diesen Erfahrungen auf ähnliche Weise lernen können wie Erwachsene. Ein besonders bemerkenswertes Ergebnis dieser neuen Forschungen ist der Nachweis von Fähigkeiten, die man lange Zeit nicht erkannt und erst in späteren Entwicklungsstufen bemerkt hat.

Auch ein Lernen *vor* der Geburt ist mittlerweile nachgewiesen. Testreihen haben gezeigt, dass Ungeborene lernen. Das ist zugleich ein Beweis für das Vorhandensein von Gedächtnis, denn Voraussetzung für jedes Lernen ist Erinnerung. In Stimmportraits schwedischer Frühgeborener offenbarte sich ein vorgeburtliches Gedächtnis. Der Vergleich von Stimm-Spektogrammen zeigte, dass die Kinder gewisse Sprachmerkmale von ihren Müttern übernommen hatten.

Französische Neugeborene konnten die Stimme ihrer Mutter aus einer Reihe anderer Stimmen herausfinden.[12]

Babys scheinen das Lernen zu genießen. Werden sie angeregt, geht es ihnen gut. Interessant sind die Beobachtungen zum Lernen von Babys in Laborsituationen: Sie hören auf, mitzuarbeiten, wenn die Aufgaben bewältigt und ihnen zu eintönig wurden (»Habitualisierung«). Die Herzfrequenz des Babys nimmt mit der Wiederholung desselben Lauts ab. Eine Veränderung im Lautmuster erregt ihr Interesse erneut und ihre Herzfrequenz steigt rasch an.

Belegt ist mittlerweile, dass Neugeborene nachahmen können. Nachahmung ist die spontanste Form des Lernens, ein Lernen ohne die ermüdenden Wiederholungen bei der klassischen Konditionierung (Pawlow), oder bei der Habitualisierung, ein Lernen, das auch unabhängig von Belohnung in Gang gesetzt wird. Lernen ist also auch Ausdruck einer komplexen, aber angeborenen geistigen Fähigkeit: zu imitieren. Wenige Wochen alte Babys konnten sich sogar noch nach einer Pause von bis zu zwei Minuten an Gesten erinnern und versuchten, sie nachzuahmen.[13]

Eine Reihe von Experimenten hat gezeigt, dass Lernen für Babys befriedigend ist. Ein Mobile wird über den Augen von Babys in Bewegung gehalten, während andere selbst das Mobile durch ihre Strampelbewegungen zum Tanzen bringen können. Diese Babys jauchzten und glucksten häufiger als die passiv schauenden Gleichaltrigen. Aktivität, Selbstwirksamkeit scheint schon Babys zu beglücken. Lange Zeit hat man versucht, Babys durch Koppelung mit Belohnungen lernen zu lassen. Ist aber vielleicht auch Lernen an sich eine Belohnung, als gesteigerte Kontrolle, als Genuss für den Geist?

Lernen ist nicht nur Vergnügen, es ist auch Mühe. Hanus und Mechthild Papousek beschreiben, dass Babys bei der Problemlösung ähnliche Stadien durchlaufen wie Erwachsene: Verlegenheit, Missbehagen, Befriedigung, je nach dem Stadium der Problemlösung.[14]

Medizin, Embryologie, pränatale Psychologie entdecken das Neugeborene als geisterfülltes Wesen. In der bildenden Kunst waren sie es längst – anbetungswürdig, und seien sie auf Stroh gebettet. Ein Lebewesen von rätselhaft anderer Aura als Ochs und Esel, wenn auch den Tieren geschwisterlich näher als die Erwachsenen.

Wenn für Babys verständnisvollere Zeiten angebrochen sind, wenn die pränatale Medizin, Hirnforschung und Entwicklungspsychologie eine Haltung liebevollen Staunens einnimmt, kann das die Entfaltung aller Sinne befördern. Wenn die »Geburtsvergessenheit« (Sloterdijk), diese »gelernte Amnesie«[15] in kommenden Generationen überwunden wird, kann das zu einer Kultivierung des Erinnerungsvermögens beitragen. Was mit einem derart erweiterten Erinnerungsvermögen gelernt und weiterentwickelt werden könnte an Tiefe des Verständnisses für sich selbst und die anderen, als eine umfassende Humanisierung, lässt sich erst ahnen.

Wie könnte man solche Erkenntnisse aus Wissenschaft und Kulturgeschichte einspeisen in die Erfahrung der Dreijährigen, Fünfjährigen, Sechsjährigen? Wie kann man ihnen helfen, ihre Erinnerung nicht abzuspalten, sondern ihr Erinnerungsvermögen stärken, ihre Sensibilität für die Erinnerungsspuren in ihrem Körper, für ihr Körpergedächtnis? Ihre Antennen erhalten für die Sprache der Neugeborenen? Ihre eigenen Vorlieben für bestimmte eigene Haltungen, Lagen nicht verlernen, sie wieder neu verstehen – es könnte ihnen leichter fallen als uns Erwachsenen. Was kann man von ihnen lernen, die diesen Erfahrungen noch näher sind?

Jeder Mensch hat die körperliche Erfahrung einer anderen Welt. Jedes Kind kennt bereits zwei Welten. Darüber kann man gemeinsam phantasieren. Schon vor deiner Geburt bist du gern gereist: Wenn wir unterwegs waren, mit dem Auto, dem Schiff, dann hast du dich viel bewegt, als wärst du selbst auf Reisen. Einmal mussten wir auf der Autobahn scharf bremsen, da bist du wahrscheinlich sehr erschrocken und hast dich einen Tag lang versteckt.

Ehrfurcht vor dem Leben beginnt auch mit der Ehrfurcht, mit der die Anfänge des eigenen Lebens erinnert werden. In der Badewanne: Vor deiner Geburt konntest du schon schwimmen. Der Nabel: In den Körper ist eingeschrieben, dass jeder am Anfang des Lebens verbunden ist mit einem anderen Menschen. Ohne andere Menschen kann niemand zu leben anfangen. Neun Monate haben wir im Dual mit der Außenwelt gesprochen.

Mit dem Kind die Bilder ungeborener Kinder betrachten, in ihrer zarten Erhabenheit. Da schwebt es, groß wie ein Daumen, aber ein eigensinniges Kraftzentrum, und schon im Dialog mit einem anderen Menschen. Das einmalige Ereignis: der Geburtstag. Das Kind bringt die Geburt in Gang, weiß man heute, es sendet Signale, die die mütterlichen Hormone aktivieren. Es war zu eng geworden, die Nahrung verlor an Qualität. So bringt der Mensch sich auch selbst zur Welt, »eigenaktiv«, hier müssen die Mütter ihre Eitelkeit etwas zurückstellen.

Das Kind entscheidet den Zeitpunkt. »Ich bestimme über mich selbst.« Dieses Grundgefühl, sich gut ins Leben gebracht zu haben, sein Dasein auch sich selbst zu verdanken, ist eine Erfahrung von Kraft, es verankert in der Welt. Shiwa ist »der, der sich selbst geboren hat«. (Es gibt im Deutschen kein aktives Verb für dieses Verständnis von Geburt.)

Daran die Erinnerung nähren, nicht zuviel selbst erzählen, sondern fragen, andeuten: Wie könnte es fürs Kind gewesen sein? Nicht nur von der Hilflosigkeit des Neugeborenen erzählen, sondern auch von seinem Freiheitsdrang, Emanzipationsstreben. Mit dem ersten Atemzug, der schmerzt und befreit zugleich, ist der Mensch angeschlossen an einen Ozean der Energie. Die Euphorie des Atmens, eines guten Atmens, können Kinder fühlen, und dem Ereignis ihres ersten Atemzugs noch einmal nachspüren.

Unsere Sprache für diesen Eintritt ins Leben ist noch unbeholfen, deshalb manchmal kitschig oder steif (»Fötus«), wir müssen sie erfinden und die Bilder dazu. Eintritt ins Leben – das war jahrzehntelang das Foto von aufgereihten Abiturienten, Brust vor. Oder der erste Schultag – das Kind steht schon aufrecht auf zwei Beinen und trägt erste Lebenslast als Päckchen auf dem Rücken, aber es muss sich noch an der Schultüte festhalten, einem Riesenschnuller mit verzuckertem Inhalt.

Bei der Geburt dagegen, sie mag so »sanft« inszeniert sein, wie das heute gefordert ist, geht es immer um Leben und Tod. Die Haltungen der Gebärenden und die Haltungen der in die Welt Kommenden widersprechen allen gelernten, aufrechten Haltungen des zivilisierten Erwachsenen, nicht anders als beim Sterben. Vielleicht auch daher die »Geburtsvergessenheit«, die unterbrochene Erinnerung.

In einer »Kultur des Aufwachsens«, wie sie heute gern gefordert wird, muss dem Geburtsvergessen, diesem gelernten Nichtwissen, etwas entgegengesetzt werden. In einer Kultur des Aufwachsens werden wir Kindern beistehen, sich selbst als Ankunftswesen zu verstehen. Damit sie später nicht nur aufgehen in ihren erwachsenen Rollen. Zur Welt gekommen sein, das erste Einatmen, die Erinnerungen daran als tiefenästhetische Sinnesnahrung steigern Daseinsfreude und Geistesgegenwart.

Jedes Siebenjährige sollte gefragt haben können, wie Leben entsteht.
Jeder Junge, jedes Mädchen sollte wissen, wie sich ein Baby anfühlt.
Jedes Kind sollte in seinen Erinnerungen und Phantasien über das Leben vor der Geburt bestärkt werden.

Nochmal!

> *Mich wird er vergessen. Aber sein Handgelenk wird mich nicht vergessen.*
> Ein russischer Geigenlehrer über seinen achtjährigen Schüler

Nochmal! strahlt die Dreijährige. Das Buch wurde an diesem Abend schon zweimal gelesen, von Deckel zu Deckel.

Nochmal! Fünfmal hintereinander ist der Zweijährige an der Hand über den Baumstamm balanciert.

Nochmal!

Säuglinge üben ihre Silben, Kleinkinder üben den Treppenaufstieg, Fünfjährige flechten ihre Lieblingswörter in neue Kontexte ein, Sechsjährige arbeiten hartnäckig an ihrer Technik beim Ball-an-die-Wand und wiederholen unermüdlich einen bestimmten Wurf. Ist das Üben ein spontanes Bedürfnis? Übernehmen Kinder erst von Erwachsenen die Sicht, dass Üben monoton, dass Wiederholen langweilig ist, Mühe der Ebene?

Zwar wenden Säuglinge sich ab, wenn eine Aufgabe »habitualisiert« ist, wenn sie ihrer Aufmerksamkeit keinen neuen Anreiz mehr bietet. Aber der innovationsbegierige Erwachsene unterschätzt das Bedürfnis von Kindern nach Wiederholung. Die TIMS-Studie, die international vergleichende Studie über Lernleistungen und Problemlösungsfähigkeiten bei Fünfzehnjährigen (1996), hat die Vorsprünge der asiatischen Schüler vor den amerikanischen und westeuropäischen auch damit zu erklären versucht, dass in japanischen Klassenzimmern mehr Zeit auf das Wiederholen verwandt wird. Japanische Lehrer machen sich weniger ein Problem daraus, ihre Schüler mit der Wiederaufnahme von Altbekanntem und mit dem erneuten Umkreisen des bereits

Getanen und Gesagten zu langweilen, als amerikanische Lehrer, die sich gern als Entertainer verstehen und meinen, das Interesse der Kinder nur durch Stimulation mit Neuem wachhalten zu können, weshalb sie sich selbst unter Originalitätsdruck setzen und ihre Schüler ständig auf neues Terrain locken.

»Das Kind muss seiner eigenen Führung anvertraut werden«, sagte John Locke, interessanterweise nicht in einem Zusammenhang, in dem es um das Entdecken von Neuem geht, sondern im Kapitel »Habits«, Gewohnheiten (*An Essay Concerning Human Understanding*, § 10).[16]

Das Üben muss gelernt sein und das Üben muss geübt werden. Jeder Musikpädagoge, jeder Sportlehrer weiß, dass Techniken des intelligenten Übens aufgebaut werden müssen. Lernen zu lernen heißt auch lernen zu üben, einen Vorgang isolieren können, eine Tätigkeit, einen Bewegungsablauf mit Anfang und Ende versehen, um sie wiederholen zu können, daran zu feilen, analytisch, im Wechsel von Selbstbeobachtung und Selbstvergessenheit. Nicht mechanisch, mit kleinen Variationen. Intelligente Techniken des Übens bringen sich Vorschulkinder vor allem gegenseitig bei, aus dem Augenwinkel den Freund und die Rivalin beobachtend beim Seilhüpfen, Schwimmen, Ausschneiden, Jonglieren, In-line-Skaten. In ihrer Erinnerung wird die Vorbereitung für eine Zirkusvorstellung im Vorgarten mehr zählen als das Ereignis selbst. In ihrer romantischen Leistungsphase, in der Grundschulzeit, wenn Kinder sich gegenseitig das halbe Guinness-Buch der Rekorde aufsagen können, phantasieren sie über das Zustandekommen von exotischen Hochleistungen, über Ausdauer, Training und über die Kunst des Übens.

Im Japanischen schreibt man »Üben« mit den Zeichen für »vertraute Freunde wiedertreffen«.

Keine Meisterschaft ohne vorangegangenes Üben. Die Expertiseforschung, die Forschung über die Entstehung von Hochleistungen, summiert Übestunden als eine Voraussetzung, ohne die nichts geht: In soundso viel Tausenden von Stunden müssen bestimmte Bewegungsabläufe am Klavier oder mit dem Tennisschläger habitualisiert worden sein, soundso viele tausend Lösungsmuster waren beim Schachspiel erst einmal zu speichern. Nochmal!

Jedes siebenjährige Kind sollte sagen können:
Das kann ich ziemlich gut, denn ich habe es geübt.
Das möchte ich können. Das werde ich üben.

Die Apfelsine

> *– Eine Apfelsine in die Hand nehmen*
> *– mit einem Messer ihre Schale in Streifen schneiden, aber nicht bis ganz unten*
> *– die Streifen vorsichtig vom Fleisch lösen und nach außen biegen*
> *– von obenher die Spalten der Frucht vorsichtig voneinander lösen*
> *– die Apfelsinen-Blume sehen, riechen und essen können.*
> *Selbstständig, aber nicht »allein«.*
> *Die Apfelsine gab es zu Weihnachten, sonst war sie damals zu teuer. Ihr Duft! Und wie mein Vater sie öffnete! Er machte eine »Blume« aus ihr.*
> *Ist das eine Realie? Eine Phantasie? Ein Glück? Eine Qual?*
> *Von mir aus ist diese Erfahrung mit aufzunehmen in die Liste zum Horizont der Siebenjährigen heute.*
>
> Anke Steenken, Hamburg 1998

Warum war es auch eine Qual? Weil das Kind nicht erkennen, nicht entscheiden konnte, was Frucht, was Abfall war? Wurde hier Kunst nur verschwendet an eine Schale, an Abfall? Würde man solche Kunst zerstören dürfen, zerstören müssen? Und war man es wert, ein solches Kunstwerk am Ende aufzuessen? Schwer zu ertragen, die Verwirrung der Gefühle. Das hat die Erinnerung offen gehalten.

Wo erlebt heute ein Kind die Kostbarkeit eines Lebensmittels, einer Frucht? »Von weit her«, das war eine besondere Aura in der Nachkriegszeit und ist es nicht mehr. Und das dramatische Freilegen, diese Erscheinung des Innen-Außen, wo kann das Kind heute diese Erfahrung machen? Orangensäcke werden in Haufen auf die Regale der Supermärkte geworfen. Orangensaft wird in der *Health Bar* am Bahnhof aus Hunderten von Orangen aufgeschäumt, die Schalen ein matschiger Abfall.

Einpacken, Auspacken ist ein elementares Kinderspiel, ein Experimentierspiel. Die Verpackung steigert den Inhalt. Manche Kulturen, Japan vor allem, haben es darin zu großen Leistungen gebracht, und Kritik der Umweltschützer am uferlosen Verpackungsmüll hin oder her, die Kunst der Umhüllung ist ihnen heilig und schult im Kind schon früh ein Gefühl für Raum und Material. Das ästhetische Spiel mit gelernten Falt- und Bindetechniken regt an zu eigenen Gestaltungsideen bei der Inszenierung einer Gabe.

Mit einem Kind die Kokosnuss aufsägen: Wie manche Früchte ihr Inneres schützen, panzern! Die Kastanie fährt Stacheln aus. Ein Blumenkohl: Wie viele Lagen, Schutzhüllen entblättert werden müssen für ein harmlos bleiches Gebilde von Gemüse! Die Artischocke, rätselhaft versteckte Nahrung. Mais, gebraten: Wieviel explosive Lebenskraft kann unter einer Schale verborgen sein.

Das sind Erfahrungen, die Stoff abgeben für Metaphern, für Außen-Innen, für Erscheinung und Wesen.

In einer Schule für Lernbehinderte im so genannten hessischen Silicon Valley zwischen Frankfurt und Darmstadt, einer wohlhabenden Gegend mit vielen kleinen Software-Betrieben, will die Lehrerin den Sammelbegriff »Obst« einführen. Die Kinder sollen Obstsalat machen. Es stellt sich heraus, dass von fünfzehn Kindern im Alter bis zu zwölf Jahren die meisten außer Äpfeln, Bananen und Orangen in ihrem Leben noch keine anderen Früchte kennen gelernt haben. Das ist Kinderarmut in Deutschland, relative Kinderarmut, nicht auf den ersten Blick sichtbare kulturelle Unterernährung. Zu den Tafeln der globalisierten Alltagskultur nicht vorgelassene Kinder.

Schutz und Schutzbedürftiges, Hülle und Kern, Schale und Substanz. Wenn die Erwachsenen damit umgehen, wie das Kind es selbst nie tun würde, sei es achtlos, sei es so atemberaubend kunstvoll und überlegen wie der Vater mit der Apfelsine in der Nachkriegszeit – dann kann das eine Qual sein. Eine unvergessliche, die ein Leben lang zu denken gibt.

Jedes Kind sollte eine Frucht nach allen Regeln der Kunst freigelegt haben.
Jedes Kind sollte einen Kern gespalten haben.

Waldtag

»Wir wuchsen auf wie die Heckenrosen«, erinnert sich Albert Schweitzer an seine Kindheit. Das bedeutet: wenig erzogen und veredelt, der Vater ließ so viel Freiheit, »wie Kinder sie ertragen können«.[17] Aber im Sommer ging er an zwei oder drei Tagen mit den Kindern in die Berge. Daher auch das Bild: Albert Schweitzer kann sich in einem Gesträuch wiedererkennen und sich selbst dazu in Beziehung setzen.

Kaum ein Gespräch zum Weltwissen-Projekt, in dem die heutigen Kinder nicht bedauert wurden wegen ihrer Ferne zur »Natur«. Erinnerte Kindheit, glücklich erinnerte, spielt fast immer »im Freien«, außer Haus. Welt, positiv erfahren als großzügig, ermutigend, als grenzenlos überraschend und den Sinnen angenehm – das ist in der Erinnerung »Natur«. Ist das ein Topos des 20. Jahrhunderts – weil »Licht, Luft und Sonne« zum Rezept überhaupt wurden für gesundes Aufwachsen? Oder brauchen Kinder universell, in jeder Epoche, in jeder Kultur das Erlebnis, dass es neben uns wächst, arbeitet, stirbt, auf unterschiedliche Weise? Müssen wir ihnen dann, koste es, was es wolle, und sei es noch so umständlich von der Stadtmitte aus, solche Erfahrung ermöglichen, als ein zentrales Bildungselement?

Diejenigen Kindergärten, die regelmäßig einmal in der Woche, oder für eine Woche im Monat »Waldtage« organisieren, sehen es so.

Und wenn man sie auf einem Waldtag begleitet hat, wird man ihnen zustimmen.

Es ist sehr umständlich. Der Preis, den wir für das urbane Wohnen zahlen, ist hoch für die, die mit Kindern kurz daraus aussteigen wollen. Spontan geht da nichts. Es muss geplant werden: die Gummistiefel, extra Socken, das Handy, Lupengläser, der Verbandskasten. Lange Straßenbahnanfahrten, manchmal mit mehrfachem Umsteigen – die Vorbereitungen dauern oft länger als das tatsächliche Ereignis. Ein Waldlehrpfad soll es nicht werden, und trotzdem braucht es viel Planung.

Anfangs stehen manche der verhäuslichten Kinder etwas ratlos herum. »Ich glaub, ich bin im Wald«, was haben wir hier verloren? Eine Mondlandung. Wo ist hier der Spielplatz? fragten Berliner Sechsjährige, als sie im Ferienlager, einem schwedischen Landheim im Wald zwischen See und Fluss, aus ihrem Bus stiegen. Wo ist hier der *Wald*? fragte eine Fünfjährige mitten im Frankfurter Stadtwald.

Die begleitenden Eltern stehen manchmal noch verlegener und linkischer im Wald herum als ihre Kinder. Aber bald erkennen die Kinder den Wald wie ein ihnen längst bekanntes Terrain. Sie balancieren auf Baumstämmen und glitschigen Steinen, sie bohren im feuchten Laub, streben weiter, wollen mehr davon. Ganz Suche werden sie, so wie man ganz Ohr sein kann. Das Leben wimmelt unter einem hochgewuchteten Baumstamm, und was davon kann ein Mensch essen? Andere Dimensionen von Zeit in der Betrachtung der sich Millimeter um Millimeter auf der Borke vorschiebenden Raupe. Der spitzzangige Ohrenschlüpfer. Das zitternde Spinnenbein und ein schimmerndes Netz. Auf Videoaufzeichnungen, über die Wochen verglichen, zeigt sich, wie sich die Kinder beleben, wie ihre Füße geschickter werden im Stolpergelände, wie sie von Mal zu Mal freier ausschwärmen, wie sie ihre Ausdauer steigern bei der Beobachtung ihrer Entdeckungen. Graben, Stochern, Tasten, Riechen. Sie vergleichen die Adern des Blattes mit den Adern ihrer Hände. Sie versuchen, den Finger ähnlich kriechen zu lassen wie die Raupe. Ekel, Bewunderung, Schaulust in unvergesslicher Mischung. Es kommen mehr interessierte Fragen auf, die Stimmen modulieren lebendiger, und zwischen den Kindern entstehen Sachdebatten. Ein Vitalitätsstoß sind solche Waldtage. Augenblicksweise auch für die Erzieherinnen: Wenn sie sich von den Kindern ins Offene mitnehmen lassen, sich den Erfahrungsreisen der Kinder anschließen.

Jedes Kind sollte einige Tage seines Lebens im Wald verbracht haben.
Jedes Kind sollte Beeren vom Busch gepflückt haben.
Jedes Kind sollte Jahresringe am Baumstumpf gezählt haben.
Jedes Kind sollte einmal in einen Bach gefallen sein.

Schrift und Zeichen

Leser von Büchern pflegen eine Eigenschaft, die uns allen zu eigen ist. Das Lesen von Buchstaben ist nur eine ihrer Erscheinungsformen. Der Astronom liest am Himmel in Sternen, die längst nicht mehr existieren. Japanische Architekten lesen die Beschaffenheit des Grundstücks, auf dem sie ein Haus errichten wollen, um es vor bösen Geistern zu bewahren. Jäger und Naturforscher lesen die Wildfährten im Wald; Kartenspieler lesen die Mienen und Gesten ihrer Partner, bevor sie die entscheidende Karte ziehen, Balletttänzer lesen die Notierungen eines Choreographen, und die Zuschauer lesen dann die Figuren des Tanzes auf der Bühne. Teppichweber lesen die verschlungenen Muster eines gewebten Teppichs. Organisten lesen mehrere simultane Stimmen, um sie zu einem orchestralen Klang zusammenzuführen, Eltern lesen im Gesicht ihres Babys, um nach Anzeichen der Freude, der Angst oder des Staunens zu suchen. Chinesische Wahrsager lesen uralte Zeichen, die in den Panzer einer Schildkröte geritzt sind, Liebende lesen nachts im Dunkeln den Körper der Geliebten unter der Decke, Psychologen helfen den Patienten, die eigenen befremdlichen Träume zu lesen, hawaiianische Fischer lesen die Meeresströmungen, indem sie die Hand ins Wasser halten; der Bauer liest am Himmel, welches Wetter zu erwarten ist, und alle teilen sie mit den Lesern von Büchern die Fähigkeit, Zeichen mit Bedeutung zu versehen.

Alberto Manguel: Eine Geschichte des Lesens
München 1998, S. 15f.

Wenige Vorschläge auf der Liste zum »Weltwissen der Siebenjährigen« haben soviel Widerspruch ausgelöst wie »Jedes Kind sollte in seinen ersten sieben Jahren ein chinesisches Zeichen geschrieben haben«.

Überflüssig! Kann doch kaum ein Erwachsener! China: weit

entfernt, was hat das mit der Situation deutscher Kinder zu tun! Heriberth Späth, ehemaliger Präsident des Zentralverbandes für das Deutsche Handwerk, hatte im Gespräch wiederholt beklagt, dass Lehrlinge in Deutschland nicht mehr lesen und schreiben können. Er war aber besonders irritiert von diesem exaltierten Vorschlag: Was sollte ein Kind im Münchner Schlachthofviertel damit anfangen!

Verblüffung dann, wenn den Erwachsenen drei erste chinesische (zugleich japanische) Zeichen gezeigt wurden.

Kanji: *eins*   *zwei*   *drei*

Wieviel einfacher zu begreifen als die arabische Ziffer Drei!

Ein Vater in einer Vätergruppe: »Ja, wenn man's einmal *weiß*...«

Eine weitere Überraschung in einer Schule für lernbehinderte Kinder. Im Schulhof hatten die Kinder mit der Lehrerin Kreidekreise mit den arabischen Zahlen von eins bis zehn auf den Asphalt gemalt. Auf Zuruf der Lehrerin sprangen sie ins aufgerufene Kästchen: Memorieren der Zahlen, mit denen sie sich schwer tun, unterstützt durch körperliche Bewegung. Ich fügte den arabischen Ziffern die chinesischen Zeichen für Eins, Zwei, Drei hinzu. Ein Zehnjähriger, als besonders leseunlustig und als hartnäckiger Lernverweigerer bekannt, bemerkte beiläufig: »Sieht aus wie römisch Eins, Zwei, Drei. Nur umgekippt!«

Die Evolution hat die Hand des Menschen befreit für die Schrift. Allein der *homo sapiens* kann Denken, individuelles und kollektives, in Symbolen festhalten. In jeder Schriftkultur ist das

Lesenlernen eine Initiation, ein Übergang vom Zustand der Unselbstständigkeit und der beschränkten Verständigung zur Fähigkeit, mit Hilfe des Aufgezeichneten am kollektiven Gedächtnis teilzuhaben.

Häufig ist diese Einführung Aufgabe der Mutter. »Maria lehrt den Jesusknaben lesen«, »Anna unterrichtet Maria« sind beliebte Motive in der mittelalterlichen Ikonographie.

Im Wissenschaftskolleg Berlin fragte ich einmal eine Gruppe von zweiunddreißig Forschern aus aller Welt, wer von ihnen die ersten Erfahrungen mit der Schrift in der Schule gemacht hatte. Dreißig Wissenschaftler erinnerten sich, das Lesen vor der Schule, in der Familie, gelernt zu haben.

Japanische Kinder lernen die Zeichen der Silbenschriften *katakana* und *hiragana* mit ihrer Mutter. Wenn sie mit sechs Jahren in die Schule kommen, haben sie bereits einige in *hiragana* geschriebene Bücher gelesen, von Deckel zu Deckel. Das gilt als selbstverständlich: Muttersprache ist auch Mutterschrift. Gelernt werden diese Silbenschriften – im Vergleich zum römischen Alphabet sind es unkomplizierter zu begreifende Laut-Silbenzeichen – auf Einkaufsgängen, auf den Beschilderungen des Spielplatzes, durch die Reklame, durch die Lesebücher für Drei- und Vierjährige. Und vor dem Fernseher, einem in Japan mit viel Vertrauen akzeptierten Lehrmeister. In einem der traditionellen Mutter-Kind-Programme (*okaasan-to-isshō*, ein Programm, mit dem schon die Mütter aufgewachsen sind) werden nebenbei auch Schriftzeichen der *hiragana* vorgestellt. Nicht zuletzt gibt es auch den formalen Unterricht durch die Mutter, eine Viertelstunde täglich, beide auf dem Boden schreibend, oder heute meist am Tisch.

Die Verehrung der Schrift ist allen schriftkundigen Kulturen eigen, in Japan ist sie besonders ausgeprägt. Eine gute Schrift bringt einen guten Bräutigam, wurde auch den Bauerntöchtern eingeprägt. Und: Der Pinsel ist ein beseelter Gegenstand, mit Sorgfalt und Ehrfurcht zu behandeln. Man springt nicht über einen Pinsel, das bringt Unglück.[18] Die Schriftzeichen gelten als in der Welt schon vorhanden, nur verborgen. Das Schriftzeichen ist im »unbeschriebenen Blatt« schon enthalten, heißt es in der japanischen Kalligraphie, der Schüler lernt, das Schriftzeichen »aus dem Papier herauszuholen«. Schrift ist nicht Schreibqual, Schrift ist ein Geschenk. Japanische Götter hören weniger auf Gebete, als dass sie sie *lesen*. Man schreibt ihnen die Bitten auf Zettel, Kinder werden dazu schon in frühem Alter angeregt, und auch die Mütter oder die Erzieherinnen schreiben beim *Tanabata*-Fest die Wünsche für ihre Kinder auf Zettel. Der Wind bewegt die weißen Papierstreifen an Baum und Busch.

In der islamischen Kultur, deren schönste künstlerische Blüte die Kalligraphie ist, spielen die Buchstaben eine wichtige Rolle. Ähnlich wie im Judentum tragen die Buchstaben Heiligkeit, weil aus ihnen der Name Gottes zusammengesetzt ist. Man hütete sich, beschriebenes Papier wegzuwerfen oder zu vernichten. Auch der heilige Franziskus hob beschriebene Blätter auf – was auch immer auf ihnen geschrieben stand. In allen Weltreligionen heißt es, das Schicksal »schreibe« sich ein. Und hat nicht John Locke das Kind selbst mit einem »weißen Blatt« verglichen, jedes Kind ein Neuanfang, auf dem seine Eltern und seine Umwelt »schreiben«?

In Europa, in Deutschland, ist diese Verehrung der Schrift ängstlicher. Das staatliche Erziehungswesen hat sich ein Monopol über das Schreiben- und Lesenlernen angeeignet. In der Geschichte der Alphabetisierung im Abendland dominiert die Unterweisung im *Lesen*. Daran war vor allem Staat und Kirche gelegen: Gesetze, Warnungen, Belehrungen, Informationen sollten aufgenommen werden können. Das Schreiben, als eine schwerer zu kontrollierende, private, selbst gestaltete Beschäftigung wurde weniger gefördert, lange Zeit vor allem bei den Frauen nicht. Heute ist schreiben zu lernen nicht mehr ein Privileg. Aber *Freude* am Lesen und Schreiben, vor allem am Schreiben, scheint nach wie vor wenigen vorbehalten. Seit es eine staatlich beaufsichtigte allgemeine Schulpflicht gibt, werden die Familien, die Mütter von den Experten eingeschüchtert. Ganzheitsmethode, ja oder nein? Darf ein Kind mit der linken Hand schreiben? Deutet sich beim spiegelbildlich schreibenden Kind eine Legasthenie an? Noch bis in die jüngste Zeit galt die Einführung in die Schrift als ein höchst prekärer Prozess, bei dem der Laie so viel falsch machen kann, dass ein bestimmter Zeitpunkt, der ausgebildete Pädagoge, der offizielle Ort gewahrt bleiben muss. Dilettanten wie Eltern oder Erzieherinnen sollen am besten ganz die Finger davon lassen.

»Im Unterschied zum Erwerb der Lautsprache ist Lesen- und Schreibenlernen auf gezielten Unterricht angewiesen«, heißt es noch 1981 in einem Standardwerk der Sprachpsychologie.[19] Da kann aus dem Schreiben Fremdarbeit werden.

Caroline Barrat-Pugh, eine englisch-australische Entwicklungspsychologin, die über *preliteracy* von Kindern ab dem Kleinkindalter forscht, erinnert sich an die in den 70er Jahren in englischen Kindergärten ausgehängten Anweisungen an das pädagogische Personal: »Schrift und Buchstaben in jeder Form sind in den Gruppenräumen zu vermeiden. Das betrifft auch die Bastel- und Malarbeiten von Kindern. Bücher sollen von Erwachsenen nur gezielt und unter Aufsicht ausgegeben und eingesetzt werden. Kinder sind in frühen Jahren von ihrer Entwicklung her nicht fähig und bereit, zu lesen oder zu schreiben. Deshalb kann schriftliches Material jeder Art Ängste und Desorientierung auslösen.«[20]

Bis heute kennen Mütter das Unbehagen, wenn sich in einem deutschen Kindergarten herausstellt, dass ihr Kind »schon früh« lesen kann. Argwohn bei Erziehern: Wurde zu Hause mit dem Kind gepaukt? Werden die anderen Eltern der Kindergruppe damit unter Zugzwang gesetzt?

Den Leistungsdrill, den der reformierte Kindergarten den Vorschulkindern ersparen will, hat es tatsächlich in Deutschland während der 60er Jahre des 20. Jahrhunderts gegeben. In Frühleselernprogrammen wurde, in frontaler Instruktion an Schultischen, mit Fünfjährigen die links-rechts Bewegung der Hand trainiert. Abstrakte Formen und Farben waren auf Arbeitsblättern zu unterscheiden, Klang-Buchstaben-Relationen wurden memoriert und abgefragt. Lesen und Schreiben galten dabei als völlig unterschiedliche Aktivitäten. Man versuchte, Einzelfunktionen zu schulen, um sie später zum Schreiben zusammenzusetzen. Diese Frühleselernprogramme waren weniger gedacht als Unterstützung der Kommunikationsfähigkeit von Kindern, sie waren Teil eines Intelligenzförderungsprogramms. Tests nach einigen Jahren konnten allerdings keinen nennenswerten Anstieg der Intelligenzquotienten feststellen.

In den angelsächsischen Ländern diskutiert man seit den 70er Jahren über neue Ansätze für *emerging literacy*, für »allmählich entstehende Lese- und Schreibfähigkeit«. In Deutschland haben vor allem Hans Brügelmann in den 80er Jahren und neuerdings Gundel Mattenklott und Ute Andresen eine neue Sicht auf die spontanen Schreibversuche von Kindern ermutigt.[21]

Jede Einrichtung, die Kinder aufnimmt, muss davon ausgehen, dass sie, unabhängig von ihrem Alter, in der Familie und in der Nachbarschaft *längst Erfahrungen mit der Schrift und mit der Kommunikation mit Hilfe von Zeichen gemacht haben.*

C. Barratt-Pugh beschreibt Formen von *preliteracy* bei Kindern im Alter von sechs Monaten bis zu drei Jahren. Ort: eine Kinderkrippe in Australien, die Kindergruppe ist stark ethnisch gemischt.

Die 24 Monate alte *Jane* sitzt in einem Gitterbettchen und liest in einem Buch »Meine Lieblingstiere«. Sie wendet die Seiten vorwärts und rückwärts, betrachtet die Bilder mit großer Aufmerksamkeit, zeigt auf einige Abbildungen und flüstert dabei den Text, wie sie ihn vom Vorlesen erinnert. Bei den Tierstimmen versucht sie zwei Versionen wiederzugeben: die im Text gebrauchte und eine andere Lautform, die sie vermutlich aus Rollenspielen mit den anderen Kindern kennt.
Der neun Monate alte *Ismael* sitzt, gestützt durch Kissen, in der Leseecke. Er beschäftigt sich damit, die kartonierten Seiten eines Bilderbuchs hin und her zu wenden, das Buch auf- und zuzuschlagen und in alle Richtungen zu wenden. Er jauchzt, als er eine Seite mit dem Bild einer Banane und einer Milchflasche aufschlägt, und wiederholt einige Male »nana, nana, nana« und »dink«.
Mascha, 27 Monate, und *Susan*, 30 Monate, betrachten gemeinsam ein Bilderbuch. Susan liest vor. Es gibt Streit, weil Mascha zurückblättern möchte und Susan in der Geschichte fortfahren will. Mascha weint.
Die dreijährige *Mei* hat eine Seite voller Khmer-Schriftzeichen von zu Hause mitgebracht. Ihre ältere Schwester, die in eine zweisprachige Schule geht, hat die Zeichen geschrieben. Mei sitzt in der Schreibecke der Krippe und spielt Schreibenlernen, indem sie jedes Khmer-Zeichen ihrer älteren Schwester mit einem Haken versieht.[22]

Was sind die Elemente von Schriftlichkeit?

Die zweijährige Jane hat ein Buch von zu Hause mitgebracht. Wenn sie es sich in der Krippe anschaut, erinnert sie die Haltungen von Mutter und Großmutter beim Vorlesen und ahmt sie nach. Sie hat gelernt, dass Gedrucktes konstant ist, sich wiederholen lässt, und dass die Wörter und Buchstaben in einem Zusammenhang mit den Bildern stehen. Sie blättert häufig zurück, als wolle sie sich in einer Frage vergewissern.

Ismael, erst neun Monate alt, scheint den Umgang mit einem Buch schon zu genießen. Er versteht, dass Symbole Objekte repräsentieren und dass Objekte Namen haben. Ein Buch zu behandeln ist spannend, die Haltung, Bilder anzuschauen, offensichtlich ebenso.

Susan kann nicht lesen, das heißt die Buchstaben noch nicht entziffern, aber sie folgt mit dem Finger den gedruckten Textzeilen, während sie Mascha in der Haltung der Vorleserin den Text erzählt. Sie weiß, dass die von ihr verwendeten Wörter mit den gedruckten Wörtern in einer Verbindung stehen. Sie weiß auch, dass Schrift und Bild unterschiedliche Funktionen haben. Sie bezieht sich auf die Bilder und nimmt sie zur Demonstration zu Hilfe. Wenn sie zum Erzählten passen, weist sie ausdrücklich auf die Bilder. Sie weiß, dass Bilder Aufschluss über den Fortgang einer Handlung geben können. Susan macht es aber nichts aus, dabei die eine oder andere Seite zu überblättern. Weshalb gerät Mascha deshalb außer sich? Vielleicht hat Mascha schon erfahren, dass Erzählungen eine zwingende Abfolge haben und dass der Sinn verlorengeht, wenn diese Abfolge gestört wird. Vielleicht wird ihr der Spaß verdorben, wenn ihre Erwartungen an die Geschichte enttäuscht werden. Jedenfalls hat sie ein ausdrückliches Konzept dessen, wie das Vorlesen einer Geschichte vor sich gehen soll.

Mei hat schon eine klare Vorstellung, wie Schriftzeichen in Khmer zu behandeln sind. Sie »liest« ihre Zeichen wie selbstverständlich entweder von links nach rechts oder von oben nach unten. Bei ihrer Schwester hat sie gesehen, dass Zeichen geübt und wiederholt werden müssen. Sie hat ihre ältere Schwester als Autorität im Schreibenlernen anerkannt und übt das Verhalten einer Schülerin.

Kinder versuchen Sinn aus den Zeichen zu machen, von denen sie umgeben sind. Sie tasten sich an die kulturellen Formen heran, in denen die Schriftlichkeit in ihrer Umgebung erscheint. Jedes Kind erfährt, je nach Kultur, unterschiedliche Anlässe für den Gebrauch von Schriftlichkeit.

Mündlichkeit ist dabei immer ein wesentlicher Bestandteil der Schriftlichkeit. Mei spricht sich immer wieder die Khmer-Zeichen vor. Der neun Monate alte Ismael jauchzt vor Freude beim Wiedererkennen eines Objekts im Buch und benennt es mit seinen ersten Silben. Mascha und Susan streiten über die richtige Form des Vorlesens.

Expressive und literarische Formen von *Mündlichkeit* – das Imitieren von Geräuschen, Tierlauten, Sprechstilen, erste Reime und Zungenbrecher – sind eine wichtige Unterstützung auf dem Weg zur Schriftlichkeit. Singen befördert die »phonologische Bewusstheit«, die Wahrnehmung von Silben und Lauten. So beinhaltet die Alphabetisierung von Kindern Hören, Sprechen, Singen, Lesen und Schreiben. Die Förderung jeder dieser Fähigkeiten fördert zugleich die anderen.

Kinder können ab dem Krippenalter erfahren, dass Buchstaben und Zeichen Informationen vermitteln und organisieren, dass sie Eigentum bezeichnen, als Markenzeichen ein Qualitätsurteil über Gegenstände abgeben, Botschaften versenden, ein Lied wiedergeben, eine Geschichte erzählen.

Schrift, erfahren sie, ist konstant und hat eine Botschaft. Es gibt eine Beziehung zwischen Bildern und Buchstaben. Erzählungen haben eine besondere Erzählstruktur. Erzählungen haben einen Titel, der meistens auf der Vorderseite steht. Bücher sind wertvoll und müssen vorsichtig behandelt werden. Lesen und Schreiben sind aufeinander bezogene Tätigkeiten.

Maria Montessori berichtet aus ihren Kinderhäusern von einer regelrechten »Schreibwut« vieler Kinder, nachdem sie das Schreiben entdeckt hatten.

In keiner Krippe, in keinem Kindergarten sollten Notizen in großer Schrift fehlen (sog. *environmental print*, möglichst in verschiedenen Sprachen), ein Fries mit Fotos der Kinder und ihren Geburtstagen in großen Zahlen, ein Briefkasten für jedes Kind, ein Computer, Bibliothekskojen und Schreibecken.

Eine Schreibecke in Krippe und Kindergarten sollte enthalten: Luftpostpapier, Memos, einen Kalender, einen Rechnungsblock, Grußkarten in verschiedenen Sprachen. Briefumschläge. Schreibgeräte. Schiefertafel und Griffel. Stempel. Federkiel. Marker. Einen Computer.

Und nicht vergessen: den Schreibspaziergang im Wald, im Sand, im Schnee. Den eigenen Namen in die Luft schreiben! Auf die beschlagene Fensterscheibe! Die Schnitzeljagden mit Botschaften. Ein Besuch mit Kindern auf dem Friedhof: Die Erinnerung an die Gestorbenen wird gestützt durch ihre Namen auf den Grabsteinen. Magie und Macht der Handschrift: etwas mit dem eigenen Namen unterschreiben, es unverwechselbar »bekräftigen«. Ein gemeinsam geführtes Kindergarten-Tagebuch. Die Entdeckung verschiedener Schriften: Knotenschrift, Hieroglyphen, Blindenschrift... Man kann mit Kindern eine Schriftrolle herstellen. Ein Buch selbst binden; mit einem Bucheinband, der ein Genuss ist für Auge und Hand.

Nicht nur Orte sind Heimat, auch Tätigkeiten können es sein. Für Alberto Manguel wurde es das Lesen: »So wurde die Kombination von Bett und Buch zum Zuhause, überall auf der Welt.« Oder das Schreiben für die jüdische *haiku*-Dichterin Lia Frank nach einem Leben der Vertreibungen und Wanderungen zwischen Litauen, Russland, Tadschikistan und Deutschland. In unserem Weltwissen-Gespräch sagte die Achtzigjährige: »Zum Schreiben braucht man keinen Strom.«

Jedes Kind sollte in den ersten sieben Jahren eine schriftliche Botschaft, einen Brief, geschrieben oder gelesen haben.
Es sollte durch eine schriftliche Mitteilung in eine andere Stimmung versetzt worden sein – getröstet worden, erwartungsvoll geworden sein.
Jedes Kind sollte einem Schreibkundigen eine Geschichte, einen Traum diktiert haben, der vor seinen Augen aufgezeichnet wurde.
Es sollte die Möglichkeit von Geheimschriften, von einem »Kassiber«, ausprobieren können.
Es sollte eine Erinnerung haben an die Spannung und die Vorfreude, die ein unbeschriebenes, unbemaltes Blatt auslösen kann.
Jedes Kind sollte ein chinesisches oder ein arabisches, kyrillisches oder ägyptisches Schriftzeichen geschrieben haben.
Es sollte eine e-mail empfangen und gesendet haben.
Es sollte einige Anwenderprogramme im Computer kennen.
Es sollte seinen Namen in Blindenschrift gefühlt, gelesen haben. Oder eine Botschaft in Gehörlosensprache gesendet oder empfangen haben – als ermutigendes Wissen, dass ein Sinn dem anderen aushelfen kann.

Die Stille als Teil von Musik

Ich bin nicht musikalisch, sagen viele Menschen von sich, weil sie nicht rein singen können oder weil ihnen der Klavierunterricht in unangenehmer Erinnerung ist.

Das Ohr ist das am frühesten ausgebildete Sinnesorgan des ungeborenen Kindes. Jeder Mensch ist mit der Erfahrung von Rhythmus geboren, dem Herzschlag der Mutter, und mit einem Musikinstrument, der Stimme.

Geboren mit allen Voraussetzungen für musikalische Entfaltung, wird vielen Kindern in Deutschland der Zugang zu den Räumen der Klänge und der Stille nicht wirklich eröffnet. Bei anderen Kindern werden in frühen Jahren die Sinne für die Musik aktiviert. Lebenslang werden sich ihre Lebensgeister aufrichten beim Musikhören, und wenn sie ihre inneren Bilder und Bewegungen in den Ausdruck von Stimme, Gesten und Musikinstrument übersetzen, geht es ihnen vielleicht ähnlich wie Martin Luther: »Das Herz fließt mir über vor Dankbarkeit gegen die Musik.«

Die musikalischen Beziehungen zwischen den Neugeborenen und den ihnen nahen Erwachsenen waren bis vor kurzem eine wenig beleuchtete Seite der vorsprachlichen Kommunikation. Heute weiß man, dass es universelle melodische Muster des Aufforderns, Tröstens und Beruhigens gibt. Biologisch wichtige Botschaften – Warnen, Beruhigen – werden elementar musikalisch vermittelt, das ist durch angeborene Programme geschützt.[23] Säuglinge sind mit erstaunlichen akustischen Wahrnehmungsfähigkeiten ausgestattet. Nicht minder differenziert ist ihre Anlage zur Bildung von Lauten und ihre Versuche, diese weiter zu elaborieren. Babys sind hoch motiviert, Töne hervorzubringen. Sie genießen ihre Stimme. Vor allem wenn sie allein, entspannt und ungestört sind, explorieren sie, dehnen ihre kleinen Töne, flüstern und brummen, probieren unterschiedliche Klangfarben aus ... sie nehmen die Finger zu Hilfe, prusten mit den Lippen und probieren Klangeffekte mit den Spuckebläschen ... Bei diesen elementar musikalischen Monologen zeigen sie große Ausdauer.

Nicht nur sind Kinder intuitiv Musiklernende, auf wunderbare Weise passen auch die Eltern ihre Sprachmelodie und ihren Sprachrhythmus den Kindern intuitiv so an (in der »Ammensprache«, in die die meisten Erwachsenen unwillkürlich verfallen, wenn sie ein Baby im Arm halten), dass schon sehr junge Kinder etwas damit anfangen können. Eltern sind unwillkürliche Musiklehrer, das ist universell. In China nicht anders als in Lateinamerika, wie das Ehepaar Papousek erforscht hat, verfallen die Mütter in ansteigende Sprachmelodien, wenn sie ihre Kinder anregen wollen, und in fallende Melodien und nachlassende Klangintensität (*decrescendo*) zur Beruhigung. Der Kuckucksruf (die fallende kleine Terz) ist als ein frühes musikalisches Muster zwischen Erwachsenen und Säuglingen weltweit verbreitet.

Gegen Ende des ersten Lebensjahrs differenziert sich jedoch die musikalische Entwicklung in dem Maße, wie Eltern mit ihrem Kind singen – oder nicht singen.

Moderne Gesellschaften unterscheiden sich erheblich in ihren Bemühungen, den Schatz der latenten Musikalität in jedem Kind zu heben. Die musikalische Sprache ist im Leben etwa der ungarischen Kinder weit präsenter als im Leben der Kinder in Deutschland. Zwar hören unsere Kinder heute mehr Musik als je zuvor. Und doch sind wir in Deutschland von einer »Musikalisierung« aller Kinder – vergleichbar der Alphabetisierung – weit entfernt.

Gewiss steht man in einer demokratischen Gesellschaft zum Recht auf »Kultur für alle«, und die Chance, mit einem Musikinstrument in Berührung zu kommen, ist längst nicht mehr nur Privileg bildungsbürgerlicher Schichten. Eine Million Kinder wird heute an deutschen Musikschulen unterrichtet, 2,5 Millionen Kinder sind in der Schule und Freizeit »musikalisch aktiv«.[24] Im europäischen Vergleich ist das nicht wenig; Deutschland erscheint im oberen Mittelfeld der musikalisch aktiven Länder. Und doch werden bei drei Viertel aller Kinder die musikalischen Möglichkeiten in der Reserve gehalten.

»Nicht musikalisch« zu sein ist erlernt. Wenn Musik eine elementare Ausdrucksform des Menschen ist, haben viele Kinder in Deutschland also ein Problem. Was würden wir sagen, wenn ein Kind nicht sprechen gelernt hat? Jemand muss etwas versäumt haben – die Eltern, oder die Gesellschaft, haben versäumt, im Kind diese menschliche Fähigkeit zu aktivieren.

Musizieren entwickelt im Kind nicht nur Feinheiten des Gehörs und sein musikalisches Temperament. Neuere Untersuchungen haben geheimnisvolle Kräfte der Musik aufgedeckt: Sie bildet Geist und Seele des Kindes weit über das rein Musikalische hinaus. Sie erfasst das ganze Kind, fördert Intelligenz, innere Ausgeglichenheit – Denken, Fühlen, Handeln gleichermaßen. Die Entwicklungspsychologie untersuchte die Transfereffekte auf die Entwicklung räumlicher Intelligenz, auf die Sprachentwicklung sowohl in der Muttersprache als auch auf das Erlernen von Fremdsprachen, und nicht zuletzt die positiven Auswirkungen auf das Lernverhalten – durch das »Üben des Übens«, die Ausbildung von Konzentration und Ausdauer. In den vergangenen zehn Jahren haben vor allem drei Studien solche Nachweise geführt: Die sog. Schweizer Studie (1990–1993) zeigte, dass mathematische Leistungen von Kindern nicht beeinträchtigt wurden, wenn einige Mathematikstunden im Stundenplan durch Musik ersetzt wurden, und dass sich dadurch die Leistungen in anderen

Fächern steigerten. Die Berliner Studie (Bastian 1996–1999) hat an Grundschulen nachgewiesen, wie sich das soziale Verhalten der Klasse vorteilhaft veränderte und die Kinder durch das Musizieren ein positiveres Bild von sich selbst aufbauten. Eine Studie in Ungarn (1995–1998) bestätigt beides: Anstiege von IQ und Schulleistungen bei Kindern aus musikfernen Familien, verbessertes Klima in den Klassen und positivere Einstellungen einzelner Kinder gegenüber der vorher verhassten Schule.[25]

Diesen Erkenntnissen steht in Deutschland eine nur mäßig entwickelte Praxis des Musizierens in frühen Jahren gegenüber. Die Curriculumreformen der 70er Jahre haben mit dem musikalischen Erbe der älteren Kindergartenpädagogik, den Liedern, Fingerspielen, Reimen, Tänzen, kurzen Prozess gemacht, oft ersatzlos. Eltern und jüngere Erzieherinnen, selbst aufgewachsen in reformierten Kindergärten, haben von dieser alten kindergartenpädagogischen Tradition wenig erlebt. Als ein menschliches Grundvermögen, als eine fundamentale Sprache des Menschen neben der gesprochenen Sprache, spielt Musik in unserem Bildungsverständnis heute eine nachgeordnete Rolle. Ist aber eine Tradition einmal unterbrochen, verlangt es bewusste Anstrengung, eine Musikalisierung wieder aufzubauen – durch das Singen zum Beispiel.

In die Liste des Weltwissens haben wir aufgenommen, dass jedes Kind in den ersten sieben Jahren mit Formen des aktiven Musizierens in Berührung gekommen sein sollte. Niemand hat widersprochen, aber so recht begeistern konnten sich dafür nur wenige Gesprächspartner. Liegt das am Eindruck, den die »musikalische Früherziehung« hinterlässt?

»Wir wandern ins Mi-ma-Musik-Mitmachland«, wo im »Notendschungel« die Giraffen ihre Violinschlüssel-Hälse recken ... Hopsen zum Klang von Fahrradklingeln ... Schaben und Rasseln auf elementaren Geräuschinstrumenten, diesen Schellen und Klötzchen ohne Glanz ... das ist alles irgendwie verlegen und nicht besonders attraktiv. Dieses harmlose, »spielerische« Musizieren machen die Kinder eine Zeit lang mit, sie sind gutmütig. Aber ihre Infantilisierung lassen sie sich nicht auf Dauer gefallen. Da ist für sie nichts zu erwarten, das ist zu flach. Dann wenden sie sich ab und suchen ein weniger albernes Medium für ihre innere Bewegung. Und finden vielleicht keines. Oder die dröhnende Lautstärke der Discos, die auf Dauer ihrem Gehör nicht gut tut.

Musik ist nicht nur lustig. Als Albert Schweitzer mit acht Jahren zum ersten Mal Orgelspiel hörte, musste er sich an der Wand anlehnen, um nicht umzufallen. Musik ist nicht nur harmonisch, sie ist oft zuviel für uns, mehr, als wir ertragen können. Ein transzendentales Erlebnis in der Kindheit, da ist kein Begriff stark genug.

Der munter harmlose Umgang mit Musik ist eine Beleidigung der Musik und der Kinder. Nur das *ganze Kind* kann etwas wissen, und nur die ganze Musik ist Musik. Abgründe macht sie auf, Spannung manchmal fast unerträglich. Ein Seitenblick auf die Erwachsenen: Wie sie andere werden, wenn sie hören – fremd, nicht ganz geheuer, wie sie die Augen schließen, leiden sie? Wo sind sie da und was sehen sie? Das Herzklopfen, ein Machtrausch beim selbst erzeugten *crescendo*. Herzklopfen anderer Art und angehaltener Atem: wenn beim *decrescendo* Beklommenheit aufsteigt. Die Pause, die Stille, der Nachklang, wo, im inneren Raum, im äußeren? Ist das Nicht-Musik? Oder erst recht Musik? Was klingt da, wenn die Instrumente schweigen? Yehudi Menuhin hat die Stille, mehr noch als die Musik, die eigentliche Weltsprache genannt.

Beunruhigend, verheißungsvoll, stärker als man selbst: Für

die Größe der Musik, ihre Kunde von Sehnsucht, Übermut, Herrlichkeit mögen manche Kinder empfänglicher sein als andere. Aber wer weiß das vorher. »Es gibt Bereiche der Seele, die nur durch die Musik beleuchtet werden«, hat Zoltán Kodály gesagt. Und: »Die Musik gehört allen.«

Jedes Kind sollte seine Singstimme gefunden haben.
Jedes Kind sollte sich selbst als Musikinstrument erfahren haben und mit einem Musikinstrument in einen Dialog getreten sein.
Jedes Kind sollte in den ersten sieben Jahren einen Rhythmus in den Füßen spüren können, ein Echo hören oder erzeugen, Lärm bis zur Schmerzgrenze erlebt haben.
Jedes Kind sollte die Stille als einen Teil von Musik erfahren.

Meine Hand

Wie abhängig sind wir vom stummen Spiel der Hände. Noch halb verschlafen vor dem Frühstück verlassen wir uns gedankenlos auf ihr Funktionieren: greifen, öffnen, heben, drehen, schließen, binden...

Die neurobehaviorale Forschung sieht in der Hand einen Kristallisationskern menschlicher Fähigkeiten, ihren Dreh- und Angelpunkt. »Die Hände haben den Mund befreit von der Nahrungsbeschaffung, damit er sich in den Dienst der Sprache stellen konnte« (André Leroi-Gourhan[26]). Die Evolution, weiß man heute, wurde nicht allein befördert durch das Wachstum des Gehirns, sondern durch das *Zusammenspiel* des Bewegungsapparats. Seitdem das menschliche Vorderbein nicht mehr das Körpergewicht tragen muss, hat es zu einem evolutionären Höhenflug angesetzt. Die Befreiung der Hand hat die Entstehung der Schrift, des symbolischen Denkens ermöglicht. Die Gegenüberstellung von Daumen und Fingern hat zur Unterscheidung des Menschen von Primaten entscheidend beigetragen: Ohne den Daumen fällt eine menschliche Hand um 60 Millionen Jahre evolutionsgeschichtlicher Zeitrechnung zurück in ein Stadium, als der Daumen noch ein Finger wie jeder andere war.

Das Gehirn spricht mit der Hand und die Hand mit dem Gehirn. Flächenanatomisch reicht die Hand vom Handgelenk bis in die Fingerspitzen. Aber die *verborgene Hand*, die Hand unter der Haut, ist die interessante – ihr Funktionieren, ihre Kontrolle, ihr Einfluss auf das Gehirn. Wo das im Körper anfängt und endet, ist nicht mit anatomischen Grenzlinien zu markieren.

Als Hilfe für die Orientierung muss die Hand aktiver sein als das menschliche Auge. Das Licht fällt auf die passive Netzhaut, während die Sensoren in Daumen und Fingerspitzen zielgerichtet zum Objekt geführt werden müssen.

Die Voraussetzungen für das selbstständige Navigieren mit Hilfe der Hände erlernt ein Kind in den ersten zehn Lebensmonaten. Danach ist die Hand zu lebenslanger Erkundung bereit.

Fasziniert betrachten Kinder die Hände von Neugeborenen. Aber wenn sie sie berühren, verstummen sie manchmal beklommen: kühl fühlt sich das an, ein wenig feucht, unbehaglich, fremd. »Amphibisch« ... und doch ist in miniaturisierter Form bereits angelegt das Versprechen künftiger menschlicher Wärme und menschlicher Kunstgriffe.

Wie kann man Siebenjährige einbinden in die Einlösung dieses Versprechens? Als stolzes Erstaunen über die eigene Hand: *Meine,* keine andere auf der Welt ist ihr gleich! Schon im 3. Jahrhundert v. Chr. wusste man in China, dass die Linien jeder Hand unverwechselbar individuell sind. Der Fingerabdruck ist ein intimer und zugleich unwillkürlicher Selbstausdruck – vielleicht löst der Begriff »genetischer Fingerabdruck« auch deshalb Unbehagen aus.

Die Hand ist unwillkürlich sinnlich. Im Kloster lernten die Novizinnen, ohne Gebärden zu sprechen und ihre Hände im Ärmel zu verstecken.

Die Hand ist eine Brücke zum anderen Menschen. »Um die Hand anhalten« ist nicht nur eine erotische Entscheidung, sondern auch eine materiell folgenreiche.

Das Bewegungsrepertoire der Hand mit all seinen Rückwirkungen auf die kognitiven Möglichkeiten des Gehirns ist ein in jedem Kind angelegter Reichtum. In den ersten Jahren im Kindergarten kann das Kind die eigenen Hände in immer wieder neuer Bewegung kennen lernen, schmücken, beleben. Auch die

Erzieher freuen sich an den geschickten Händen ihrer Kinder. Wie akkurat (»Pinzettengriff«) dekorieren sie die Mandelsplitter auf den Plätzchen. Wenn sie ihren Waschlappen an den Haken hängen, brauchen sie dafür noch beide Hände, aber millimetergenau bewegen sie die Computermaus über die Unterlage.

»Hand auflegen« kann trösten, kann gut tun – das ist eine bis in die Körperpflege der Primaten zurückreichende Form der Selbstvergewisserung von sozialen Lebewesen. »Jedes Kind sollte einmal ein Baby gewickelt, massiert haben«, hieß es auf der Liste zum Weltwissen, und stieß als Bildungswunsch gelegentlich auf Protest. Dann musste man erklären: Erfahrungen mit den Händen, was ist Streicheln, was ist Massage? Feinmotorische Fähigkeiten, heißt es oft in Zielkatalogen für die Vorschulzeit, soll das Kind entwickeln. Nur beim Perlen auffädeln, Weihnachtssterne ausschneiden? Oder auch beim Massieren: kreisende Bewegung mit dem Daumen, flächiges Streichen mit der ganzen Hand, Abstufungen des Walkens und Klopfens in rhythmischem Wechsel. Das haben alle Lebewesen gern, auch Hunde und Hamster, und die Erwachsenen nach ihrem Stress im Verkehrsstau. Wenn man denen gut tun will, muss man meistens stärker zufassen, mit aller Kraft. Manchmal tut es ihnen weh und sie jammern, aber im gleichen Atemzug beteuern sie, dass es ihnen gut tut und bedanken sich. Bei den Babys, bei den Katzen, den Pferden muss man anders abstufen. Das ist Weltwissen. Die eigene Kraft durch die Hand lenken können. Und damit die Lebensgeister der anderen anregen, gut tun, heilen. Wissen, wie das geht.

Mit beiden Händen! Die »Händigkeit«, die Leistungsunterschiede zwischen beiden Händen, ist eine nur menschliche Eigenschaft. Allein der *homo sapiens* zeigt diese ausgeprägte Neigung zum Gebrauch einer Hand. Aber beide Hände spielen zusammen, nicht nur bei den Musikern (bei denen allgemein die

»Händigkeit« weniger ausgeprägt ist). Auch beim Schreiben hat die nicht dominante Hand eine wichtige Rolle: Sie stabilisiert und rückt die Schreibunterlage, die Hände arbeiten einander zu. Viel »beidhändig zeichnen« sollte man mit Kindern, empfehlen die Kunstpädagogen.

Wenn, wie der Neurowissenschaftler Frank R.Wilson sagt, die Hand ein »Kristallisationskern menschlicher Fähigkeiten ist«[27] – was trägt unser Bildungssystem bei zur Ausbildung ihrer Fähigkeiten? »Nur das *ganze* Kind kann etwas wissen«, sagt die neuere Hirnforschung. Aber bisher belohnt das Bildungssystem mehr das symbolische Wissen als das *Handwissen*, das »know how«.

Wieder einmal ist die Vorschulzeit wunderbar geeignet, ein Bildungserlebnis wie »meine Hand« ohne Zeitdruck zu orchestrieren. Manche Kindergärten begrüßen die Besucher schon im Eingangsbereich mit einer Collage der Hände aller Kinder und Erwachsenen im Haus. Einen Elternabend veranstalten über die Hände der Kinder: über ihre instrumentellen, expressiven, sozialen, künstlerischen Dimensionen. Was haben die Eltern zu erzählen, und welche Projektideen entstehen daraus?

Bereits 1980 hat der Paläontologe André Leroi-Gourhan das »Verschwinden der Hand« in einem computerisierten Alltag vermutet. Zeichnen Kinder nur mit Software, oder auch mit Ölkreide, auf rauer Schreibfläche? Design-Firmen stellen heute bevorzugt Mitarbeiter ein, die auf traditionelle Weise Zeichnen gelernt haben. Nachwuchskräfte, die nur mit Software und 3-D-Graphik umgegangen sind, beobachten psychologisch weniger genau, und sie zeichnen steifer. Kann ein Kind sich an den jonglierenden Bällen im Internet freuen, sie überhaupt erst »begreifen«, wenn es selbst nie einmal versucht hat, zwei oder drei Bälle in der Luft zu halten? Auch hier das Plädoyer für die wirkliche gegenüber der virtuellen Hand. Im Kindergarten soll ein Kind eine lebendige graue Maus streicheln und füttern können. Computermaus und lebendige Maus, reale und virtuelle Welten: das Virtuelle hat aus sich heraus keine Bedeutung. Begreifen heißt: Die Kinder müssen aus der wirklichen Wirklichkeit ihr Urteil gewinnen, ihr fundiertes persönliches Urteil – sonst werden es nicht *ihre* Welten sein.

Die mit den Augen zu sehende Hand feiern, schmücken, ihre Konturen abzeichnen. Aber auch die verborgene Hand des Kindes, die unsichtbare, aber wissende, kundige, erfinderische, virtuose Hand, für die sich die Neurologen und Kognitionswissenschaftler neuerdings so interessieren, dem Kind als Ahnung mitgeben. »Seht ihr den Mond dort stehen? Er ist nur halb zu sehen, und ist doch rund und schön...«

Was eine Hand kann. Was meine Hand noch alles können wird. Vorfreude auf künftiges Handwerk, als Vorfreude auf sich selbst.

Jedes Kind sollte mit seinen beiden Händen einverstanden sein. Es sollte eine respektvolle Ahnung haben von den virtuosen Möglichkeiten der menschlichen Hand: zaubern, jonglieren, operieren, Klavier spielen...
Als Vorfreude auf alles, was ein Mensch lebenslang handhaben kann.

IV

Kindheit und Pädagogik der frühen Kindheit in anderen Ländern

Beispiele »guter Praxis« weltweit, Beispiele auf der Höhe der Maßstäbe aller Beteiligten, können das Mögliche als das Realisierbare vorstellen.

Erzieher müssten sich während ihrer Ausbildung nach zukunftsweisenden Formen des Umgangs mit Kindern in anderen Ländern umschauen können, und während ihrer Berufstätigkeit müssten sie in Sabbaticals reisen, hospitieren, an anderen Orten mitarbeiten können. Aber wenn heute die »Internationalisierung« der Ausbildungsgänge gefordert wird, sind bisher nur die Hochschüler gemeint.

Zum unterschiedlichen Status von Kindheit und zu internationalen Entwicklungen und Spielarten von Elementarpädagogik zum Schluss einige Beobachtungen aus den USA, England, Japan und Ungarn – beispielhafte Einblicke in Kulturen des Aufwachsens und elementarpädagogische Diskurse in modernen Gesellschaften.

USA

Das große Thema der amerikanischen Kultur ist die Jugend. Nirgendwo gibt es großartigere Darstellungen von Adoleszenz in Literatur und Film. Das hat, in den Jahrzehnten der Amerikanisierung des Rests der Welt, ausgestrahlt auf alle Jugendkulturen der Welt. Die Besetzung von »Kindheit«, der ersten sieben Jahre, ist vergleichsweise flacher. Es scheint ein wenig die Geduld zu fehlen für eine ausdrückliche Pädagogik dieser Lebensphase.

Die Betreuung von Kindern innerhalb amerikanischer Familien ist in den vergangenen Jahrzehnten zu einer immer weniger anerkannten und eher unbeliebten Tätigkeit geworden. Ausgelöst wurde dieser Prozess durch das kontinuierliche Absinken des amerikanischen Realeinkommens von Familien. Auch eine mittelständische Familie kann längst nicht mehr nur mit dem Einkommen des Vaters überleben. Die klassische Hausfrauenehe der 50er Jahre und das damit verbundene Betreuungsmodell für Kinder gibt es nicht mehr, in den USA ebensowenig wie in Deutschland[1], und das Leben alleinerziehender Eltern – zwischen 1970 und 1996 hat sich der Anteil der alleinerziehenden Mütter um 127% auf 12,5 Millionen erhöht[2] – ist oft nur durch zwei Jobs zu finanzieren.

Von allen amerikanischen Bevölkerungsgruppen haben geschiedene Mütter die höchste Rate von ganztägiger Berufstätigkeit. 1960 war ein Fünftel aller amerikanischen Mütter mit Kindern unter sechs Jahren berufstätig. 1996 hatte sich dieser Anteil mehr als verdreifacht: zwei Drittel aller berufstätigen Mütter mit Kindern im Vorschulalter arbeiten jetzt ganztags. In einem Land ohne gesetzlich geregelten Mutterschutzurlaub kehrt heute jede zweite Mutter schon im ersten Jahr nach der Geburt des Kindes an den Arbeitsplatz zurück. Das wurde vor allem ausgelöst durch die Reform der Sozialhilferegelungen (1996) unter der Regierung Clinton: Sozialhilfeempfänger müssen nachweisen, dass sie zur Aufnahme einer Arbeitstätigkeit bereit sind. Die USA gehören zu den sieben Industrieländern mit dem höchsten Pro-Kopf-Einkommen der Welt, aber Kinder unter sechs Jahren sind die am stärksten von Armut betroffene amerikanische Bevölkerungsgruppe. Der Anteil der in Armut lebenden Kinder ist von 16,6% (1970) auf 22% (1997) angestiegen, von diesem Anstieg sind vor allem weiße Familien betroffen, und fast jedes zweite afroamerikanische Kind lebte 1997 unterhalb der Armutsgrenze.³ Von »struktureller Rücksichtslosigkeit« gegenüber Kindern spricht man in den USA.⁴

Darüber hinaus scheinen, von ökonomischen Zwängen abgesehen, die Lebensentwürfe von Frauen und Erwachsenen allgemein immer weniger zu einem Leben mit Kindern zu passen. Tempo und Erwartungen an Aktivität und Vitalität der Erwachsenen liegen quer zum Rhythmus von Kindern. Studien zeigen, dass junge amerikanische Frauen das *job-sharing* oder die von Firmen angebotenen Kinderbetreuungszeiten weniger in Anspruch nehmen als erwartet. Vor allem die bestbezahlten Angestellten zeigten das geringste Interesse an kürzeren Arbeitszeiten im Betrieb, obwohl sie auf die familienfreundliche Politik ihres Unternehmens durchaus stolz waren. Ist der Arbeitsplatz eine Form des Zuhauses geworden, und das Zuhause zur Arbeit? Der emotionale Sog des Arbeitsplatzes ist stark – Männer kennen das schon lange, jetzt hat es offensichtlich die Frauen erreicht.⁵ Es scheint unvereinbar geworden zu sein mit dem Selbstbild einer jungen amerikanischen Frau – wenn sie nicht in einen Slum verbannt ist –, sich einige Jahre ausschließlich um ein Kind zu kümmern. Berufstätige Frauen tolerieren das auch nicht bei anderen Müttern. Ausgerechnet junge Frauen waren laut Umfragen die stärksten Gegnerinnen der Gewährung von Sozialhilfe für alleinerziehende Mütter. Dass andere Mütter mit ihren Kindern auf den Spielplatz gehen oder vor dem Fernseher sitzen, während sie sich dem Berufsstress aussetzen, das wollen sie nicht aus ihren Steuern finanziert sehen.

So wird Kindererziehung in frühen Jahren in den USA von den Eltern mehr und mehr delegiert. »Was es für diese Generationen von Amerikanern bedeuten wird, von Kindermädchen und Babysittern, die sich oft schon im Schichtdienst abwechseln, erzogen zu werden, ähnlich wie früher Generationen von

Oberschichtkindern in Europa, ist schwer vorauszusehen«, sagte mir der »Vater amerikanischer Familien«, Dr. Benjamin Spock, neunzigjährig in einem Interview 1991. »Ich persönlich halte es nicht für eine glückliche Entwicklung. Aber ich habe die Mütter nie kritisiert und werde mich auch jetzt hüten, das öffentlich zu tun.«[6]

In vielen amerikanischen Filmen der 90er Jahre erscheint das Dilemma der berufstätigen Mütter. Das immer attraktive und angesichts seines stressreichen Lebens erstaunlich intakte und lebendige Kind – meist ein Junge – wird von der Mutter oder dem Vater mit überschwänglicher Freundlichkeit, aber in Hast und Hetze zu verschiedenen Betreuungsorten gebracht. Die Liebe zum Kind drückt sich vor allem in Schuldgefühlen aus. Schlüsselszenen dieser Filme sind Abschiede. »I love you«, beteuern die jungen Väter und Mütter in der Hocke auf Augenhöhe mit ihrem hübsch ausstaffierten Fünfjährigen, bevor sie sich, innerlich zerrissen, aber entschieden, abwenden und zu ihren anderen Verpflichtungen eilen, ins Architekturbüro, die Galerie, zum Job im Fastfood-Restaurant, der Verabredung mit einem Liebhaber. Nicht anders die Väter, wenn sie nach der im Scheidungsprozess ausgehandelten *quality time* mit ihrem Kind wieder in ihren Single-Alltag zurückkehren.

Es gibt in den USA kein öffentlich finanziertes verantwortliches System für die Betreuung und Bildung von Kindern unter sechs Jahren. Nur 45% der Kinder aus ärmeren Familien erfahren irgendeine Form von Betreuung oder Förderung, im Gegensatz zu fast Dreiviertel der Gleichaltrigen aus gut verdienenden Familien.[7] Einige staatlich finanzierte Programme versuchen, die krassesten Betreuungslücken aufzufangen. Am bekanntesten sind seit den 70er Jahren die Programme *Head Start* und *Early Head Start*, aber trotz Aufstockung der Mittel erfährt weiterhin nur jedes dritte unter der Armutsgrenze lebende Kind an einigen Stunden pro Tag etwas wie Förderung.

Privatwirtschaftliche Betreuungsangebote springen in die Lücke. Die Kosten belasten die Familien erheblich. Für 1999 wurde ermittelt, dass Familien 59% der Kosten der Betreuung in frühen Jahren tragen, was vor allem die ärmeren Familien trifft, die 18% ihres Einkommens für Kinderbetreuung aufbringen müssen, im Gegensatz zu 7% der durchschnittlich verdienenden Familien.[8] Amerikanische Familien zahlen insgesamt mehr für die Betreuung von Kindern unter sechs Jahren, als sie für die Collegebildung der Kinder an einem Community College ausgeben müssten, weil die Staaten mehr in Colleges und Universitäten investieren als in Einrichtungen vorschulischer Bildung. In 15 amerikanischen Bundesstaaten betragen die Studiengebühren an öffentlichen Colleges weniger als die Hälfte der Kosten für den Besuch eines Kindergartens.[9]

Was wird Kindern in amerikanischen Betreuungsarrangements geboten? Für einen Großteil der Kinder gibt es in privatwirtschaftlichen Kindergärten – wie den landesweit von Serviceketten wie *KinderCare* rasch aufgerichteten – ein herzliches und nicht schwungloses, aber unter Bildungsgesichtspunkten sehr flaches Angebot. Junge Frauen – 97% der im Vorschulsektor Beschäftigten sind weiblich –, die in Crash-Kursen nur oberflächlich auf ihre Tätigkeit mehr eingestimmt als dafür ausgebildet wurden, erhalten für diese Kinderbetreuung Löhne auf dem niedrigsten Niveau der USA: ein Jahresgehalt von durchschnittlich $ 13.000.[10] Amerikanische Kindergartenhelferinnen verdienen weniger als amerikanische Parkwächter, weniger als die Hälfte eines Gefängniswärters und etwa ein Drittel einer amerikanischen Grundschullehrerin. Die Ausstattung von Kinderbetreuung ist oft miserabel – mit Spielzeug überladene Räume, in denen ständig ein Fernseher läuft –, vor allem für die Altersgruppe der unter Dreijährigen. Am anderen Ende des Betreuungsspektrums gibt es – für etwa das obere Fünftel der Kinder in öffentlicher Betreuung – eine hochqualifizierte Kleinkindpädagogik in Modellkindergärten, die oft an Colleges angebunden sind. Dort erfahren amerikanische Kinder eine frühpädagogische Förderung, die zu den weltweit besten Beispielen gehört, gestützt auf Überlegungen zum *emergent curriculum*, einer auf sorgfältiger Beobachtung jedes einzelnen Kindes in Abstimmung mit ihren Eltern entwickelten Palette von Anregungen in allen wesentlichen Bereichen kindlicher Entwicklung.[11] Und es gibt eine Fülle attraktiver Beispiele für Anregungen in Musik und Kunst ab dem frühesten Lebensalter, und, nicht zu vergessen, die amerikanischen Kinder-Museen, die berühmten *hands-on*-Museen mit einer über hundertjährigen Tradition phantasievoller Anregungen zum Explorieren von naturwissenschaftlichen Phänomenen.

Über das krasse Qualitätsgefälle innerhalb der amerikanischen Kinderbetreuung sind amerikanische Beobachter selbst sehr erschrocken. Aufgestört durch neue neurowissenschaftliche Erkenntnisse über die Bedeutung der frühen Jahre spricht man inzwischen von einer »Krise im Umgang mit der nachwachsenden Generation«.

Die USA sind ein reiches Land, das für die Bildung der nachwachsenden Generation in frühen Jahren keine öffentliche Verantwortung übernimmt – andererseits sind der Umfang und das Niveau der amerikanischen Forschung über frühe Kindheit und Elementarpädagogik immer wieder überraschend. Zwar ist *elementary education* auch in den USA kein besonders renommiertes Forschungsfeld, aber da in diesem großen Land mit einer Fülle von Universitäten, Colleges und Stiftungen dennoch viel geforscht und publiziert wird, gibt es seit den 80er Jahren eine eindrucksvolle Reihe von qualitätsvergleichenden Studien, die für die Diskussion in Deutschland anregend wären – wenn sie Deutschland erreichten. Aber da eine international orientierte Frühpädagogik in Deutschland praktisch nicht existiert – keine entsprechenden Zeitschriften, Lehrstühle, Kongresse –, sind diese Arbeiten hier nicht bekannt.

England

In Großbritannien werden Kinder schon mit fünf Jahren eingeschult, dadurch hat die Elementarerziehung insgesamt weniger Terrain. Was den »under fives« angeboten wird, bezeichnete das *Times Literary Supplement* 1996 als »diversity and mess«, als ein unübersichtliches Nebeneinander von Angeboten unterschiedlicher Qualität. Insgesamt besuchen 84% der Vierjährigen vor ihrer Einschulung die *reception classes*, die Vorklassen an Grundschulen. Da verbringen sie sechs Stunden mit bis zu dreißig Kindern in Klassenzimmern, wo ihnen notgedrungen ein eher schulmäßiges (seit den 80er Jahren national einheitliches) Curriculum angeboten wird. Spielräume für innovative Pädagogik sieht man in England vor allem bei der Altersgruppe der jüngeren Kinder. Die Labour Partei hat bereits während der Oppositionszeit und verstärkt nach dem Regierungswechsel 1997 ein umfassendes öffentliches Angebot für die Drei- und Vierjährigen, neuerdings auch für Säuglinge und Kleinkinder gefordert. Die Anhebung von Erwartungen an die Bildung in frühen Jahren und die Qualitätssteigerung in diesen Einrichtungen hat sie zu einer bildungspolitischen Priorität erklärt. Im britischen Erziehungsministerium wird seit 1999 auch ein Curriculum für ein Schulfach »Education for Parenthood« vorbereitet.

Von englischen Modellprojekten wie den *Early Excellence Centers* und den seit 1999 initiierten Projekten des *Sure-Start*-Programms für Säuglinge und Kleinkinder lässt sich mehr lernen, als man bisher in Deutschland weiß. Als *Early Excellence Centers* wurden 1997 zunächst acht englische Einrichtungen ausgezeichnet, deren Praxis der Verbindung von Elternbildung, Erziehung und Forschung hohen Ansprüchen genügte. Mit erheblichen zusätzlichen Mitteln ausgestattet, haben sie nun Aufgaben der Verbreitung höherer Qualitätsstandards in ganz England übernommen. Bis zum Jahr 2001 hat die Regierung Blair die Gründung von insgesamt 25 *Early Excellence Centers*, Innovationszentren für Erziehung in frühen Jahren, vorgesehen und für ihren Ausbau im Mai 1998 einen Etat von 300 Millionen englischen Pfund bereitgestellt. Zusätzliche Mittel für Erziehung in frühen Jahren fließen aus dem Programm *Education Action Zones*, das Bildungsinitiativen in Problemregionen unterstützt.

Seit Anfang der 90er Jahre hat sich die englische Forschungsszene der Frühpädagogik belebt. Ein Schwerpunkt liegt auf *community education*, einer britischen Spezialität seit der Arbeit der Pionierin Margaret MacMillan um die Wende zum 20. Jahrhundert. Heute ist *community education* eine Suche nach modernen Formen der Zusammenarbeit zwischen Familien und öffentlichen Einrichtungen in der Steigerung von »Bildungsqualität« in den Jahren vor der Einschulung: Die Eltern können die Kinder auf dem Weg in die Wissensgesellschaft nur begleiten, wenn sie sich selbst auf diesen Weg begeben.

Einem inzwischen weit über England hinaus bekannten Early Excellence Center, dem *Pen Green Center* in Corby, verdankt dieses Buch viele Anregungen. In Corby, einer ehemaligen Stahlarbeiterstadt in Mittelengland mit einem besonders hohen Anteil von Arbeitslosen und jahrzehntelang der höchsten

Quote von Schulabbrechern in England, ist es gelungen, die Eltern in einen intensiven entwicklungspsychologischen Diskurs einzubinden.

Die erste öffentliche Erziehungsinstitution, die diese Erwachsenen, unter ihnen viele Analphabeten, in dieser bildungsverlassenen Gegend gern betreten, ist das *Pen Green Center for Under Fives and their Families:* Kinderbetreuungsort, Bildungszentrum, Ausbildungsstätte, Forschungslabor in einem. Die dreißig Mitarbeiter unterstellen den Eltern das größte Interesse an der Erziehung ihrer Kinder und wecken dadurch ihren Pioniergeist. Das *Pen Green Center* hat, unterstützt von Forschungsprojekten einiger englischer Universitäten, Formen der Beobachtung und Begleitung von kindlichen Entwicklungsfortschritten entwickelt, mit denen die Eltern aller Schichten und ethnischen Minderheiten auf hohem Niveau umgehen können. *Schemes* nennen die Pädagogen in Corby die »kognitiven Muster«, die sie im Spiel der Kinder beobachten.[12]

»Schemes«

Kinder machen eigenartige Sachen. Warum tragen sie Sand in Papiertüten herum? Warum schieben sie einen leeren Kinderwagen durch die Gegend? Warum kleben sie Stuhlbeine mit Tischbeinen zusammen und verbrauchen dabei Rollen von Klebeband? Warum sind manche Kinder zeitweise wie besessen davon, Gegenstände einzupacken, Bücher einzuwickeln, Knete in Päckchen mit Seidenpapier zu umhüllen? Manchen Kindern dagegen scheint es vor allem ums Ausschütten zu gehen: das gesamte Lego auf den Boden kippen, immer wieder ... Solches Verhalten ist für die Erwachsenen nicht nur unverständlich, es ist oft auch sehr mühsam.

Wenn konstruktivistische Entwicklungspsychologen darin

»Schemata« aufspüren, kognitive Muster der Selbstbildung, wird es spannend, die Kinder bei diesem scheinbar ziellosen Tun genauer zu beobachten. »Konstruktivisten«, heißt es in einem Aushang im Eingangsbereich der Krippe des *Pen Green Center*, »sind kind-zentrierte Erzieher, die theoretisch verstehen wollen, was es bedeutet, *etwas zu verstehen und zu wissen*. Konstruktivisten interessieren sich dafür, wie Kinder selbst ihr Wissen aufbauen.« 26 Spielarten solcher »Schemata«, mit denen Kinder beim Aufbau ihres Wissens operieren, will man entdeckt haben. Hier einige der am häufigsten beobachteten.

Die Linie (*trajectory*). Dieses Schema beschäftigt schon Kleinkinder. Es erklärt, warum sie so fasziniert davon sind, Gegenstände aus dem Hochstuhl fallen zu lassen. »Trajectories« sind gerade Linien, vor allem in der Senkrechten. Das Kind malt sie, beobachtet sie, stellt sie her im Spiel. Das kann erscheinen als versunkenes Zuschauen, wie Wasser aus dem Hahn fließt (eine senkrechte Gerade in Bewegung). Es motiviert auch das Herunterspringen, immer wieder, von der Armlehne des Sessels, oder vom Klettergerüst auf dem Spielplatz (»Falllinie«). Es ist ein Muster, mit dem beim Aufprallen der Bälle experimentiert wird, oder wenn Spielfiguren oder Spielzeugautos in geraden Reihen aufgestellt werden. Auch wenn das Kind partout beim Fegen oder beim Bodenwischen helfen will, kann das der Faszination entspringen, gerade Linien ausführen zu können.

Einwickeln, *enveloping*, ist ein anderes bei vielen Kindern zeitweise stark ausgebildetes kognitives Muster. Gegenstände werden umhüllt. Mit Ausdauer werden kleine Geschenke in Toilettenpapier gewickelt, Kuscheltier oder Puppe in Decken gerollt, werden kleine Tüten mit Krimskrams gefüllt. Oder das Kind umhüllt sich selbst mit Verkleidungen, unter denen es verschwindet. Schlafsäcke sind ein beliebtes Requisit für Kinder, die sich gerade mit dem Schema des Einwickelns beschäftigen.

Rotation ist ein weiteres Muster. Diese Kinder interessieren sich besonders für den Ventilator in der Lüftung, und in Betrachtung versunken sitzen sie vor dem Glasauge der Waschmaschine. Immer wieder richtet sich ihre Aufmerksamkeit auf alles, was rollt, auf alles, was Räder hat. Wenn Rotation gerade ihr Thema ist, malen sie Kreise, und sie lieben Spinnräder oder das Kaleidoskop.

Transportieren: Dinge, Personen wechseln den Ort und wahren dennoch ihre Identität! Wenn das Kind mit diesem kognitiven Muster beschäftigt ist, bleibt nichts an seinem Platz. Ständig wird Umzug gespielt – Möbelstücke werden von einer Ecke in die andere transportiert, rastlos wird umgeräumt. Auf dem Spielplatz wird Sand und Matsch verladen und ins Haus gekarrt. Das Kind ist gern Busfahrer und braucht dafür die anderen Kinder als Passagiere.

Verbinden (*Connecting*): Viele Kinder durchlaufen eine Phase, in der sie im Spiel mit Formen des Verbindens experimentieren. Sie kleben Türklinken mit Klebeband aneinander, sie suchen nach Elementen, die man zu einem Ganzen zusammenfügen kann, wie etwa Eisenbahnwaggons, und sie interessieren sich für die Mechanik von Verschlüssen. Kinder, die Tischbeine mit Bindfaden verschnüren oder die Erwachsenen an einen Baum fesseln, sind möglicherweise gerade mit den kognitiven Herausforderungen des *Connecting* beschäftigt.

Gewiss könnte man dieses Verhalten auch mit anderen Kategorien interpretieren. Vor einigen Jahrzehnten hätte der psychotherapeutisch gelenkte Blick im Spiel mit einem leeren Kinderwagen oder in dem an einen Baumstamm gefesselten Erwachsenen eine andere Erzählung vom Innenleben des Kindes erkannt. Das Kind, das dem laufenden Wasserhahn zuschaut, »selbstvergessen«, hat neben der Erforschung der »Falllinie« eine Reihe anderer Erfahrungen, ein ästhetisches Vergnügen am Geräusch und dem schimmernden Strahl vielleicht, ein selbst-hypnotisches Versinken in der Zeitlosigkeit des unendlichen Fließens und Strömens – wer weiß, was noch ... In der pädagogischen Arbeit nach dem »Situationsansatz« wäre man solchen kleinräumigen kindlichen Entwicklungsaufgaben vermutlich gar nicht erst nachgegangen, die Erzieher hätten das ignoriert.

In Corby wurde nun ein Zugang zum Spiel gewählt, der die Eltern aufmerksam macht für die forschende Aktivität ihrer Kinder beim *alltäglichen Hantieren*. Die Eltern lernen, das scheinbar ziellose Tun ihrer Kinder als Lernoperationen zu begreifen. Dieser Ansatz macht den Eltern plausibel, dass ein Knäuel Bindfaden manchmal das bessere Geschenk sein kann als ein teurer Puppenwagen. Wenn Eltern und Erzieher ihre Beobachtungen dokumentieren und in Elterngruppen austauschen, sind die Eltern den Erzieherinnen oft einen Schritt voraus – sie sehen ihre Kinder ja viel häufiger, und es gibt für die Kinder im Alltag zu Hause mehr Gelegenheiten für das Experimentieren mit dem jeweiligen »Schema«, als in der pädagogisch strukturierten Welt des Kindergartens. »Eltern sind die besten *scheme-spotters*!« (eine Erzieherin in Corby). Dieses neue Verständnis von Lernen bei der Handhabung alltäglicher Dinge, das Beobachten eines »Spleens« ihrer Kinder, macht die Eltern neugierig: Wieviel Intelligenz, Erfindungsgeist, Hartnäckigkeit steckt in ihren Kindern! Mit welcher Energie bauen sie an ihrer »kognitiven Architektur«!

Im Kindergarten werden aufgrund der Beobachtungen des jeweils aktuellen »kognitiven Musters« Materialien und Aktivitäten vorgeschlagen, die die Kinder in der Erprobung und Erforschung ihres gerade aktuellen »Schemas« voranbringen können und ihren Erkenntnisradius im musischen, motorischen, sprachlichen Bereich erweitern. Laborsituation, Arbeitsbesprechung, wissenschaftliche Kategorien für Alltägliches, Humor – das trägt die Eltern durch die Jahre vor der Einschulung ihrer Kinder. Es entlastet sie vom Druck ihrer eigenen Biographie, es befreit ihren Blick für den Neuanfang mit jedem Kind. Sie müssen nicht über das Erbe ihrer eigenen, bisher wenig erfolgreichen Lernbiographie oder über die Auswirkungen der Trennung vom Lebenspartner grübeln, auch nicht über andere unerfreuliche Rahmenbedingungen des Kinderspiels wie die enge Wohnung und die Arbeitslosigkeit.

Wenn die Eltern vom Lernen ihrer Kinder fasziniert sind, wenn sie selbst die kognitiven Muster ihrer Kinder im Spiel in Tagebüchern und Videoaufzeichnungen dokumentieren und in Elterngruppen mit Forschern interpretieren, fassen viele wieder Mut zu einem neuen Versuch mit einer eigenen Ausbildung. »Hier habe ich gelernt, meine Kinder nicht zu unterschätzen. Und mich selbst.« Im Zentrum gibt es Bildungsangebote für Erwachsene, von der Alphabetisierung (*Family Literacy*) über Workshops wie *Creative Writing* zum Fernstudium in Entwicklungspsychologie. Am häufigsten haben die Eltern bisher vor allem die Möglichkeit einer praxisnahen Ausbildung zum Erzieher aufgegriffen, die verbunden ist mit bezahlter Praktikantentätigkeit, ab einer bestimmten Ausbildungsstufe mit regulärem Gehalt. Zusätzlich zu den rund dreißig ständigen Mitarbeitern arbeiten im Zentrum stets einige Studenten, Besucher aus anderen *Centers*, Bildungsjournalisten und Evaluatoren aus frühpädagogischen Instituten von Universitäten. Ihr Blick und ihre Fragen bewirken bei den Mitarbeitern und bei den Eltern eine selbstbewusste Stimmung des fortlaufenden Experimentierens und Dazulernens und beachtliche Fähigkeiten, die eigenen Erfahrungen darzustellen. Im Jahr 1999 hat jede dritte der insgesamt über 500 im Zentrum angemeldeten Familien eine Videokamera ausgeliehen und zu Hause aufgezeichnete »Vignetten«, Sequenzen von Spielbeobachtungen, in den Kindergarten mitgebracht. Beeindruckend ist im *Excellence Center* Corby, wie den Eltern wissenschaftliche Ansätze vermittelt werden können und dass es immer wieder gelingt, minderjährige Mütter, schwarze Väter, Großmütter in systematische Beobachtungsprozesse einzubinden – in England, dem Land mit der höchsten Analphabetenrate von Erwachsenen und den höchsten Raten von unter der Armutsgrenze lebenden Kindern in Europa.[13]

In den Aktivitätszentren der Räume geben Fotos, Zitate aus Interviews mit Kindern, offene Fragen der Erzieherinnen, an Pinnwänden ausgehängt, ständig Aufschluss darüber, welchen Entwicklungen alle gerade auf der Spur sind. Die Hochachtung vor den kognitiven Leistungen jedes Kindes ist ansteckend und – betrachtet man die belasteten Nachbarschaften, in denen die meisten dieser Zentren liegen – für die Erwachsenen vermutlich die einzige Möglichkeit, den Horizont auch für sich selbst noch einmal neu aufzumachen. *Confident Parent/Confident Children* heißt etwa eine Gruppe. *Voice-of the-Child* eine andere, *Communication skills* (Experimente mit Schrift und Schriftlichkeit) eine weitere. In der Gruppe *Great Expectations*, einer Gruppe für schwangere Frauen, geht es um vorgeburtliche Erfahrungen ihrer Kinder. In den *Baby-Massage-Gruppen* fällt es manchen Müttern nicht immer leicht, ihr Kind gemeinsam vor anderen Müttern auszuziehen, zu berühren, zu streicheln, zu genießen. Das ist Gesundheitsvorsorge im weitesten Sinn, auch die Lebens-Erwartung der Mütter steigernd.

Den *Early Excellence Centers* wird im Rahmen der britischen »New Deals«-Projekte zum Abbau von Jugendarbeitslosigkeit auch eine entscheidende Beteiligung bei der Ausbildung von Erziehern übertragen. Einige Zentren haben einen ungewöhnlich hohen Anteil von männlichen Auszubildenden, und im *Children's Center* Sheffield sind 80% der Mitarbeiter Schwarze.

Das englische Bildungsministerium hat sich in verschiedenen Stellungnahmen verpflichtet, das Berufsprofil der Erzieher aufzuwerten. Dazu werden auch die Evaluationsstudien über die *Early Excellence Centers* beitragen. Sie sind den Forschungsabteilungen einiger Universitäten übertragen (Warwick, Cambridge), die dafür Methoden und eine praxisnahe und lebendige Sprache entwickelt haben[14], von der die steifen und bürokratischen deutschen Ansätze (allen voran Tietze 1998) profitieren sollten.

Japan

Kindheit und Alter sind in Japan privilegierte Lebensphasen.

Bei den Indikatoren für »Kindeswohl«, den elementaren wie Säuglingssterblichkeit, Gesundheit, Betreuung und Bildung in öffentlichen Einrichtungen, liegt Japan vorn. Die Säuglingssterblichkeit ist, neben Schweden, die niedrigste der Welt. 94% aller Kinder ab vier Jahren besuchen mindestens sechs Stunden täglich einen Kindergarten, 94% jedes Jahrgangs beenden nach dreizehn Schuljahren die Schulzeit auf einem Leistungsniveau, das zum Hochschulstudium berechtigt und mit dem deutscher Abiturienten vergleichbar ist.

Würde man im internationalen Vergleich von Kulturen des Aufwachsens andere Indikatoren heranziehen, würde vermutlich auch hier Japan vorteilhaft abschneiden.

Zeit für Kinder: Japan leistet sich – bisher – den Luxus, die meisten jungen Mütter freizustellen für Erziehungsaufgaben. Es sind Frauen mit guter Allgemeinbildung, dem Abitur vergleichbar, ein Drittel jeden Jahrgangs hat anschließend eine College-Ausbildung von mindestens zwei Jahren absolviert, fast alle Frauen waren vor der Ehe einige Jahre berufstätig. Und doch hält laut allen Umfragen die Mehrheit der Frauen es weiterhin für die beste Lösung für alle Beteiligten, dass das Kind in den ersten drei Jahren zu Hause betreut wird.[16]

Was die Präsenz, die gesellschaftliche *Sichtbarkeit* von Kindern angeht: Erziehung, Bildung von Kindern, meist unter dem Vorzeichen großer Sorge und Selbstkritik, ist ein japanisches Kardinalthema. Es beschäftigt die Öffentlichkeit auf den ersten Seiten der Tageszeitungen, in Sendungen zur besten Sendezeit, und es ist keineswegs nur ein Frauenthema.

Die emotionalen *Erwartungen* an Kindheit als Lebensabschnitt scheinen in der japanischen Kultur intensiver zu sein als in anderen modernen Gesellschaften. Die Beschäftigung mit Kindern entlastet von den unerbittlichen Konventionen des japanischen Erwachsenenlebens. Daher die aus westlicher Sicht erstaunliche Permissivität, Geduld, Aufopferungsbereitschaft für Kinder in den frühen Jahren. Man genießt Kinder, mit einer leisen Melancholie, und gewährt ihnen stellvertretend eine Spontaneität, die man selbst opfern musste, dem Funktionieren des Ganzen zuliebe. In Kindern erscheint in Japan die Vision von Menschen, die ihre Flügel nicht einziehen mussten.

Wo »Kindheit« und »Lernen« zusammentreffen, zwei in Japan von jeher kulturell hoch besetzte Phänomene, mobilisiert die japanische Gesellschaft die größten Energien.

Lernen gilt in der konfuzianischen Tradition nicht als Leistungsqual. Ein lernender Mensch ist ein guter, ein vertrauenswürdiger Mensch. Die Beschäftigung mit Kindern verleiht, anders als in westlichen Gesellschaften, *Ansehen*. Ein Leben mit Kindern, »nur Hausfrau« zu sein, gilt in Japan nicht als gedrücktes Frauenschicksal. Man erwartet dabei nicht, dass junge Frauen, die sich in ihrem Leben bisher vor allem mit anderen Gleichaltrigen in Schulen aufgehalten haben und danach einige Jahre berufstätig waren, ihre Mutterrolle von sich aus, ohne Unterstützung, gut ausfüllen können. Die Mutterrolle soll vielmehr, wie alles andere im Leben auch, *gelernt* werden. Ein Leitbild der »professionellen Mutter« vor Augen, wie es die Medien und die anderen Mütter vorführen, werden junge Mütter unterstützt, angeregt und nicht zuletzt auch kontrolliert durch ein Netz von Beratung und sozialen Verpflichtungen.

Besonders krass ist der Unterschied zwischen Japan und westlichen Erziehungskulturen, was den *Status der Berufserzieher* betrifft. Seit den 70er Jahren ist eine japanische Kindergärtnerin von ihrem Status her einem Universitätsprofessor gleichgestellt, und zumindest am Anfang ihrer Laufbahn erhält sie in staatlichen Institutionen das gleiche Gehalt. Beide, Erzieherin und Dozent an einer Hochschule, werden gleichermaßen *sensei*, Professor, genannt. Die »Würde des Lernens« strahlt auf den Berufsstand ab. Die Selbstkritik, die japanische Pädagogen ausdauernd – und stark ritualisiert – vortragen, mündet aber, anders als im Westen, nie in ein Plädoyer zur Selbstabschaffung von Pädagogen (»Antipädagogik«). Man sollte doch alles nur noch sehr viel besser machen! Die Berufsorganisationen japanischer Kindergärtnerinnen und Dozenten an Colleges der Erzieherausbildung investieren viel in Fortbildung, in den Erfahrungsaustausch vor Ort, aber es werden jährlich auch stattliche nationale Berufskongresse veranstaltet, bei denen sich Tausende von Erziehern und Lehrern aus ganz Japan versammeln.

Wissenschaftliche Aufmerksamkeit gegenüber den Lebensbedingungen von Kindern läuft in Japan auf hohen Touren, es wird viel und statistikfreudig dokumentiert, meist unter dem Vorzeichen großer Sorge um »Krisenphänomene«, die mit dramatischer Betroffenheit diskutiert werden, sich aber im Vergleich mit westlichen Daten oft eher harmlos ausnehmen.[17] Das betrifft auch die im Westen gern zitierten Quoten von »Schülerselbstmorden«, von »Gewalt unter Schülern« und »Schulverweigerung«. Diese statistisch im Vergleich mit westlichen Gesellschaften (insbesondere den USA) eher harmlosen Störungen in einer harmoniebesessenen Erziehungskultur werden innerhalb Japans möglicherweise als Frühwarnung dramatisiert, als Ausdruck allgemeiner Wachsamkeit und einer nachgerade totalitären Überfürsorge (Zu wechselnden Themen vgl. *Education in Japan Yearbooks*, 1990–1999).

Darüber hinaus wird, wie in Japan allgemein, viel internationale Forschungsliteratur übersetzt. Auch die europäischen Klassiker der Kindergartenpädagogik sind in billigen Ausgaben zu haben.

Eine spezifisch japanische Kleinkindpädagogik wird man allerdings nicht finden. Es ist eher eine eklektische Aneignung europäisch-amerikanischer Ansätze, die in der Praxis mit Kindern, einer japanischen besonderen Fähigkeit des Lernens von anderen Kulturen entsprechend, japanisiert wird. Als sei es noch nie anders gewesen, als sei es uralte japanische Tradition.

Eindrucksvoll ist in Japan – und hier ist die Kultur des Aufwachsens den westlichen deutlich überlegen – die bis in abgelegene Gebiete einheitlich durchgesetzte Bildungsqualität in öffentlichen Institutionen für Kinder. Japan ist nach meinen Beobachtungen neben Schweden und Dänemark das Land mit den weltweit *geringsten Qualitätsunterschieden* zwischen Kindergärten in Stadt und Land, zwischen ärmeren und wohlhabenderen Stadtvierteln und Regionen.

Die besondere Aufmerksamkeit für die frühen Jahre und die in einem umfassenden Sinn gut gepflegten japanischen Kinder – Kinder, die Vertrauen in Erwachsene ausdrücken, Kinder, die ausdauernd und konzentriert spielen können – haben schon seit Japans Öffnung zum Westen im 19. Jahrhundert die Reisenden aus aller Welt beeindruckt, auch dann, wenn sie Japan keineswegs bewunderten oder diese Kultur, wie zum Beispiel Pierre Loti es tat, regelrecht verabscheuten. Nach dem Zweiten Weltkrieg hat vor allem in den USA der rasante ökonomische Aufstieg Japans die Frage nach den Voraussetzungen dieser Leistungsfähigkeit, nach der Grundlegung des japanischen Humankapitals in frühen Jahren, ausgelöst. Eminente Japanologen wie Thomas Rohlen (Stanford) haben dem Thema »Kindheit in Japan« bereits in den 8oer Jahren Sonderausgaben der Fachzeitschriften gewidmet[18], und erste internationale Vergleichsstudien über die Leistungen von Schülern haben schon damals wegen des schlechten Abschneidens der USA umfangreiche amerikanische Vergleichsforschungsprojekte zwischen dem Bildungswesen beider Länder angestoßen, wobei ein Schwerpunkt immer auch auf den frühen Jahren lag.[19]

In der Bundesrepublik wurden während der Jahre der deutschen Wachstumsgewissheit solche internationalen Vergleichsstudien noch ignoriert. Erst ab Anfang der 9oer Jahre setzen hier einige Arbeiten ein.[20] Vor allem seit der Aufregung über das schlechte Abschneiden Deutschlands in der TIMS-Studie (*Third International Math And Science Study 1997*) ist mittlerweile in Deutschland ein größeres Interesse für japanische Erziehung in Familie und Kindergärten entstanden. Dass die stärkeren Leistungen der japanischen Fünfzehnjährigen nicht nur durch die bessere Mathematikdidaktik in ihrer Jahrgangsstufe zu erklären sind, sondern dass die Wurzeln ihrer Problemlösungsfähigkeit bis in Erfahrungen in früher Kindheit zurückreichen, wollen vor allem die deutschen Gymnasiallehrer klarstellen.

Das japanische Beispiel kann anregen, die frühen Jahre des Lernens wieder als erste Etappe des Bildungswesens ins Spiel zu bringen, gerade weil im japanischen Kindergarten *nicht* Faktenwissen gepaukt wird, sondern systematisch Grundhaltungen aufgebaut werden. Konzentrationsbereitschaft, aktive Neugier, das Bedürfnis zu kooperieren, werden im japanischen Kindergarten als »Handwerk des Lebens« sorgfältig geübt.[21] »*Shitsuke* kommt vor *kyōiku*«, lautet die japanische Grundregel für die Pädagogik im Kindergarten. *Shitsuke* bedeutet soviel wie »Veredelung des Körpers und seiner Gesten«, es meint Grundhaltungen einer sorgfältigen und ästhetischen Lebensführung, Geistesgegenwart, heitere Geschäftigkeit, Freude an der Gesellschaft anderer. Das Suppenschälchen den anderen so vorsichtig servieren, dass nichts klebt, den Pyjama so akkurat falten, dass er in die kleine Schublade passt, und wer hat heute mit ganz besonders viel Energie gespielt? Erst auf der durch *shitsuke* gefestigten Grundlage »bekömmlicher Lebensgewohnheiten« soll später *kyōiku*, d.h. formales Lernen, aufbauen.[22]

Allerdings: Je deutlicher sich im Westen und in Japan abzeichnet, was Kinder künftig auf dem Weg in die Wissensgesellschaft brauchen werden – mehr denn je ihre *eigenen* Fragen, ihre eigenen Antworten, das Lernen als selbstwirksame Tätigkeit –, umso mehr werden auch die Beschränkungen der japanischen Lernkultur deutlich. Die Lehrer-Schüler-Beziehung ist eine Beziehung, die Japaner bis ins hohe Alter immer wieder herstellen. Japan hat weltweit die höchsten Anteile von Erwachsenenbildung bis ins hohe Alter. Die Bildung, die Menschen im mittleren und im fortgeschrittenen Lebensalter suchen, dient nur selten dem beruflichen Aufstieg, einer »Qualifizierung« für die Karriere. Gesucht werden vielmehr Gelegenheiten der Selbstkultivierung, wie etwa bei den *haiku*-Wettbewerben, an denen sich Hunderttausende beteiligen, beim Ikebana, in den Zirkeln der Kalligraphie-Kunst. Aber wie zukunftsfähig ist dieser traditionelle »Lerntyp«, diese den Japanern so wertvolle Meister/Schüler-Konstellation? »Der Lehrer die Nadel, der Schüler der Faden« – wie soll das gehen in der Wissensgesellschaft? Und: Die Schule ist seit dem Zweiten Weltkrieg das Universum japanischer Kinder und junger Menschen geworden – sie verbringen bis zum Übergang auf die Universität doppelt soviel Zeit unter ihrem Dach wie deutsche Kinder und Jugendliche. Die japanische Schule lässt zwar den Kindern während des Tages mehr Zeit für Kunst, Bewegung und Interessengruppen als die deutsche Halbtagsschule – aber sie bleibt dennoch *Schule*. Wo lernt ein Kind sein eigenes Tempo kennen, die eigenen Interessen zu verfolgen? Dreißigtausend Stunden Freizeit im Durchschnitt wird jeder Japaner mit der weltweit höchsten Lebenserwartung nach dem Ausscheiden aus dem Erwerbsleben sinnvoll selbst füllen müssen – auch mit diesem Argument wird die intensive »Pädagogisierung« des Lebens in frühen Jahren heute bereits kritisiert.[23]

Innerhalb Asiens hält Japan elementarpädagogisch eine führende Stellung, veranstaltet bildungspolitische Konferenzen, berät Modellkindergärten in Taiwan, Malaysia und China. In Deutschland sucht man den Forschungsaustausch mit Japan im Feld der Pädagogik nicht. Das liegt nicht nur an deutscher Ahnungslosigkeit, es mag auch an einem gewissen japanischen Desinteresse an der deutschen Bildungsszene liegen. Man schreibt dort Dissertationen über Friedrich Fröbel, aber von den deutschen Kindergärten der Gegenwart scheint man sich wenig

Anregung zu erwarten. Unter japanischen Führungskräften kursierte in den 90er Jahren ein Geheimtip für einen optimalen Bildungsweg ihrer Kinder: Kindergarten und Grundschule in Japan, Gymnasium in Deutschland, Studium in den USA!

Da Japaner ausgezeichnete Beobachter von Qualität in anderen Ländern sind, sollte uns dieses Urteil beunruhigen.

Ungarn

Ähnlich wie in Russland wurde auch in Ungarn nach dem Zusammenbruch des Sozialismus »dereguliert«, das heißt die staatliche Verantwortung für den Elementarbereich des Bildungswesens an kommunale Träger abgegeben. Während das für russische Kindergärten in der Regel Schließung oder Verschlechterung der Bedingungen bedeutete und die besser ausgestatteten Kindergärten für die Mehrheit unbezahlbar geworden sind, scheint das ungarische Bildungswesen den Bruch mit dem Sozialismus besser überstanden zu haben. Eine besondere Stärke des ungarischen Bildungswesens, die weitreichende »musikalische Alphabetisierung« ab dem Kindergartenalter, ist auch nach der Wende noch zu beobachten.

Ungarn ist ein historisch einmaliges Beispiel dafür, wie der Appell eines Musikwissenschaftlers und Komponisten staatliche Bildungsreformen in Gang setzen kann. »Die Musik gehört allen!« – diese Forderung von Zoltán Kodály hat in Ungarn nach dem Zweiten Weltkrieg eine volkspädagogische Bewegung angestoßen, deren Auswirkungen man bis heute im hohen Niveau der musikalischen Grundbildung in Kindergärten und Schulen beobachten kann.

»In jeder großen Kunst ist das Kind lebendig«, hatte Kodály gesagt. In den 50er Jahren wurden ihm und seiner Mitarbeiterin

Katalin Forrai der Aufbau musikalischer Grundbildung in den ungarischen Krippen und Kindergärten und die Einführung einer systematischen Musikpädagogik in die Ausbildung von Erzieherinnen und Lehrern übertragen. Der Schlüssel zur musikalischen Alphabetisierung ist für Kodály nicht das Musikinstrument, sondern die Singstimme. »Wir müssen die Massen an die Musik heranführen, aber die Instrumentalkultur kann nie eine Massenkultur werden.« 1937 hatte er ermittelt, dass ein ungarisches Kind im Kindergarten nach achtzehn Monaten im Durchschnitt 57 Lieder gelernt hatte. Was heute als ein eindrucksvolles Repertoire erscheint, hielt Kodály für ein schwaches Ergebnis, das weit hinter den musikalischen Möglichkeiten jedes Kindes zurückblieb. »Man sagt, ein alter Zigeuner vergisst jeden Tag ein Lied. Das Kindergartenkind kann jeden Tag ein neues Lied lernen.«

Das Liedrepertoire ungarischer Kindergärtnerinnen, so wie er es vorfand, kritisierte er als infantil. Die Melodien und Texte der gängigen Kindergartenlieder seien temperamentlos, »unsichere Improvisationen ... charakterlos und trocken. Wäre die Nahrung, die wir Kindern geben, von der Qualität ihrer Lieder – sie lebten längst nicht mehr.« Dagegen setzte er Transkriptionen ungarischer Volksmusik, polyrhythmisches, komplexes Material, aufgezeichnet in der musikethnologischen Tradition, die er gemeinsam mit Béla Bartók am Anfang des 20. Jahrhunderts in Ungarn begründet hatte. »Es gibt Bereiche der Seele, die nur durch Musik beleuchtet werden, und Körpererfahrungen, die nur mit Musik gemacht werden können ... Jedes Kind sollte einmal von großer ungarischer Musik durchströmt worden sein.«

Nach der Wende hat man sich in Ungarn auf dem Gebiet der Musikerziehung um Kontinuität bemüht. Seit 1996 kann jeder Kindergarten in Absprache mit seinem kommunalen Träger und mit den Eltern eigene Schwerpunkte für die drei Vorschuljahre wählen. Ein ungarischer Kindergarten kann sich heute spezialisieren auf mathematisch-naturwissenschaftlichem Gebiet (hier steigt die Nachfrage der Eltern), oder Fremdsprachen anbieten, das heißt meist Förderung in einer der elf in Ungarn als Minderheitensprachen anerkannten Sprachen. Sport und Bewegung können ein Schwerpunkt sein, oder eben weiterhin die Musik. Nach drei Jahren sollen jedoch, so sieht es ein ungarischer Rahmenplan für die Vorschulzeit vor, bei allen Kindern Grundkenntnisse und Fähigkeiten in all diesen Bereichen, das heißt auch auf dem Gebiet der Musik, entwickelt sein. Im letzten Vorschuljahr beurteilt die Erzieherin vor dem Übergang in die Grundschule die Entwicklung jedes Kindes. Das Urteil der Erzieher hat bei der Einschulung Gewicht, Kindergartenerzieher haben in Ungarn einen im Vergleich zu Deutschland hohen Status. Die Erzieher haben einen dem Abitur vergleichbaren Schulabschluss und werden an Pädagogischen Hochschulen gemeinsam mit Grundschullehrern ausgebildet. Wie diese heißen sie »Pädagogen« und beziehen als Staatsbeamte Gehalt in gleicher Höhe, wenn auch die Pädagogen in den Kindergärten einige Wochenstunden länger mit den Kindern arbeiten.

Auch heute, dreißig Jahre nach Kodálys Tod und zehn Jahre nach der Wende, fällt in den nach deutschen Maßstäben keineswegs überdurchschnittlich ausgestatteten ungarischen Kindergärten weiterhin das hohe Niveau der musikalischen Grundbildung auf. Die Erzieher haben keine Wunderkinder vor sich, aber Fünfjährige tanzen komplizierte Choreographien mit rhythmischer Präsenz und gestischer Sicherheit, und sie singen auswendig ein breites Repertoire von ungarischen Volksliedern oder von Liedern in anderen Sprachen. Bereits im Kindergartenalter üben die Kinder Melodien und Rhythmen der Lieder und

Tänze zu »denken«, das heißt innerlich zu singen, Pausen zu hören und sie durch Gesten darzustellen. Echo-Übungen, erstes Kanon-Singen ist, vor allem in den Kindergärten mit musikalischem Schwerpunkt, verbreitet.

Intonationsprobleme haben nur wenige Menschen auf Dauer, hat Kodály beobachtet. Die Selbsteinschätzung »Ich kann nicht singen«, »Ich bin nicht musikalisch« war für ihn Ausdruck eines fehlgeleiteten Lernprozesses: Nicht musikalisch zu sein, sagt er, sei *erlernt*. Für jedes Kind forderte er das Recht, die eigene Singstimme gefunden zu haben.

Nicht nur in der ungarischen Erzieherinnenausbildung ist die Stellung der Musik bisher unangefochten, auch nach der Wende ist das allgemeine musikalische Engagement lebhaft geblieben. Familienkonzerte, wie die traditionellen Konzerte der *Filarmonia Budapest* an jedem Samstag, sind grundsätzlich ausverkauft. Musikalische Familienereignisse anderer Art bieten die Kulturhäuser, auch außerhalb der größeren Städte. Für bekannte ungarische Volksmusikensembles ist es weiterhin selbstverständlich, dort unentgeltlich zu spielen, wenn sich an den musikalischen Eltern-Kind-Nachmittagen Eltern, Großeltern und Kinder einfinden: Die Tradition soll nicht abreißen, hier wird ein künftiges Publikum gepflegt.

Kodálys Programm einer frühen »Musikalisierung« hat in den USA einige Resonanz gefunden. Seit den 90er Jahren wird auch an vielen englischen Grundschulen nach der Kodály-Methode gearbeitet. In Ungarn ausgebildete Mitarbeiter der Stiftung »Voice«, London, holen mit englischen Kindergärtnerinnen und Grundschullehrerinnen in der Praxis eine wesentliche Berufsqualifikation nach: das Singen.

In der deutschen Erzieherinnenausbildung ist Musikpädagogik schwach vertreten, und eine Ausbildung zum »Musikdozenten für allgemeinbildende Schulen« gibt es nicht. Nur fünf Prozent der Grundschullehrerinnen haben Musik als Studienfach belegt. Die Tradition des Singens mit Kindern ist weitgehend abgebrochen: Die Indienstnahme der Volkslieder durch den Nationalsozialismus hat das Verhältnis zu deutscher Volksmusik belastet. Es gibt im Leben von Kindern in Deutschland heute mehr Musik als je zuvor. Aber von einer *Musikalisierung* aller Kinder, der Alphabetisierung vergleichbar, sind wir weit entfernt.

Am ungarischen Beispiel kann man sehen, was Kindern damit vorenthalten wird. Das kleine Land Ungarn kann den Anspruch, Musik als eine elementare Sprache des Menschen zu entwickeln, wachhalten. Zur Nachahmung in Deutschland allerdings, eins zu eins, ist das ungarische Beispiel nicht geeignet. Welche deutsche Erzieherschülerin wird heute mit Kindern Kreistänze einstudieren, ein Lied nach dem anderen lernen, ohne ironischen Vorbehalt, ohne pädagogisches Zögern?

Wo bleibt in der ungarischen musikalischen Bildung das »selbstwirksame«, das »selbstbildende« Lernen? Die Kinder reihen sich ein in Kreis und vorgegebene Choreographien, sie lernen Lieder, die ihnen vorgesungen werden, sie klatschen Rhythmen nach. Und doch wirken sie dabei nach unseren Beobachtungen nicht verschult und fremdbestimmt. Die Anschauung des ungarischen Beispiels kann zumindest vorsichtig stimmen, pädagogische Konzepte wie das vom »sich selbst bildenden Kind« nicht zu einer neuen Heilslehre werden zu lassen.

Nachwort
Das Kind erfinden

Für einen Film »Schrift und Zeichen« besuchen wir Florian zu Hause. Wir wollen beobachten, wie Kinder von früher Kindheit an versuchen, die Zeichen und Symbole zu begreifen, die ihnen in ihrem Ausschnitt von Welt begegnen.

Florian ist vor einigen Wochen zwei Jahre alt geworden. Sein Lieblingsgegenstand ist zur Zeit ein riesiger Atlas. Möglicherweise nimmt er ihn bereits als »Buch« wahr, weil der schwere Band bei seinen anderen Büchern aufbewahrt wird und weil der Vater sich danebensetzt und eine bestimmte Haltung einnimmt, wenn Florian diesen sperrigen Gegenstand untersucht. Florian schlägt den Deckel auf, mit dem ganzen Arm, bei seiner Körpergröße entspricht das dem Bewegungsaufwand, mit dem Erwachsene eine Kleiderschranktür öffnen. »Groß die Welt, gell…«, murmelt der Vater. Wenn Florian die Seiten umschlägt, braucht er auch dazu den ganzen Arm, wie ein Tapezierer. Bei seiner Lieblingsseite hält er inne: Amerika. »Die Vereinigten Staaten«, bemerkt gebildet der Papa.

Am Rand der Seite eine Leiste mit Abbildungen der Fahnen der einzelnen Bundesstaaten, jede in Briefmarkengröße. Ein Seitenblick auf den Vater: Kann das Spiel losgehen? Es kann: Wo ist Wyoming? – Florians gespreizter Zeigefinger landet mitten auf der Abbildung der Fahne von Wyoming. – Tennessee? – Richtig. – Georgia? – Genau! – Kalifornien? – *Pause.* – Florian, Kalifornien? – Ein Seufzer, dann ein Satz nach vorn, mit dem ganzen Körper: Da!

Nach der siebten Fahne eines US-Bundesstaats ist es um den Kameramann geschehen. Er muss die Kamera absetzen, er kann nicht mehr länger von der Schulter drehen. Er muss so lachen, es wackelt. Es wird mit Stativ gedreht. Weiter geht es mit Pennsylvania, Florida und Washington…

Was wird hier gespielt, ein Jagdspiel? So schnappen manchmal junge Hunde in der Luft nach den Wespen. Und doch sind es menschliche Bildungsübungen, Bildungsspiele, Weltwissenerwerb: der zweijährige Florian auf dem Niveau der Quizsendungen im Vorabendprogramm. Wir Zuschauer teilen, fassungslos, seine Spannung und seinen Triumph. Das richtige Wort, das richtige Symbol gefunden: Sesam öffne dich! Ein Zauberschlüssel zum versteckten Schatz…

Welcher Schatz, bitte? Fahnen der amerikanischen Bundesstaaten? Kreativ sollen die Kinder sein, und so geistlose Aufgaben suchen sie sich für ihre Selbstbildung? Was hat die Fahne von Wyoming mit Florians »Lebenssituation« zu tun? Vordergründig nichts, und tiefenästhetisch, tiefenpsychologisch fällt uns auch keine Erklärung ein.

Aber Florian hat gerade etwas erlebt, das auf unserer Wunschliste heißt: »Die Erfahrung, dass ein Lernfortschritt im Erwachsenen Behagen auslöst.« Florian spürt, wie beeindruckt wir sind von seinem kognitiven Kunstwerk. Von unserer Bewunderung getragen, wachsen seine Kräfte. Nicht nur ihn, Florian, bewundern wir in dieser alltäglichen Sternstunde seines Weltwissenerwerbs, sondern die verblüffenden kognitiven Möglichkeiten aller Menschen.

Für den Zweijährigen gibt es heute noch eine weitere Erfahrung aus unserer Wunschliste: »Seinem Alter voraus gewesen zu sein.« Florian spricht noch in Einwort-Sätzen. Aber er kann eine Lautfolge wie Ten-nes-see erkennen und sie unter 50 graphischen Symbolen dem richtigen zuordnen.

Wir konnten die Kamera nicht mehr gerade halten, unser

Bild ist ins Wackeln geraten. Wieder einmal müssen wir uns ein neues Bild von den Zweijährigen machen und von dem, was wir »sinnvolles« Lernen nennen.

Die Kreativität der Kinder sollen wir »zulassen«, »fördern«, sagen uns die Referate auf Bildungskongressen zur Zukunft der Wissensgesellschaft. Als wüssten wir, was das ist, Kreativität. Florian hat uns aus dem Gleis gebracht, nun müssen wir selbst kreativ werden. Das Kind erfinden! Im Studio werden wir das Material anschauen und es neu zusammensetzen. Dann werden wir am Schneidetisch tun, was die Eltern ständig aus dem Augenwinkel tun, was die Wissenschaftler mit Daten und Texten am Computer tun: Wir werden ein neues Bild vom Kind entstehen lassen.

Dank

Das Projekt *Weltwissen der Siebenjährigen* wurde von 1996–1999 gefördert vom Bundesministerium für Bildung und Forschung. Hans Herbert Wilhelmi († 1998) werde ich immer dankbar sein für die Offenheit, mit der er diese und viele andere Projektideen aufgegriffen hat, und für das Vertrauen, das er in ihr Ausreifen setzte. Viel verdanke ich meinen Kollegen am Deutschen Jugendinstitut. Dass sein Direktor Ingo Richter die vielperspektivische Erforschung von Kindheit und Jugend schätzt, hat der Arbeit die nötigen Spielräume offen gehalten.

In unserer Redaktionsgruppe *Weltwissen der Siebenjährigen* haben Wissenschaftler, Publizisten und Pädagogen ihre Gedanken und Interviewergebnisse diskutiert: Irmgard Burtscher, Eva Grüber, Silvia Hüsler, Elke Kater, Reinhard Kahl, Thomas Kehlert und Barbara Tennstedt, Gabriele König, Gerd Schäfer, Peter Loewy, Hannelore Ohle-Nieschmidt, Inge Pape, Otto Schweitzer, Harald Seehausen, Anke Steenken. Von den über hundertfünfzig Interviews konnte hier nur eine kleine Auswahl erscheinen, aber ihre Themen und unsere Diskussionen wird die Redaktionsgruppe im ganzen Buch wiedererkennen.

Bedankt seien auch die Studenten der *Weltwissen*-Seminare an den Universitäten Frankfurt, Innsbruck und Fribourg für ihre Ideen und für ihre vielsprachigen Gesprächsprotokolle.

Frankfurt am Main, Januar 2001

Anmerkungen

Kapitel 1
1) Gopnik, Alison/Meltzoff, Andrew N./Kuhl, Patricia, K.: The Scientist in the Crib. Minds, Brains, and How Children Learn. New York 1999
2) Sloterdijk, Peter: Vor der Jahrtausendwende. Frankfurt/M. 1990, S. 707
3) Handke, Peter: Kindergeschichte. Frankfurt/M. 1980, S. 57
4) Schiller, Friedrich: Über naive und sentimentalische Dichtung. In: Friedrich Schiller: Gedichte und Prosa. Hg. Emil Staiger. Stuttgart 1984, S. 537 ff.
5) Sloterdijk, Peter: Vor der Jahrtausendwende, a.a.O.
6) Ravitch, Diane: National Standards in American Education. A Citizen's Guide. Washington 1993
7) *Delphi*-Befragung 1996-1998: Potentiale und Dimensionen der Wissensgesellschaft. Auswirkungen auf Bildungsprozesse und Bildungsstrukturen. Integrierter Abschlußbericht. München 1998
8) Johann Amos Comenius: Orbis Sensualium Pictus. 1658. Nachdruck (Harenberg) 1978. Mit einem Nachwort von Heiner Höfener.
9) Große Didaktik, zit. in: Dieterich, Veit J.: Johann Amos Comenius. Reinbek 1995, S. 20
10) Große Didaktik, zit. in: Dieterich, a.a.O., S. 58
11) Deutsch in Seeger, I. und Keller, L.: J.A. Comenius: Das einzig Notwendige. Hamburg 1964 (Neudruck der Ausgabe von 1904), S. 140
12) Heydorn, Hans Joachim: Die Hinterlassenschaft des Jan Amos Comenius als Auftrag an eine unvollendete Geschichte. In: Heydorn, H.J.: Zur bürgerlichen Bildung. Anspruch und Wirklichkeit. Bildungstheoretische Schriften 1, Frankfurt/M. 1980, S. 197–227.

Kapitel 2
1) Illies, Florian: Generation Golf. Eine Inspektion. Berlin 2000
2) Bennett, N./Wood, L./Rogers, S.: Teaching Through Play. Buckingham 1997
3) Laevers, Ferre: Deep Level Learning. An Exemplary Application on the

Area of Physical Knowledge. European Early Childhood Research Journal, Bd. 1, Nr. 1, S. 53–68
4) Projektgruppe »Gastarbeiterkinder« (DJI) (Hg.): Freunde und Fremde. Kindergarten, ausländische Kinder und ihre Familien. Gelnhausen 1983
5) Bundesministerium für Familie (BFSJ) (Hg.): 10. Kinder- und Jugendbericht der Bundesregierung. Bonn 1998
6) GEO: Die Väter. 1/2001
7) Manganelli, Giorgio: Hat Pinocchio recht? In: Corriere della Sera, 14.9.1981. Dt. D. Elschenbroich, in: Kindheit 4, 1982, S. 145f.
8) Goethe, J.W.: Dichtung und Wahrheit. 2. Buch

Kapitel 3

1) Burtscher, Irmgard/Elschenbroich, Donata (Hg.): Südtiroler Kindheiten. Erinnerungen und Bilder aus drei Generationen. Bozen 1996
2) Csikszentmihályi, Mihályi/Rochberg-Halton, Eugene: Der Sinn der Dinge. Das Selbst und die Symbole des Wohnbereichs. Weinheim 1989
Flusser, Villém: Vom Stand der Dinge. Göttingen 1993
3) Maxwell, William: They Came Like Swallows. New York 1938
4) Selle, Gert: Siebensachen. Ein Buch über die Dinge. Frankfurt/New York 1998
5) Institut für Demoskopie Allensbach, FAZ 16.8.2000, S. 5
6) Waechter, F. Karl: Brülle ich zum Fenster raus. Weinheim 1984
7) Handke, Peter: Kindergeschichte. Frankfurt/M. 1980, S. 51
8) Stevenson, Harold W./Stigler, J.: The Learning Gap. New York 1992
9) Projekt »Kindheit im Siegerland«. Fallstudien zur Kindheit in einer Region. Methoden-Manuale. Siegen 1991
10) Schimmel, Annemarie: Wie universal ist die Mystik? Freiburg 1998
11) Dornes, Martin: Die frühe Kindheit. Entwicklungspsychologie des ersten Lebensjahres. Frankfurt/M. 1997
12) Fifer, William: Of Human Bonding. Newborns Prefer their Mother's Voice. In: Science 208, 1980, S. 1174–1176.
Chamberlain, David B.: Woran Babies sich erinnern. Die Anfänge unseres Bewußtseins im Mutterleib. München 1990
13) Meltzoff, Andrew N.: Imitation of Facial and Manual Gestures by Human Neonates. In: *Science* 198, 1977, S. 75–78
14) Papousek, Hanus und Papousek, Mechthild: Mothering and the Cogni-

tive Head Start. Psychobiological Considerations. In: H.R.Schaffer (Hg.): Studies in Mother-Infant Interaction. London 1977, S. 70f.
15) Sloterdijk, Peter: Weltfremdheit. Frankfurt/M. 1993
16) Locke, John: Gedanken über Erziehung. Stuttgart 1970
17) Schweitzer, Albert: Aus meiner Kindheit und Jugendzeit. München 1924
18) Caillet, Laurence: Das Leben der Frau Yamazaki. Eine japanische Karriere. München 1993
19) List, Gudula: Sprachpsychologie. Stuttgart 1981
20) Barratt-Pugh, Caroline: This says »Happy New Year«. Learning to be Literate: Reading and Writing with young Children. In: Lesley Abbott, Helen Moylett (Hg.): Working with the Under-threes: Responding to Children's Needs. Buckingham/Philadelphia 1997, S. 53–74
21) Andresen, Ute: Wort, Welt, Wir. München 1999
Mattenklott, Gundel (Hg.): Über Schrift und Schreiben. Metamorphosen der Schrift. In: Päd. Forum, Dez. 1998
22) Barrat-Pugh, a.a.O., S. 44f.
23) Papousek, Hanus/Papousek, Mechthild: Beginning of Human Musicality. In: Steinberg, Robert (Hg.): Music and the Mind Machine. Berlin 1995
24) Verband deutscher Musikschulen (Hg.): Statistisches Jahrbuch der Musikschulen in Deutschland. Bonn 1999
25) Bastian, H.G.: Musik(erziehung) und ihre Wirkung. Mainz 2000
Kalmár, Magda: Assessing the Effects of the MUSE-Project. Budapest 1999
26) Leroi-Gourhan, André: Hand und Wort. Die Evolution von Technik, Sprache und Kunst. Frankfurt/M. 1995
27) Wilson, Frank R.: Die Hand – Geniestreich der Evolution. Stuttgart 2000

Kapitel 4
1) Bertram, Hans: Familie, Ökonomie und Fürsorge. In: Aus Politik und Zeitgeschichte. Beilage »Das Parlament«. B 53/98, 25. Dez. 1998, S. 27–37
2) OECD Country Note 2000: Early Childhood Education and Care Policy in the USA
3) OECD Country Note, a.a.O., S. 23
4) Kagan, Jerome: Three Seductive Ideas. Cambridge 1998
5) Hochschild Russel, Arlie: The Time Bind. When Work becomes Home and Home becomes Work. New York 1998

6) Der Vater amerikanischer Familien. (Interview mit Dr. Benjamin Spock, D. Elschenbroich). In: Deutsches Jugendinstitut (Hg.): Was für Kinder. Ein Handbuch. München 1993, S. 170
7) National Education Goals Panel 1997
8) Adams/Schulman 1998, zit. in: OECD, a.a.O., S. 24
9) Whitebook u.a. 1998, zit. in: OECD, S. 35
10) CQCO Study Team 1995, zit. in: OECD, S. 45
11) Jones, Elizabeth/Nimmo, John: Emergent Curriculum. Washington D.C. 1995
12) Whalley, Margaret: Learning to be Strong. London 1994, und Whalley, Margaret, Pen Green Team (Hg.): Involving Parents in their Children's Learning. London 2001
13) FAZ, 16.6.1999
14) Pascal, Chris u.a. (Hg.): Effective Early Learning. The Quality Evaluation and Development Process, Worcester 1994
15) Tietze, W./Schuster, K.-M./Roßbach, H.-G.: Kindergarten-Einschätzskala. Neuwied 1997.
16) Foundation for Children's Future: Child Welfare. Information from Japan. Tokio 2000
17) Elschenbroich, Donata (Hg.): Anleitung zur Neugier. Frankfurt/M. 1996
18) The Journal of Japanese Studies. Bd. 15/1, Winter 1989
19) Stevenson, Harold/Stigler, Jerome: The Learning Gap. New York 1992, S. 54
20) Weitere Literatur in der kommentierten Bibliographie Elschenbroich, D.: Aufwachsen und Lernen in Japan. München 1994
21) Rohlen, Thomas: Japan's High Schools. Berkeley 1983
22) Schubert, Volker: Die Inszenierung der Harmonie. Erziehung und Gesellschaft in Japan. Darmstadt 1992
23) The Foundation for Children's Future. Child Welfare. Tokio 2000

Bildnachweis:
Illustration von F.K. Waechter (S. 175) aus: F.K. Waechter, Brülle ich zum Fenster raus, © 1973 Beltz Verlag, Weinheim und Basel, Programm Beltz & Gelberg, Weinheim

Literatur

Albert, Christine: Lernwerkstatt Kindergarten. Ein Handbuch für die Praxis. Berlin 2000

Andresen, Ute: Ausflüge in die Wirklichkeit. Weinheim 2000

Athey, Chris: Extending Thought in Young Children. A Parent-Teacher Partnership. London 1990

Bachelard, Gaston: Die Bildung des wissenschaftlichen Geistes. Frankfurt/M. 1987

Bachelard, Gaston: Die Flamme einer Kerze. München 1988

Balhorn, Heiko/Niemann, Heide: Sprachen werden Schrift. Mündlichkeit, Schriftlichkeit, Mehrsprachigkeit. Lengwil 1997

Behnken, Imbke/Jaumann, O. (Hg.): Kindheit und Schule. Kinderleben im Blick von Grundschulpädagogik und Kindheitsforschung. Weinheim 1995

Bentzen, Warren: A Guide to Observing and Recording. Albany 1993

Bergland, Richard: The Fabric of Mind. New York 1985

Bertram, Hans: Familie, Ökonomie und Fürsorge. In: Aus Politik und Zeitgeschichte. Beilage Das Parlament. Bd. 53/98, 25. Dez. 1998, S. 27–37

Bloom, B. S.: Taxonomy of Educational Objectives. The Classification of Educational Goals. New York 1964

Boueke, Dietrich/Schülein, Frieder u.a.: Wie Kinder erzählen. Untersuchungen zur Erzähltheorie und zur Entwicklung narrativer Fähigkeiten. München 1995

Bronfenbrenner, Urie: The Ecology of Human Development. Cambridge 1979

Bruce, Tina: Time to Play in Early Childhood Education. London 1991

Bruner, Jerome: The Culture of Education. Cambridge 1996

Brügelmann, Hans / Balhorn, Heiko / Füssenich, Iris (Hg.): Am Rande der Schrift. Zwischen Sprachenvielfalt und Analphabetismus. Lengwil 1995

Bundesministerium für Bildung und Forschung (BMBF) (Hg.): *Delphi*-Befragung 1996–1998: Potentiale und Dimensionen der Wissensgesellschaft. Auswirkungen auf Bildungsprozesse und Bildungsstrukturen. Bonn 1998

Burtscher, Irmgard: Mehr Spielraum für Bildung. Kindertagesstätten als Bildungseinrichtungen der Zukunft. München 2000

Burtscher, Imgard/Elschenbroich, Donata (Hg.): Südtiroler Kindheiten. Erinnerungen und Bilder aus drei Generationen. Bozen 1996

Chamberlain, David B.: Woran Babies sich erinnern. Die Anfänge unseres Bewußtseins im Mutterleib. München 1990

Chartier, Roger/Cavallo, G.: Die Welt des Lesens. Frankfurt/M. 1999

Chawla, Louise: Childhood's Changing Terrain. Incorporating Childhood Past and Present into Community Evaluation. In: Childhood 1994, 4, S. 221–233

Colberg-Schrader, H./Krug, M.: Arbeitsfeld Kindergarten. Pädagogische Wege, Zukunftsentwürfe und berufliche Perspektiven. Weinheim/München 1999

Comenius, Johann Amos: Orbis Sensualium Pictus. 1658 (Nachdruck Harenberg 1978)

Csikszentmihályi, Mihály, Rochberg-Halton, E.: The Meaning of Things. Domestic Symbols and the Self. Cambridge, Mass. 1981

Dahlberg, G./Moss, P./Pence, A.: Beyond Quality in Early Childhood Education and Care: Postmodern Perspectives. Hampshire 1999

Damasio, A.R.: Descartes' Irrtum. Fühlen, Denken und das menschliche Gehirn. München 1994

David, Tricia (Hg.): Researching Early Childhood Education. European Perspectives. London 1998

Delphi-Befragung 1996–1998: Potentiale und Dimensionen der Wissensgesellschaft. Auswirkungen auf Bildungsprozesse und Bildungsstrukturen. Abschlußbericht zum »Bildungs-Delphi«, Integrierter Abschlußbericht. München 1998

Dettling, Warnfried: Die Zukunft denken. Frankfurt/M. 1996

Deutsches Jugendinstitut (Hg.): Was für Kinder. Aufwachsen in Deutschland. Ein Handbuch. München 1993

Dewey, John: Experience and Education. New York 1938

Dieterich, Veit Jakobus: Johann Amos Comenius. Reinbek 1995

Dornes, Martin: Die frühe Kindheit. Entwicklungspsychologie der ersten Lebensjahre. Frankfurt/M. 1997

Dornes, Martin: Die emotionale Welt des Kindes. Frankfurt/M. 2000

Drummond, M.J./Lally, M./Pugh, G. (Hg): Developing a Curriculum for the Early Years. London (National Children's Bureau) 1989

Edwards, C./Gandini, L./Forman, G.: The Hundred Languages of Children. The Reggio Emilia Approach. New Jersey 1996

Elkind, David: Ties that Stress. The New Family Imbalance. Boston 1994

Elschenbroich, Donata: Aufwachsen und Lernen in Japan. Eine kommentierte Bibliographie angloamerikanischer, japanischer und deutscher Literatur. München 1994

Elschenbroich, Donata (Hg.): Anleitung zur Neugier. Grundlagen japanischer Erziehung. Frankfurt/M. 1996

Elschenbroich, Donata: Wissensfreie Kindheit. Bildungspolitik macht einen Bogen um die frühen Jahre. In: Rainer Flöhl, Henning Ritter (Hg.): Wissenschaftsjahrbuch 1998, Frankfurt/M. 1998, S. 340–345

Elschenbroich, Donata: Das Kind als Modell. In: Jeismann, Michael (Hg.): Das 20. Jahrhundert. München 2000

Elschenbroich, Donata: Ein neues Jahrhundert des Kindes? Von Ankunftswesen und Erkenntniswesen. In: Larass, Petra (Hg.): Kindsein – kein Kinderspiel. Katalog zur Ausstellung in den Franckeschen Stiftungen. Halle 2000, S. 425–435

Fein, Sylvia: Heidi's Horse. Pleasant Hill 1976

Fein, Sylvia: First Drawings. Genesis of Visual Thinking. Mit einem Vorwort von Rudolf Arnheim. Pleasant Hill 1993

Flusser, Villém: Vom Stand der Dinge. Göttingen 1993

Fthenakis, W.E./Eirich, H. (Hg.): Erziehungsqualitäten im Kindergarten. Forschungsergebnisse und Erfahrungen. Freiburg 1998

Garbarino, James/Stott, Frances M.: What Children Can Tell Us. Eliciting, Interpreting and Evaluating Information from Children. San Francisco/Oxford 1990

Gardner, Howard: Dem Denken auf der Spur. Der Weg der Kognitionswissenschaft. Stuttgart 1989

Gembris, Heiner: Grundlagen musikalischer Begabung und Entwicklung. Augsburg 1998

Gontscharow, Iwan A.: Oblomov. München 1994

Gopnik, Alison/Meltzoff, Andrew N./Kuhl, Patricia, K.: The Scientist in the Crib. Minds, Brains and How Children Learn. New York 1999

Gorki, Maxim: Wie ich lesen lernte (St. Petersburg 1918). Berlin 2000

Guzzetti, Barbara/Hynd, Cyndie (Hg.): Perspectives on Conceptual Change. Multiple Ways to Understand Knowing and Learning in a Complex World. University of Georgia 1998

Handke, Peter: Kindergeschichte. Frankfurt/M. 1980

Hart, Roger: Children's Experience of Place. New York 1979

Heinzel, Friederike (Hg.): Methoden der Kindheitsforschung. Ein Überblick über Forschungszugänge zur kindlichen Perspektive. Weinheim/München 2000

Hengst, Heinz/Zeiher, Helga (Hg.): Die Arbeit der Kinder. Kindheitskonzept und Arbeitsteilung zwischen den Generationen. Weinheim/München 2000

Hochschild Russel, Arlie: The Time Bind. When Work becomes Home and Home becomes Work. New York 1998

Hoenisch, N./Niggemeyer, E./Zimmer, J.: Vorschulkinder. Stuttgart 1969

Hohmann, Mary/Weikart, David P.: Educating Young Children. (Ypsilanti High/Scope Educational Research Foundation) 1995

Illies, Florian: Generation Golf. Eine Inspektion. Berlin 2000

Isaacs, Susan: The Nursery Years. London 1968

Jain, M.: Towards Open Learning Communities: One Vision under Construction. UNESCO, Paris 1997

Katz, Lilian/Chard, Sylvia: Engaging Children's Minds. The Project Approach. Norwood N.J. 1993

Key, Ellen: Das Jahrhundert des Kindes. (1902). Weinheim 1992

Krappmann, Lothar: Reicht der Situationsansatz? Nachträgliche und vorbereitende Gedanken zu Förderkonzepten im Elementarbereich. In: Neue Sammlung 35, 1994, H.4, S. 103–124

Krappmann, Lothar/Oswald, Hans: Alltag der Schulkinder. Beobachtungen und Analysen von Interaktionen und Sozialbeziehungen. Weinheim 1995

Laewen, H.-J./Neumann, K./Zimmer, J. (Hg.): Der Situationsansatz. Vergangenheit und Zukunft. Seelze-Velber 1997

Lakoff, G. Johnson, M.: Philosophy in the Flesh. The Embodied Mind and its Challenge to Western Thought. New York 1999

Leroi-Gourhan, André: Hand und Wort. Die Evolution der Technik in Sprache und Kunst. Frankfurt/M. 1995

Lester, Barry M./Boukydis, C.F.Z. (Hg.): Infant Crying. New York 1985

Lewis, Catherine: Educating Hearts and Minds. Cambridge 1996

Locke, John: Gedanken über Erziehung. Stuttgart 1970

Macho, Thomas: Stille. Kunstverein Kärnten (Hg.): Katalog der Jahresausstellung 1992

Manganelli, Giorgio: Hatte Pinocchio recht? In: Corriere della Sera, 14.9.1981 Dt. in: Kindheit 4, 1982, S. 145f.

Manguel, Alberto: Eine Geschichte des Lesens. Berlin 1998

Mattenklott, Gundel: Grundschule der Künste. Baltmannsweiler 1998

Merkel, Johannes: Spielen, Erzählen, Phantasieren. Die Sprache der inneren Welt. München 2000

Nabokov, Vladimir: Erinnerung, sprich. Wiedersehen mit einer Autobiographie. In: Gesammelte Werke. Hg. E. Zimmer, Bd 22., Berlin 1991

Oberhuemer, Pamela/Ulich, Michaela: Kinderbetreuung in Europa. Weinheim 1997

OECD Country Note 2000: Early Childhood Education and Care Policy in the USA. http://www.oecd.org/els/ecec

Opie, I./Opie P.: The Singing Game. Oxford 1988

Oser, Fritz: Die Entstehung Gottes im Kinde. Zürich 1992

Oser, Fritz: Die Architektur des inneren religiösen Lebens. Freiburg (Schweiz) 1999

Papousek, Hanus/Papousek, Mechthild: Mothering and the Cognitive Head Start. Psychobiological Considerations. In: H.R. Schaffer (Hg.): Studies in Mother-Infant Interaction. London 1977, S.70f.

Papousek, Hanus/Papousek, Mechthild: Beginning of Human Musicality. In: Steinberg, Robert (Hg.): Music and the Mind Machine. Berlin 1995, S. 27–34

Pascal, Chris u.a.: Effective Early Learning. The Quality Evaluation and Development Process. Worcester 1994

Richter, Dieter: Kindheit im Gedicht. Frankfurt/M. 1992

Richter, Ingo: Die sieben Todsünden der Bildungspolitik. München 1999

Rilke, Rainer Maria: Briefwechsel mit Ellen Key. Frankfurt/M. 1993

Robinsohn, S.B.: Comparative Education. A Basic Approach. Jerusalem 1992

Robinsohn, S.B.: Bildungsreform als Revision des Curriculum. Und ein Strukturkonzept für Curriculumentwicklung. Neuwied 1971

Schäfer, G.E.: Bildungsprozesse im Kindesalter. Selbstbildung, Erfahrung und Lernen in der frühen Kindheit. Weinheim 1995

Schiller, Friedrich: Über naive und sentimentalische Dichtung. In: F. Schiller, Gedichte und Prosa. Hg. Emil Staiger. Stuttgart 1984, S. 537ff.

Schimmel, Annemarie: Wie universal ist die Mystik? Freiburg 1998
Schubert, Volker: Die Inszenierung der Harmonie. Erziehung und Gesellschaft in Japan. Darmstadt 1992
Schweitzer, Albert: Aus meiner Kindheit und Jugendzeit. München 1924
Selle, Gert: Siebensachen. Ein Buch über die Dinge. Frankfurt/M. 1997
Sloterdijk, Peter: Zur Welt kommen – zur Sprache kommen. Frankfurter Vorlesungen. Frankfurt/M. 1988
Sloterdijk, Peter: Weltfremdheit. Frankfurt/M. 1993
Sloterdijk, Peter (Hg.): Vor der Jahrtausendwende. Berichte zur Lage der Zukunft. Frankfurt/ M. 1990
Sobel, David: Mapmaking with Children. Sense-of-Play-Education for the Elementary Years. London 1998
Tietze, E. (Hg.): Wie gut sind unsere Kindergärten? Eine Untersuchung zur pädagogischen Qualität in deutschen Kindergärten. Neuwied 1998
Tobin, D./Wu, D./Davidson, D.: Preschool in Three Cultures. Japan, China and the United States. New Haven 1989
Tomatis, Alfred: Der Klang des Lebens. Reinbek 1987
Valtin, Renate/Flitner, Elisabeth/Walper, Sabine: Mit den Augen der Kinder. Freundschaft, Geheimnisse, Lügen, Streit und Strafe. Hamburg 1991
Verband deutscher Musikschulen (Hg.): Statistisches Jahrbuch der Musikschulen in Deutschland. Bonn 1999
Vygotskij, Lev S.: Das Spiel und seine Rolle für die psychische Entwicklung des Kindes. Ästhetik und Kommunikation 11 (1973)
Vygotskij, Lev S.: Denken und Sprechen. Frankfurt/M. 1993
Weinberger, J.: Literacy Goes to School. The Parents' Role in Young Children's Literacy Learning. London 1996
Weinert, Franz Emanuel: Wissen und Denken. Über die unterschätzte Bedeutung des Gedächtnisses für das menschliche Denken. In: Bayerische Akademie der Wissenschaften (Hg.): Jahrbuch 1996. München 1997, S. 15–31
Weinert, Franz E./Helmke, Andreas (Hg.): Entwicklung im Grundschulalter. Weinheim 1997
Wilson, Frank: Die Hand – Geniestreich der Evolution. Ihr Einfluß auf Gehirn, Sprache und Kultur des Menschen. Stuttgart 2000
Whalley, Margaret: Learning to be Strong. London 1994
Whalley, Margaret/Pen Green Center Team: Involving Parents in their Children's Learning. London 2001

Whitehead, Marian: Supporting Language and Early Literacy Development in the Early Years. Milton Keynes 1999

Zimmer, Jürgen: Kindergärten auf dem Prüfstand. Seelze-Velber 1997

Zimmer, J.: Qualität und Unternehmensgeist. Zur Reform der Ausbildung von Erzieherinnen. In: W.E. Fthenakis/H. Eirich (Hg.): Erziehungsqualitäten im Kindergarten. Forschungsergebnisse und Erfahrungen. Freiburg 1998

Zinnecker, Jürgen/Silbereisen, Rainer K./George, Werner u.a. (Hg.): Kindheit in Deutschland. Aktueller Survey über Kinder und ihre Eltern. Weinheim 1996

Donata Elschenbroich
Das Weltwissen der Siebenjährigen
Szenische Lesung

Regie und Adaption: Otto Schweitzer, Laufzeit 119 Minuten, 2 CDs: € 24,90

Was sollte ein Kind in seinen ersten sieben Lebensjahren erlebt haben, können, wissen? Womit sollte es zumindest in Berührung gekommen sein? Nie ist die Neugier, die Lust am Forschen und die Offenheit für neue Erfahrungen, für »Weltwissen« in einem umfassenden Sinn, größer als in dieser Zeit. Otto Schweitzer hat Donata Elschenbroichs Bestseller als Hörbuch umgesetzt.

GOLDMANN

*Das Gesamtverzeichnis aller lieferbaren Titel erhalten Sie
im Buchhandel oder direkt beim Verlag.
Nähere Informationen über unser Programm erhalten Sie auch im Internet unter:*
www.goldmann-verlag.de

★

Taschenbuch-Bestseller zu Taschenbuchpreisen
– Monat für Monat interessante und fesselnde Titel –

★

Literatur deutschsprachiger und internationaler Autoren

★

Unterhaltung, Kriminalromane, Thriller
und Historische Romane

★

Aktuelle Sachbücher, Ratgeber, Handbücher und
Nachschlagewerke

★

Bücher zu Politik, Gesellschaft, Naturwissenschaft und Umwelt

★

Das Neueste aus den Bereichen
Esoterik, Persönliches Wachstum und Ganzheitliches Heilen

★

Klassiker mit Anmerkungen, Anthologien und Lesebücher

★

Kalender und Popbiographien

★

Die ganze Welt des Taschenbuchs

★

Goldmann Verlag • Neumarkter Str. 28 • 81673 München

Bitte senden Sie mir das neue kostenlose Gesamtverzeichnis

Name: _____

Straße: _____

PLZ / Ort: _____